4차 산업혁명과
디지털 눈으로 본 세상™

Fourth Industrial Revolution

박경배 지음

인간은 저마다 작은 행성 지구안의 한 국가에서 태어나 한 세기를 살면서 인류의 역사를 발전시켜 왔다. 3, 4차 산업혁명 시대 이전까지 인간의 역사발전은 매우 더디었다고 평가할 수 있으며 이 기간을 기준으로 우리는 아날로그 세상과 디지털 세상의 경계로 규정지을 수 있다.

인간의 역사적 발전은 과학 기술의 발전으로 더욱 진가를 발휘하였으며 예나 지금이나 인간의 발전 토대에서 중용한 건 정보이다. 인간은 오감 중 시각을 통해 얻는 정보가 85%이상으로 정보 획득에 매우 중요한 역할을 한다. 아날로그 시대의 정보획득은 시각을 통해 획득하였으며 이에 대한 정보를 활자와 같은 기록을 통해 인류를 발전시켜 왔다. 그러나 3, 4차 산업혁명을 거치면서 시각에만 의존하던 정보의 획득은 과학기술을 기반으로 다양한 방법이 사용되었으며 저장, 분석 그리고 재 처리과정이 효율적으로 이루어지는 디지털 세상이 되었다.

무한한 우주 속에 지구라는 작은 행성안의 나약한 우리가 위협적인 환경에서 생존권을 유지하고 있으며 심지어 짧은 역사임에도 현재는 우주를 끊임없이 탐험하는 배경에는 인간의 끝없는 지적인 갈망이 자리 잡고 있다. 아날로그 세상에 살면서 디지털 관념을 가진 우리가 추구하는 궁극적인 목적은 무엇일까? 목적은 알 수 없지만 그에 따른 부산물은 인간의 오감을 가진 로봇임에는 틀림이 없는 것 같다. 이처럼 세상을 보는 관점의 차이는 인류 역사의 부흥을 이끌고 있으며 향후 또 다른 도약을 위해서 또 다른 세상을 보는 관점이 생길 것이다.

본도서는 총 8장의 내용들로 구성되어 있다. 1장에서는 디지털 개념이 등장하면서 아날로그 개념이 등장하였으며 아날로그 세상에 대한 개념에 대해 설명하며 4차 산업혁명 시대가 되기까지의 역사적인 배경과 전반적인 개요에 대해 설명한다. 2장에서는 아날로그 세상에서 디지털 세상으로 진입하는 과정을 설명하고 3장에서는 4차 산업혁명의 일등공신인 컴퓨터의 발전과 반도체를 중심으로 한 컴퓨터의 구성요소들에 의한 세상에 대해 알아본다. 4장에서는 컴퓨터의 출력 장치들이 색상을 어떠한 방식으로 처리하는지 색상으로 본 세상에 대해 설명한다. 5장에서는 4차 산업혁명을 선두에서 이끈 사물인터넷의 세상에 대해 이해하고 6장에서는 사물인터넷의 결실인 인공지능과 빅데이터에 대해 설명한다. 7장에서는 3차원의 가상현실 개념과 이를 구현하기 위한 3차원의 그래픽에 대해 설명하였으며 8장에서는 드론과 활용분야에 대해 설명하였다.

이 책이 나오기까지 많은 인내심과 편집에 도움을 준 가족들에게 고마움을 표현하며 책의 출판에 도움을 주신 이범만 사장님과 21세기사 출판사 관련 분들께 진심으로 감사드립니다.

끝으로 이 책을 통하여 많은 독자 여러분이 4차 산업혁명을 이해하고 나아가 4차 산업혁명에 걸맞는 기술을 습득하기 바란다.

2024년 시원한 과천의 한 도서관에서
저자 박 경 배
E-mail : gbpark@yit.ac.kr

CONTENTS

CONTENTS

CONTENTS

CONTENTS

CHAPTER 7   가상현실 세상   265

CONTENTS

CHAPTER

1

아날로그 세상™

1.1 아날로그 세상

18세기에 시작된 제1차 산업혁명이후 산업의 기계화와 컴퓨터, 인터넷을 기반으로 정보통신 기술의 비약적인 발전으로 경제, 농업 등 사회의 다양한 산업분야와 융합이 이루어지면서 현재 우리는 4차 산업혁명 시대에 살고 있다. 제3차 산업혁명 이전에는 인간의 시각에 의존한 아날로그 정보와 이를 활자화함으로써 정보를 분석하고 활용하면서 인간의 역사를 발전시켰지만 컴퓨터의 발명으로 인간의 시각뿐만이 아닌 다양한 방법의 정보 획득과 이를 분석하고 처리하기 위한 기술의 발전으로 과학문명의 발전은 기하급수적으로 빨라지고 있다. 우리가 꿈꾸는 디지털 세상은 자율자동차, 인공지능, 빅 데이터 그리고 가상현실 등을 현실화하는 것으로 부산물인 인간을 닮고 사고하는 로봇과 같이 생활하는 것일 것이다.

아날로그와 디지털의 관점은 정보의 획득, 저장, 분석 그리고 재처리의 관점에서 달라진다.

데이터가 유용한 정보가 되기 위해서는 가공 및 편집 그리고 유지보수 등이 매우 효율적이어야 한다. 그러나 아날로그 정보의 양은 무한하며 이를 저장하기 위한 방법은 활자화, 자기 테이프 등으로 한정되며 편집 및 유지보수의 측면에서 매우 어렵다. 반면에 디지털 정보는 유한한 정보의 양으로 가공 및 편집이 용이하여 얼마든지 새로운 정보를 재생산할 수 있다. 이처럼 아날로그 정보가 디지털 정보로 바뀌면서 세상을 보는 관점이 달라졌으며 향후 미래의 세상은 디지털 정보를 어떻게 처리하느냐에 따라 더욱 달라질 것이다. 아날로그와 디지털에 대한 이해를 바탕으로 세상을 바라보는 관점에 대한 이해가 필요하다.

1.1.1 아날로그 정보

우리는 너무나 당연한 얘기이지만 눈으로 세상을 보고 귀로 소리를 듣는다. 우리 눈앞에 펼쳐진 초록으로 우거진 숲을 보며 지저귀는 새들의 노래 소리에 마음을 정화하고 수평선 너머까지 펼쳐진 푸른바다를 보며 철썩이는 파도소리에 시원함을 느낀다. 가을이면 울긋불긋한 단풍나무를 보고 고개를 들어 구름 한 점 없는 파란하늘을 보며 감탄하기도 한다. 낮에는 회색 빛 콘크리트로 둘러싸인 도시의 빌딩 등을 바라보고 달이 뜨지 않는 추운 겨울날 산 정상에서 컴컴한 밤하늘에 반짝이며 떠 있는 별들을 바라보며 감성에 젖기도 한다.

인간의 두 눈에만 의존하였던 과거시대에 있어서 정보처리는 매우 한정되어 "지구는 평평하다"와 같이 잘못된 판단을 일으키고 우주의 크기는 짐작조차하지 못하였다. 이처럼 잘못된 정보의 판단이 올바른 정보로 수정되기 위해서는 인간은 오감을 이용하여 정보를 획득하고 이를 저장한 후 분석의 과정을 거치며 잘못된 점을 수정할 수 있다.

단순히 획득한 정보를 두뇌에서 저장하고 처리하였다면 지금과 같은 인류 문명의 발전은 이루지 못했을 것이다. 앞서 언급하였던 초록빛의 숲과 푸른바다 그리고 회색빛의 도시빌딩 등은 자연스럽게 인간의 두 눈을 통해 뇌로 전달되어 인식된다. 만약 이를 오랫동안 정보로 저장 또는 기억을 하고 싶다면 문자로 표현하거나 그림을 그리거나 혹은 사진 또는 VCR 등을 이용하여야 한다. 이로부터 우리가 얻을 수 있는 정보는 물체의 색상, 형태, 소리 등이 될 것이다. 이러한 정보가 오랜 시간 뒤에는 유용한 정보가 될 수 있지만 원하는 정보를 검색하거나 유지 보수하기에 많은 시간적 노력이 필요하다.

우리는 우주적 관점에서 본다면 매우 작은 행성 지구에 살고 있지만 우리의 관점에서는 지구는 매우 거대한 크기임에 틀림없다. 그럼에도 불구하고 과학기술의 발전으로 지구뿐만이 아닌 모든 항성과 행성은 둥글다는 결론과 태양계를 넘어 은하 그리고 우주적 스케일의 크기를 측정하고 있다. 우리가 살고 있는 세상에 대해 보다 정확히 이해하기 위해서는 우리의 시각 정보만으로는 부족하여 천체 망원경, 전파 망원경 그리고 부수적인 전자장비들이 필요하다.

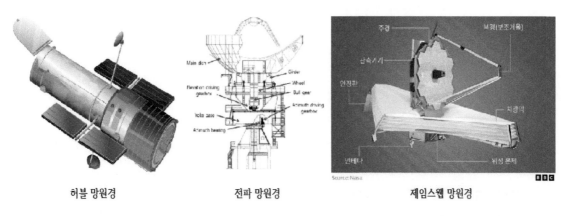

허블 망원경　　　　　전파 망원경　　　　　제임스웹 망원경

그림 1-1 천체 측정을 위한 망원경

두 눈으로만 보아왔던 세상의 정보를 이와 같은 장비를 이용하여 다른 관점에서 보고 분석한다면 세상을 더욱 자세하고 명확하게 이해할 수 있게 된다.

우리가 살고 있는 세상을 명확하게 이해 시켜주었던 그림 1-1과 같은 허블(Hubble) 망원경은 우주의 크기, 별들의 생성과 소멸 등 다양한 형태의 정보를 제공해 주고 있으며 전파망원경을 이용하여 이론으로만 존재하였던 블랙홀(Black Hole)의 모습을 확인하였다. 또한 적외선을 이용한 제임스 웹(James Webb) 망원경은 허블망원경이 보지 못했던 또 다른 우주의 영역을 더욱 자세히 우리들에게 보여줌으로 해서 감탄을 자아내고 있다. 그렇다면 우주의 크기는 얼마나 될까?

그림 1-2(a)는 지구의 크기를 나타낸 것으로 작은 격자 하나의 크기는 1,000km로 지름은 12,700km가 되며 그림(b)는 태양으로부터 지구까지의 거리를 나타낸 것으로 약 149,600,000km로 떨어져 있으며 이를 1AU(Astronomical Unit)라 한다.

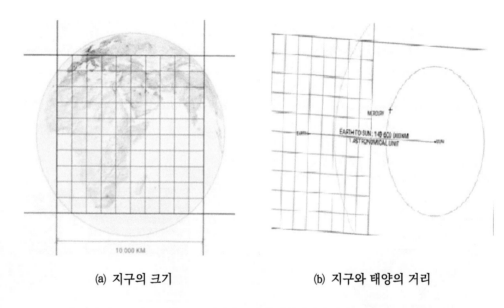

(a) 지구의 크기　　　　　　　(b) 지구와 태양의 거리

그림 1-2 지구의 크기와 태양까지의 거리

그림 1-3은 은하계의 중심 SAGIITTARIUSA*로부터 태양계까지의 거리를 나타내고 있으며 빛의 속도로 간다면 25,600 광년(Light Years) 걸리게 된다.

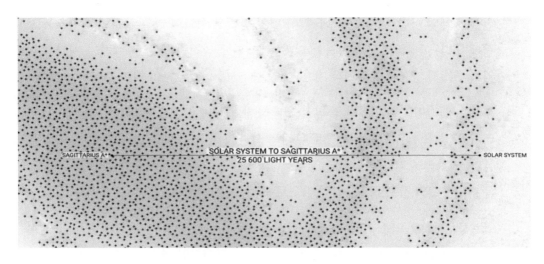

그림 1-3 은하계 중심 SAGITTARIUSA*로부터 태양계의 거리

그림 1-4는 최근 전파를 이용한 사건지평선망원경(EHT: Event Horizon Telescope)으로 블랙홀의 모습을 촬영한 M87까지의 거리는 무려 54,800,000 광년 떨어져 있다. 우주는 계속 팽창한다는 이론을 바탕으로 무한의 크기를 가질 수 있으나 현재까지 측정된 결과는 약 400억 광년정도인 것으로 예측하고 있다. 이처럼 끝없는 우주 또는 우리 주변의 다양한 환경 안에서 거리, 위치, 생성, 소멸 등의 정보를 얻기 위해선 인간의 시각적 특성 이외에도 다양한 관점의 도구들이 필요하다.

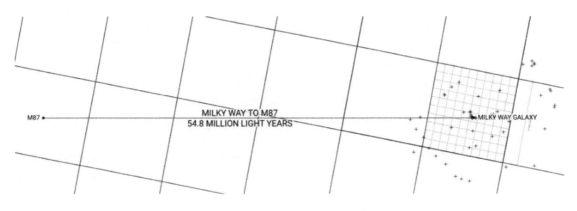

그림 1-4 은하계로부터 M87 행성까지의 거리(54,800,000 광년)

현실 세계의 아날로그 세상은 끝없이 펼쳐져 있고 이와 관련된 정보의 특징은 정보의 무한성에 있다. 아날로그의 사전적인 의미는 "어떤 물리적인 양 또는 수치가 시간 축에서 끊임없이 연속된 값으로 표현되는 것"으로 그림 1-5에 아날로그의 개념을 나타내었다.

우주는 시간이라는 엄청난 물리적 지배하에 움직이고 있으며 시간은 한시도 끊임없이 흘러가고 있다. 이 시간을 바탕으로 우리는 사물을 바라보고, 듣고, 느끼고, 냄새를 맡고, 맛을 본다. 인간의 오감을 물리적인 양으로 정량화, 즉 수치적으로 표현할 수 있다면 이 모든 양은 아날로그의 값으로 연속적인 값으로 표현된다.

아날로그 정보(Analog Information)는 연속적인 값을 가지며, 시간에 따라 연속적으로 변화하는 정보를 나타낸다. 이는 전자적인 신호, 기계적인 움직임, 물리적인 변화 등 다양한 형태로 나타날 수 있으므로 아날로그는 시간 속에서 끊임없는 어떤 물리량으로 표현되는 것을 의미한다.

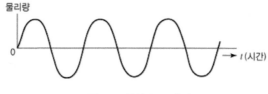

그림 1-5 아날로그 개념

아날로그로 이루어진 정보는 시간상에서 물리적인 양이 끊임없이 이어져 있어 인간에게 불필요한 정보도 표현되어 있다. 예를 들어 그림 1-6과 같이 지표면의 온도변화는 끊임없이 측정되며 태엽으로 구동되는 시계의 초침과 필름으로 찍은 사진 그리고 음성과 같은 소리 들은 끊임없는 정보를 표현한다. 인간의 시청각은 매우 둔감하므로 아날로그로 표현된 무한한 정보를 일부만 수용할 수 있다. 또한 아날로그 정보는 문서화나 필름의 인화로 저장될 수 있지만 이 정보를 가공하여 재사용하는데 있어 효율적이지 못하다. 정보를 효율적으로 사용하기 위해서는 검색이 용이해야하며 오류검출 및 영구적인 데이터가 되어야 하지만 아날로그 정보들은 이와는 거리가 멀다.

그림 1-6 아날로그 정보의 표현

1.2 주파수로 본 세상

인간을 포함한 모든 생물들에 있어서 태양의 존재는 생존 및 생활에 있어서 필수적이다. 태양으로부터 뿜어져 나오는 햇빛의 영향을 받아 인간의 시각이 진화를 하게 되었다. 우리가 볼 수 있는 영역을 가시광선 영역이라 하고 들을 수 있는 영역은 가청 주파수대역이라 한다. 주파수의 영역에서 본다면 우리가 실질적으로 보는 현실세계는 극히 일부의 세계이지만 주파수의 영역을 확장하여 이를 분석한다면 보다 많은 정보를 얻을 수 있다.

1888년 독일의 과학자 루돌프 헤르쯔(Hertz)는 실험을 통해 전기장, 자기장의 두 진동면에 모두 수직한 방향으로 진행하는 전자기파의 존재를 처음 발견하였으며 그림 1-7과 같이 전자기파의 주파수(frequency) 특성을 정의하였다.

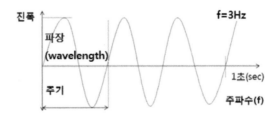

그림 1-7 주파수(frequency) 특성

- 파장(Wavelength) : 반복되는 모양을 주기적으로 보이는 파동의 길이
- 진폭(Amplitude) : 주기적인 진동이 있을 때 진동의 중심으로부터 최대로 움직인 거리 혹은 변위

- 헤르쯔(Hertz) : 주파수 단위
- 주파수(Frequency) : 주기 현상에 있어서 단위 시간 또는 길이 사이에 동일한 상태가 초당(second)반복되는 횟수를 나타내며 그림에서 1초에 반복된 주기는 3회이므로 3hz 주파수라 한다.

전자기파의 특성은 앞서 정의하였던 시간상에서 연속적인 물리량을 표현하는 아날로그의 개념을 잘 나타내고 있으며 우리 눈에는 보이지 않지만 우주는 이러한 전자기파로 구성되어 있으며 태양빛도 전자기파이다.

그림 1-8은 전자기파의 파장과 주파수의 특성을 나타낸 것이다.

전자기파 중 우리가 볼 수 있는 영역은 가시광선(visible light) 영역으로 380nm~780(nano meter)이다. 380nm보다 긴 파장은 적외선 영역이며 마이크로파와 전파가 이에 속하며 780nm 보다 짧은 영역은 자외선 영역이라 하며 X-선과 감마선이 있다. 파장과 반비례 관계에 있는 가시광선의 주파수는 그림 1-9에서 보는 바와 같이 약 400THz~789THz 사이에 분포한다.

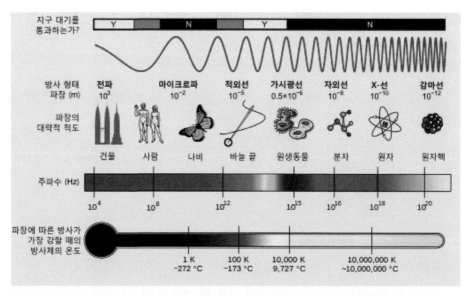

그림 1-8 전자기파 영역에 따른 특성
출처 : wikimedia

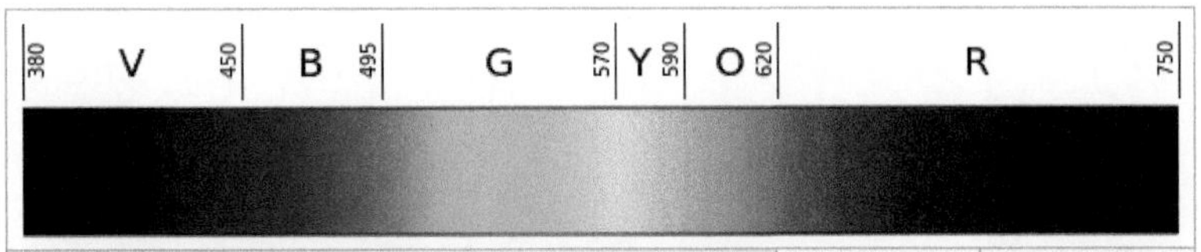

색깔	파장	주파수
보라색(보통 410nm 영역에서 보라색으로 인식한다)	380–450 nm	668–789 THz
파랑(보통 454nm 영역에서 파랑으로 인식한다)	450–495 nm	606–668 THz
초록색(보통 555nm 영역에서 녹색으로 인식한다)	495–570 nm	526–606 THz
노랑(보통 587nm 영역에서 노랑으로 인식한다)	570–590 nm	508–526 THz
주황(보통 600nm 영역에서 주황으로 인식한다)	590–630 nm	484–508 THz
빨강(보통 660nm 영역에서 빨강으로 인식한다)	630–750 nm	400–484 THz

그림 1-9 가시영역의 파장과 주파수
출처 : 위키백과

광범위한 주파수의 영역에서 우리가 보고, 느끼고, 들을 수 있는 영역은 극히 일부이다. 특히 지구의 대기를 투과하여 대기권 밖으로 나갈 수 있는 주파수 영역은 파장이 긴 전파와 가시광선이다. 대기권 밖의 우주를 관찰하기 위해서 사용되는 망원경의 종류가 전파 망원경과 그리고 대다수의 광학 망원경으로 구현된 이유이기도 하다. 광학망원경 보다는 전파 망원경이 긴 파장으로 물체의 투과율이 높아 보다 많은 영역을 관찰 가능하며 적외선 망원경(제임스 웹)의 경우는 지구 대기권 밖에 설치하여 관측한다.

그림 1-10과 같이 태양으로부터 방출된 전자기파는 가시광선 46%, 적외선 45% 그리고 자외선이 9%이지만 자외선과 적외선은 지구의 대기 중에 대부분 흡수되어 가시광선 영역이 지구에 대부분 영향을 준다. 일부 자외선이 오존층을 뚫고 지구의 생물에 안 좋은 영향을 주기도 한다. 이러한 가시광선 영역이 우리의 시각에 영향을 주어 우리가 색상과 형태를 구분할 수 있게 되었다. 짧은 영역이지만 가시광선 역시 아날로그 정보의 형태로 연속된 색상의 분포를 갖는다. 그러나 인간의 시각은 매우 둔감하여 존재하는 모든 색상들을 구분하지는 못한다.

빨강색과 주황색은 구분할 수 있지만 무한대의 색상을 완벽히 구분할 수 있는 인간은 없을 것이고 무한대의 색상은 정보의 양적인 측면에선 장점으로 작용할 수 있지만 정보의 저장이나 유지의 측면에서 단점으로 작용한다.

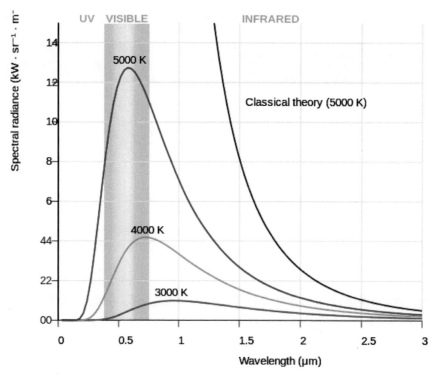

그림 1-10 태양 복사 에너지
출처 : 위키백과

1.3 주파수의 분석

우리가 매일 보는 태양의 색상은 무엇일까? 한 낮의 태양은 너무 밝아 육안으로 보기 힘들지만 일출이나 일몰 때 보는 태양은 붉은색을 띤다. 하지만 많은 사람들은 태양의 색상을 노랑이나 백색광을 띄고 있다고 한다. 실제적으로 인터넷에 찍힌 사진들은 흑점과 함께 빨강색 계통이다. 그러나 앞서 가시광선 주파수를 모두 합하면 흰색이 된다. 따라서 우리가 태양을 볼 때 일정한 조건이 없다면 태양은 흰색으로 보이게 된다. 가시광선 주파수에 의해 우리는 색상을 분별하기도 하지만 가시광선의 파장이 다른 전자기파를 합성하면 다른 색상을 만들 수 있다. 예를 들어 빨강색의 전자기파와 초록색의 전자기파 성분을 합성하면 노랑색이 된다. 이는 전자기파에만 적용되는 것이 아니라 소리와 같은 음파에도 적용된다.

그림 1-11은 음성이나 악기와 같은 소리에 대한 원본파형을 퓨리에 변환(Fourier Transform)을 통하여 기본 주파수인 100Hz와 120Hz로 나타낸 것이다. 퓨리에 변환은 시간이나 공간에 대한 물리적 함수를 시간 또는 공간 주파수성분으로 분해하는 변환이다. 앞서 공간의 가시영역에서만 보던 정보를 퓨리에 변환을 통하여 공간 주파수 영역으로 변환하면 유용한 정보를 쉽게 파악할 수 있다. 그림에서와 같이 기본 주파수들의 성분을 퓨리에 급수(Fourier Series)라 하며 신호처리, 영상처리 그리고 통신 분야에서 핵심적으로 사용된다.

원본 파형은 퓨리에 급수로 분해되며 각 퓨리에 급수들을 합성하게 되면 원본 파형을 만들 수 있다.

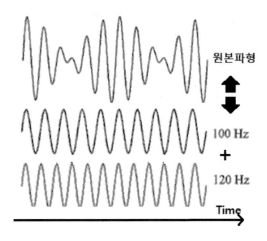

그림 1-11 퓨리에 급수를 이용한 음파의 분석과 합성

라디오 방송이나 TV 방송 혹은 핸드폰과 같은 통신 매체들은 파장이 짧은 전파(radio)를 사용하여 정보를 전송한다, 라디오에서 사용하는 주파수는 수백KHz~수십MHz 주파수를 사용하며 TV 방송과 스마트폰은 라디오 주파수보다 높은 주파수 MHz~GHz를 사용한다.

표 1-1은 매체에 따른 주파수대역을 나타낸 것으로 장파(Long Frequency)까지는 단거리 통신용으로 사용되고 중파(Middle Frequency)에서 초단파(Very High Frequency)까지는 방송용으로 사용된다. 극초단파(Ultra High Frequecncy)는 이동전화에 사용되고 초극초단파(Super High Frequency)와 밀리미터파(Extremely High Frequency)는 우주 영역에서 사용된다.

표 1-1 매체별 주파수 대역

구분	극저주파(ELF)	초장파(VLF)	장파(LF)	중파(MF)	초단파(VHF)
주파수 대역	~3KHz	3~30KHz	30~300KHz	300~3000KHz	3~30MHz
이용매체	전력	해상통신	무선전화	단파통신방송 AM	아마추어통신
구분	초단파(VHF)	극초단파(UHF)	초극초단파(SHF)	밀리미터파(EHF)	
주파수 대역	30~300MHz	300~3000MHz	3~30GHz	30~300GHz	
이용매체	FM, TV 등	이동전화	인공위성	우주통신	

그림 1-12는 진폭변조(AM : Amplitude Modulation)을 이용한 라디오 방송의 원리를 나타낸 것으로 진폭변조란 전송신호의 진폭에 따라 반송주파수의 크기를 변환하는 방법을 말한다. 앞서 퓨리에 변환에서 보았듯이 주파수의 합성을 이용한 방법으로 마이크로폰(microphone)을 이용한 사람의 음성은 반송주파수(Carrier Frequency)와 합성한 후 공중파를 통해 전파된다. 반송주파수란 음성이나 영상 등의 신호를 멀리 보내기 위해 합성되는 주파수이다. 그림 1-13은 반송주파수의 주파수변조(FM : Frequency Modulation) 방법을 나타낸 것으로 전송할 신호의 크기에 따라 주파수를 달리하는 변조방식을 사용하여 전송한다. 주파수변조 방식을 이용한 전파는 진폭변조를 사용할 경우 보다 대기의 장애물에 영향을 많이 받아 멀리 전파하지 못하지만 전송할 대역폭이 커서 상대적으로 많은 정보를 보낼 수 있는 특징이 있다.

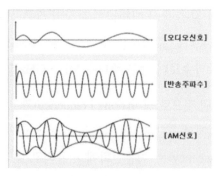

그림 1-12 진폭변조 방식 라디오방송
출처 : 중앙전파관리소

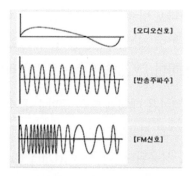

그림 1-13 주파수 변조방식
출처 : 중앙전파관리소

1.4 아날로그 정보 표현과 저장

우리가 정보를 표현하고 전달하는 매체로 그림 1-14와 같이 문자, 소리, 이미지 그리고 동영상이 있다. 정보 전달의 효과는 단일 매체를 사용하는 것보다 다중 매체를 사용하면 정보 전달의 효과를 높일 수 있다. 이 책 역시 단순히 문자만을 사용하여 정보를 전달하는 것보다 시각적인 이미지를 사용하여 정보 전달의 효과를 높이고 있다. 가장 단순하며 오래된 역사를 갖고 있는 것은 문자이다. 문자를 활용한 책이나 신문은 오랜 기간 우리가 정보를 전달하고 표현하기 위한 매체로 사용되었다. 이후 전파를 이용한 매체로 전화기나 라디오 방송을 통하여 시간적 공간적 제약을 극복하고 실시간으로 정보를 전달할 수 있었다. 시각적으로 정보를 표현하기 위한 매체로는 그림, 필름 사진, 동영상 그리고 온도계나 시계와 같은 매체 등으로 정보 전달의 효과를 더욱 높일 수 있다.

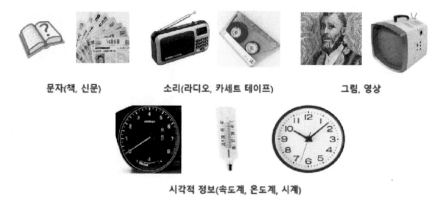

문자(책, 신문) 소리(라디오, 카세트 테이프) 그림, 영상

시각적 정보(속도계, 온도계, 시계)

그림 1-14 다양한 아날로그 매체를 이용한 정보 표현과 전달

과학이 발전하기 위해서는 가치 있는 정보들은 먼저 정보를 저장하기 위한 방법이 우선되어야 한다. 이를 재활용하기 위해서는 검색에 어려움이 없어야 하며 검색된 정보는 편집 가공이 용이하여야 한다. 책이나 신문 그리고 사진 등은 정보를 표현하고 저장한다는 측면에서 인류의 역사에 큰 공헌을 하였다. 그러나 가공되지 않은 수많은 책과 신문기사 그리고 사진 등은 단순한 자료에 불과하며 이를 유용한 정보로 생성하기 위해서는 사용 목적에 맞도록 분류 및 사용이 가능해야 한다. 그러나 아날로그 정보는 유용한 검색의 측면과 재사용

의 측면에서 시간과 비용이 매우 많이 요구되는 단점이 있다.

아날로그 정보는 다음과 같은 영역에서 활용될 수 있다.

- 센서 및 계측기 : 온도 센서, 압력 센서, 조도 센서 등 다양한 종류의 센서들은 자연환경에서 아날로그 정보를 수집하며 신호 처리를 통해 측정 및 분석된다.
- 음성 및 음악 신호 처리 : 음성 및 음악은 아날로그 신호로 표현되며, 아날로그 정보의 처리 기술은 음향 시스템 및 음악 장비에서 중요하게 활용된다.
- 영상 및 이미지 처리 : 아날로그 신호는 사진 및 비디오에서 발생하며, 아날로그 정보 처리 기술은 영상 및 이미지 처리에 사용된다.
- 자동차 및 운송 수단 : 자동차 및 기타 장비들의 속도, 엔진 상태, 주행 조건 등을 아날로그 신호로 감지하고 처리한다.
- 인공 신경망 및 뇌 연구 : 생물학적 뉴런의 동작 방식을 모방하기 위해 사용되는 인공 신경망에서는 아날로그 신호 처리를 사용하여 활용한다.
- 통신 시스템 : 무선통신에서 아날로그 신호는 주파수변조 또는 진폭변조와 같은 기술을 통해 전송되며, 아날로그 정보처리는 이러한 통신시스템에서 필수적이다.
- 의료 기기 : 많은 의료 기기에서는 환자의 심전도, 혈압 측정, 혈당 측정 등 생체 신호를 아날로그로 측정하고 처리한다.

1.4.1 아날로그 TV 전파 원리

TV의 방송 전파 원리와 TV 방송은 그림 1-15와 같이 음성신호 이외에도 영상신호를 반송파와 합성한 후 송신 안테나를 통해 전송하며 TV는 수신 안테나를 통해 전파를 받은 뒤 반송파를 제거하고 음성신호와 영상신호를 재생하게 된다. 아날로그 컬러 TV는 라디오 방송과 달리 영상정보를 포함하기 때문에 방송국의 송신측에서는 주파수 특성을 이용하여 빨강, 녹색, 파랑 성분을 분해하고 색상 신호가 포함된 복합영상신호를 송신안테나를 통해 전파하게 된다. 수신 안테나를 통해 전파를 받은 TV는 반송파 신호를 분리하고 빨강, 초록, 파랑의 3원색 신호와 동기신호 등을 TV의 브라운관으로 전송하게 된다.

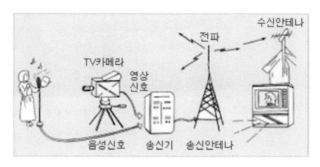

그림 1-15 TV 방송 원리

출처 : 중앙전파관리소

그림 1-16은 아날로그 TV의 원리를 나타낸 것으로 전자총이라 불리는 그림 1-17과 같은 음극선관(CRT : Cathod Ray Tube)을 통해 전자를 발사하고 편향코일을 통해 전자의 흐름을 제어하여 전자가 도착할 위치를 결정한다. 가시광선의 색상은 빨강색부터 보라색까지 분포하지만 빛을 이용하여 색상을 재현하는 모니터의 경우 빨강(R), 초록(G), 파랑(B) 만을 사용하며 색상을 표현한다. TV 화면은 유리 재질로 만들어지며 안쪽에 형광물질과 섀도우 마스크(Shadow Mask)가 있다. 명심할 사항은 전자 자체는 색상이 없으며 전자가 형광면에 충돌할 때 색상이 결정된다.

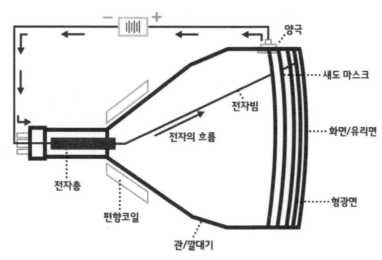

그림 1-16 CRT 모니터 동작 방식

출처 : lgdisplay.com

그림 1-17 모니터에 사용된 CRT
출처 : wikimedia

그림 1-18은 TV의 색상을 표현하는 방법을 도식화한 것이다. 전자는 색상이 없으며 그림에서는 빨강, 초록, 파랑색을 결정하는 전자를 쉽게 이해하도록 색상으로 표현된 것임을 명심해야 한다. 그림에서 보는 바와 같이 형광면은 빨강, 초록, 파랑 부분이 각각 이웃하여 겹치지 않게 위치하고 있다. 섀도우 마스크의 역활은 R, G, B 색상을 담당하는 각각의 전자총에서 발사된 전자가 잘못된 형광물질의 위치에 부딪히지 않도록 하는 역할을 한다. 예를 들어 "녹색" 총에서 보낸 전자가 빨간색 또는 파란색으로 빛나는 형광체 위치에 도달하지 않도록 한다.

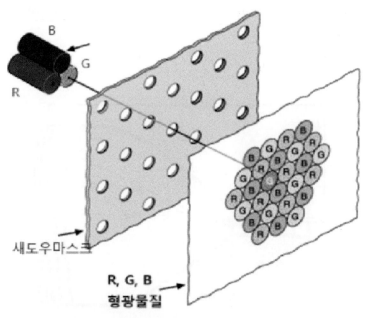

그림 1-18 섀도우 마스크를 이용한 색상 결정방법
출처 : https://mrmackenzie.co.uk

1.4.2 자기 테이프(Magnetic Tape) 기록 원리

카세트 테이프의 경우 이산화제이철이나 이산화크롬 등 강자성체(쉽게 자기가 사라지지 않는 성질)의 분말을 입혀서 만든다. 그래서 이 테이프 위에 일종의 전자석인 카세트의 헤드가 음성 전류를 흘려 자기적인 정보를 입혀 음성신호를 기록하게 된다.

자기 테이프 레코더는 그림 1-19와 같이 입력신호를 증폭하는 기록 증폭기를 거쳐 자회된 녹음 헤드, 자기 헤드, 재생 헤드 그리고 테이프 이송 메커니즘으로 구성되며 기록 원리는 다음 절차를 따른다.

① 미세하게 분말화된 산화철을 적절하게 테이프에 접착한다.
② 테이프가 한 방향으로 전송되면 증폭된 입력 신호에 반응하여 잔류 자기패턴을 찍는 자화 헤드를 통과한다.
③ 자기 테이프에 데이터를 기록하는 방법에는 직접기록, 주파수변조(FM), 펄스부호변조(PCM : Pulse Code Modulation) 등이 있다.
④ 기록될 신호는 기록 헤드의 전류 변조는 기록 간격의 자속을 선형적으로 변화시킨다.
⑤ 자화 테이프가 기록 헤드 아래로 이동함에 따라 자성 입자는 영구자화 상태가 유지된다.
⑥ 입력 신호는 테이프에 있는 입자의 자화에 대한 공간적 변화로 변환된다.
⑦ 재생 헤드는 권선에 전압을 유도하는 자기 회로의 저항 변화로 변화를 감지한다.
⑧ 재생 헤드 증폭기는 신호를 통합하여 평탄한 주파수 특성을 제공한다.

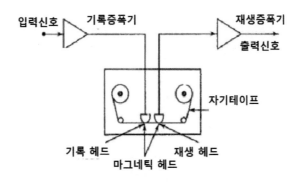

그림 1-19 자기테이프 구성 요소

1.4.3 LP(Long-Playing record)판의 기록 원리
(출처 : https://www.londonsoundacademy.com/blog/how-does-vinyl-work)

음악이나 사람의 음성을 들을 수 있는 레코드판은 축음기로서 1877년 토마스 에디슨에 의해 개발되었다. '측음기'라는 용어는 측면 절단 디스크 레코드를 재생하는 시스템인 에밀 버린너(Emile Berliner)에 의해 만들어 졌다.

LP는 "Long Play"의 약자로, 33 1/3 RPM(Revolutions Per Minute)로 회전하는 레코드로서 LP판의 기록 원리는 음악이나 다른 오디오 정보를 기록하고 재생하기 위한 기술적인 프로세스를 나타낸다. LP판은 일반적으로 12인치(30cm)의 지름을 가진 원형 디스크로, 플라스틱 또는 비닐 재질로 만들어지며 20Hz에서 20kHz까지의 주파수 대역에서 소리를 표현한다.

소리는 진동에 의해 생성되며 진동하는 입자의 파동으로 공기를 통해 이동하며 공기의 진동이 고막에 닿으면 소리를 감지하게 된다. 그림 1-20은 LP 판의 홈을 나타낸 것으로 LP 판의 나선형 홈은 음파가 공기를 통해 이동할 때 음파의 형태를 기록한 것이다.

그림 1-20 LP 판의 작음 홈

그림 1-21은 LP 판의 소리 재생 과정을 나타낸 것이다.

"일반적인 레코드플레이어에는 나선형 홈의 시작 부분에 있는 레코드판에 부드럽게 놓여지는 스타일러스(styles)라는 바늘이 있다. 레코드판이 회전함에 따라 스타일러스는 나선형

홈으로 절단된 물경 모양의 홈을 통해 이동한다. 스타일러스는 바늘과 같은 가벼운 금속 막대의 맨 끝에 장착된 작은 바늘 모양의 사파이어 또는 다이아몬드 크리스탈 이다. 크리스탈이 홈에서 진동하면 미세한 진동이 바(bar) 아래로 전달된다. 스타일러스는 압전 수정이 포함된 카트리지라고 하는 전자기 장치의 끝에 있다. 금속 막대가 수정을 누르며 움직일 때마다 수정이 약간 흔들리면서 전기 신호가 발생한다. 이 신호는 스피커나 헤드폰을 통해 들리는 소리를 만들기 위해 앰프로 공급된다. 모든 레코드플레이어 카트리지가 압전기를 사용하여 소리 진동을 전기 신호로 변환하는 것은 아니지만 일부에는 내부에 작은 전기 코일과 자석이 있다. 스타일러스가 움직이면 코일을 지나 자석을 위아래로 밀어서 스피커를 통해 소리를 생성하는 앰프에 공급되는 전기 신호를 생성한다."

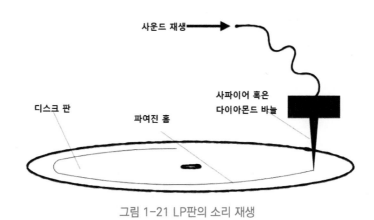

그림 1-21 LP판의 소리 재생

1.4.4 컬러인쇄 원리

(출처:https://www.vitalprinting.co.kr, 활력인쇄)

컬러 TV의 경우 빛 광자를 이용하여 R,G,B 색상을 발광시키지만 인쇄와 같이 빛을 사용하지 않는 프린터나 인쇄의 경우에는 청녹색(Cyan), 보라색(Magenta), 노랑색(Yellow) 그리고 검정(Black)을 사용한다. R,G,B와 대비적으로 C,M,Y,K라 하며 그림 1-22와 같이 두 영역은 서로 호환 가능하다. 즉, R은 Y+M을 혼합하여 만들 수 있고 G와 B는 C+Y, C+M을 통해 각각 만들 수 있다. 그러나 실질적인 인쇄에서는 두 색상을 혼합하여 인쇄하지 않는다. 컬러 TV에서 컬러 색상을 표현하기 위하여 섀도우 마스크를 이용하였듯이 인쇄에서는 망점(dot)을 사용한다.

"망점이란 청녹(Cyan), 보라(Magenta), 노랑(Yellow), 검정(Black)의 네 가지 색상으로 모든 색을 표현하기 위해 네 가지의 각 색상이 표현되는 작은 원을 말하며 각 색상은 망점의 형태로 인쇄가 진행된다. 각 망점의 크기는 그림 1-23과 같이 표현하고자 하는 색상을 C,M,Y,K의 각 농도에 따라 크기를 조정하여 표현 한다. 망점은 C, M, Y, K의 각각 농도에 따라 크기가 조정한 면을 완성하기 위해서 일반적으로 C, M, Y, K를 각각 인쇄하므로 한 면에 네 번 인쇄하게 된다. 양면인쇄일 경우 종이 1장에 8번 인쇄가 된다. 작은 망점들로 인쇄되며 사용되는 잉크의 성질이 완전히 불투명하지는 않는다. 셀로판지처럼 밑에 색상이 보이기 때문에 혼합되어 보인다. 핀이 안 맞았다고 하는 이야기는 네 번의 인쇄중 하나의 색상이 다른 색상과 인쇄의 위치가 맞지 않았다는 것을 의미한다."

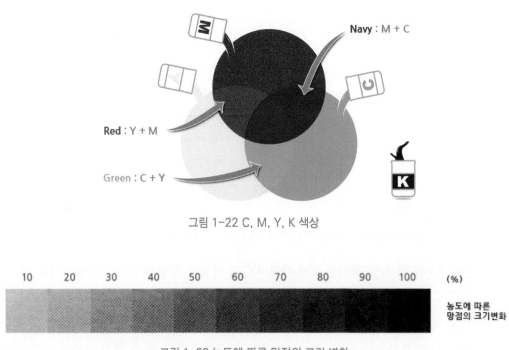

그림 1-22 C, M, Y, K 색상

그림 1-23 농도에 따른 망점의 크기 변화

만일 모든 망점의 위치가 같아 겹쳐지면 색상이 제대로 표현되지 않는다. 따라서 C,M,Y,K 는 각 망점의 위치가 그림 1-24와 같이 서로 다르게 제작되어진다.

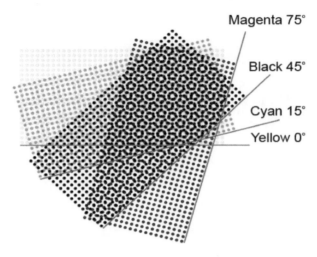

그림 1-24 색상에 따른 망점의 각도

만약 모든 망점이 각도의 변화없이 제작된다면 그림 1-25의 B와 같이 네 가지 색상은 같은 위치에 겹쳐 인쇄되어 원하는 색상을 표현할 수 없다. 따라 A와 같은 결과를 얻기 위해선 그림 1-24와 같이 네 가지 색상은 일정한 각도로 회전시켜 모든 색상이 표현되도록 해야 한다.

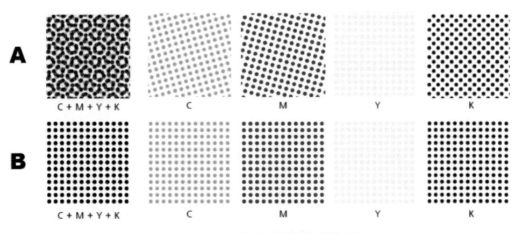

그림 1-25 망점 위치에 따른 컬서 색상 표현

인쇄된 사진의 일부분을 확대하였을 경우 연속된 색상으로 나타나지 않고 그림 1-26처럼 망점을 이용한 C, M, Y, K 색상이 불연속적으로 나타난다. 이와 같은 이미지나 사진은 아날로그의 특성에 위배된다.

선택 부분 확대

그림 1-26 인쇄 부분의 확대 모습

1.4.5 아날로그 필름 사진의 인화과정

아날로그 필름으로 사진을 찍으면 눈에 보이지 않는 잠상(Latent Image)의 형태로 보존된다. 잠상은 감광소재로 이루어진 필름이 빛과 반응 했을 때 만들어지지만 인화 전까지는 보이지 않는 상이다. 필름은 할로겐화은으로 감광되어 있어 화학적 현상 과정을 통해서 눈에 보이는 형태로 전환되어 인화가 가능한 상을 만든다. 잠상이 포함된 필름은 현상, 정지, 정착, 수세의 과정을 거치면 그림 1-27과 같이 고정된 네거티브 화상인 피사체와 흑백 부분이 반대로 되어 있는 상을 얻게 된다.

현상을 거친 필름에 고정된 화상을 얻었다면 원하는 크기의 인화지에 사진을 뽑아내는 과정인 인화 과정을 걸친다. 인화 과정은 감광, 즉 빛을 받았을 때 물리적 또는 화학적 변화를 일으키는 것을 방지하기 위해 인화지가 감광되지 않는 붉은 색의 암등 아래에서 이루어진다. 획득한 네거티브 화상을 밀착 인화지에 밀착하여 인화지에 화상을 만들고 이를 확대하고 인쇄하면 아날로그 사진을 얻을 수 있다.

그림 1-27 현상을 통한 네거티브 이미지
출처 : https://academic-accelerator.com/encyclopedia/kr/negative

아날로그 필름의 인쇄 과정은 전체과정은 다크 룸(dark room)이라 불리는 특수한 공간에서 일반적으로 다음과 같이 이루어진다.

- **다크룸 설정** : 다크룸은 빛이 완전히 차단된 공간으로, 필름을 개발하는 데 사용되는 화학 물질이 빛에 노출되면 안 된다
- **열교환 프린터(Enlarger) 설정** : 열교환 프린터는 필름의 이미지를 확대하여 민감한 사진감광지에 빛을 투사하는 장비이다. 프린터의 렌즈를 조절하여 이미지 크기를 조절할 수 있다.
- **네거티브(Nagative) 선택** : 원하는 사진을 인쇄할 때 사용할 네거티브를 선택한다. 네거티브는 필름에서 개발된 이미지의 부정적인 형태로, 흑백이나 컬러형태이다.
- **사진감광지에 빛 투사** : 선택한 네거티브를 프린터에 넣고, 민감한 사진감광지에 빛을 투사하여 이미지를 확대한다. 빛이 감광지에 투사되면, 감광지는 빛에 반응하여 이미지가 나타나게 된다.
- **노출 조절** : 노출 시간과 강도를 조절하여 원하는 이미지의 밝기와 명암을 조절한다.
- **인화지에 노출** : 감광된 이미지를 인화지에 고정시켜 노출한다.
- **인화지 증착** : 노출된 인화지를 화학 물질을 사용하여 증착한다. 이 과정에서 이미지가 더욱 선명하게 나타나게 된다.
- **중립화 및 세정** : 증착된 인화지를 중립화하여 화학 물질의 잔여물을 제거하고, 마지막으로 세정하여 사진을 완성한다.

참고자료

1. http://e-policy.kari.re.kr/, 허블우주망원경과 제임스 웹 우주망원경_김은혁.pdf,
2. https://radio.kasi.re.kr/kvn_ko/about_tele.php ,전파망원경
3. https://webb.nasa.gov/, 제임스웹 망원경
4. https://eventhorizontelescope.org/, 사건지평선망원경,ETH
5. http://wiki.hash.kr/index.php/아날로그
6. https://www.crms.go.kr/lay1/S1T1010C1015/contents.do, 주파수
7. https://ko.wikipedia.org/wiki/전자기 스펙트럼
8. https://ko.wikipedia.org/wiki/태양 복사
9. https://byjus.com/maths/fourier-transform/, 퓨리에 변환
10. https://broadcastech.tistory.com/19, 매체에 따른 주파수 대역
11. http://terms.tta.or.kr/dictionary/dictionaryView.do?subject=진폭변조
12. http://terms.tta.or.kr/dictionary/dictionaryView.do?word_seq=044087-3
13. https://mrmackenzie.co.uk, 칼라 TV 색상 표현 원리
14. https://www.eeeguide.com/magnetic-tape-recorder-working-principle/, 자기기록
14. https://www.londonsoundacademy.com/blog/how-does-vinyl-work, LP판 기록
15. https://www.crms.go.kr/, 아날로그 TV 방송 절차, 중앙전파관리소
16. https://www.lgdisplay.com, CRT 원리
17. https://www.vitalprinting.co.kr, 활력인쇄, 컬러인쇄
18. https://academic-accelerator.com/encyclopedia/kr/negative-photography# google_vignette, 네거티브 필름
19. https://commons.wikimedia.org/wiki/File:Oscilloscopic_tube_retusche.jpg, CRT

연습 문제

1.1 아날로그에 대해 정의하시오.

1.2 아날로그 관점에서 우주를 설명하시오.

1.3 아날로그 정보의 종류를 생각해보고 그 이유를 설명하시오.

1.4 주파수에 대해 설명하시오.

1.5 태양의 복사 주파수와 가시광선에 대해 설명하시오.

1.6 퓨리에 변환과 퓨리에 급수에 대해 설명하시오.

1.7 진폭변조방식과 주파수변조 방식을 설명하시오.

1.8 아날로그 정보를 활용 수 있는 분야에 대해 설명하시오.

1.9 컬러 TV의 음극선과(CRT)를 이용한 색상 표현방식에 대해 설명하시오.

1.10 자기(magnetic) 매체를 이용한 기록 원리에 대해 설명하시오.

1.11 LP판을 이용하여 소리를 기록하고 재생하는 원리에 대해 설명하시오.

1.12 망점에 대해 설명하시오.

1.13 아날로그 필름의 인화과정을 설명하시오.

2

디지털 세상™

2.1 디지털 세상

아날로그의 세상은 연속적으로 복잡하고 자연스러운 시각으로 인간에게 다가 온다. 아날로그의 특징은 끊임없는 연속된 물리적 양으로 인한 정보의 무한성에 있다. 어떠한 결과물을 얻기 위해선 정보의 양이 많으면 좋지만 이를 효율적으로 이용하지 못한다면 단순한 자료에 불과하다. 아날로그 시대에서는 자료는 풍부하였지만 이를 재활용하기 위한 정보의 처리는 상대적으로 취약하였다.

그림 2-1과 같이 컴퓨터의 발명과 인터넷의 발달로 정보혁명이 일어나는 3차 혁명시대를 거쳐 우리는 세상을 디지털 눈으로 바라보며 지능정보기술을 가속화 시키고 있다. 3차 산업혁명 시대를 이끈 첨단 정보통신기술(ICT)은 경제와 사회전반에 융합됨으로써 혁신적인 변화를 가져오고 있으며 4차 산업혁명 시대를 초래하고 있다.

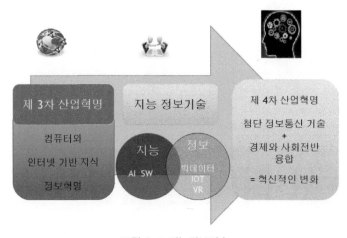

그림 2-1 지능정보기술
출처 : 4차 산업혁명과 IT기술

3차 산업혁명은 20C 중반에 일어난 정보의 혁명이라 할 수 있다. 2차 산업혁명이 전기를 이용한 아날로그 정보의 생산에 중점을 둔 고도화된 사회라고 한다면 3차 산업혁명은 컴퓨터를 이용한 정보의 저장 및 가공이 가능한 시대로서 아날로그와 대비되는 디지털 정보가 인류의 생활을 지배하는 사회가 된 것이다. 기존 아날로그 산업에서는 불필요하고 비효율적인 측면들이 많았다. 그러나 컴퓨터를 사용하면서 방대한 아날로그 정보는 간단한 디지털 정보로 바뀌었으며 디지털정보를 이용하여 불필요하고 비효율적인 정보들을 제거함으로서 생산성, 신속성 그리고 효율성 등을 높일 수 있었다.

연속적인 정보가 아닌 이산 정보의 관점으로 세상을 보게 된다면 복잡하게만 보였던 아날로그 정보들은 불필요한 정보들을 제거하여 보다 단순화된 정보로 획득, 저장하고 효율적으로 유지 보수할 수 있게 된다. 특히 디지털정보는 다른 산업분야의 기술들과 융합 가능성을 제시하며 4차 산업혁명의 기틀을 마련하였다.

2.1.1 디지털 정의

컴퓨터와 발전과 함께 현대인들에게는 전혀 생소하지 않은 디지털이란 신개념의 용어가 3차 산업혁명 시대에 등장하였다. 현대의 정보화시대를 살아가는 모든 사람들은 디지털이란 단어의 홍수 속에 디지털로 구현된 수많은 IT제품들을 사용하며 살고 있다. 과거 라디오나 TV는 아날로그 신호를 송수신하여 사용자들이 시청하고 이용하였지만 2012년 말에 국내의 모든 TV의 방송은 디지털로 제작되어 아날로그 송출이 중지됨으로써 CRT를 사용하는 아날로그 TV로는 시청이 불가능하게 되었다.

현대의 TV, 스마트 폰 등과 같은 모든 IT제품들은 모두 디지털로 구현되고 있다. 아날로그의 상반되는 의미로 사용되는 디지털은 그림 2-2와 같이 "어떤 물리적인 양 또는 수치가 시간 축 상에서 불연속적인 값을 갖는 물리적인 양"으로 표현할 수 있다. 디지털이라는 용어는 손가락을 뜻하는 라틴어 낱말 "digit"에서 나온 것으로, 숫자를 세는데 주기적인 샘플링 값을 취한 것으로 불연속인 값이다.

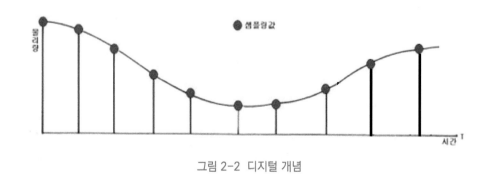

그림 2-2 디지털 개념

컴퓨터의 기본 데이터는 그림 2-3에서 보여 지는 것처럼 0과 1의 전기적 신호로 처리된다.

0과 1이외의 신호나 숫자가 없기 때문에 앞서 정의하였던 불연속적인 값을 갖는 디지털 데이터가 된다. 디지털에서 0과 1을 저장하기 위해서는 하나의 저장공간만 필요하고 이 저장공간을 1비트(bit)라 한다.

1943년 제1차 세계 대전 중에 영국에서 개발된 최초의 전자 컴퓨터 중 하나인 콜로서스 컴퓨터(Colossus computer)는 주로 독일의 고급 암호화 기술인 로렌츠 암호(Lorenz cipher)를 해독하기 위한 목적으로 설계되었다.

암호를 해독하기 위해 만들었던 콜로서스 컴퓨터가 어떻게 현재의 멀티미디어 데이터를 처리하는 복잡한 시스템으로 발전하게 되었을까? 이에 대한 해답은 복잡한 아날로그 세상에서 보다 단순한 디지털 세상을 보는 관점의 변환이라 할 수 있다. 실제 매우 복잡하고 고성능의 컴퓨터라 하더라도 한 시점에 하나의 연산 혹은 명령어 밖에 처리하지 못한다. 단지 연산의 처리 속도가 우리가 감지할 수 없을 정도의 마이크로 초(us : micro second) 이하의 시간에 처리되기 때문에 복잡한 프로그램이 순식간에 처리되는 것처럼 느껴질 뿐이다. 현실 생활에서 일어나는 복잡한 일들을 디지털의 개념을 적용하여 단순하고 불연속적인 일들로 처리한다면 의외로 문제들은 쉽게 해결할 수 있다.

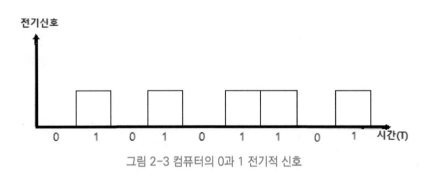

그림 2-3 컴퓨터의 0과 1 전기적 신호

그림 2-4는 불연속적인 디지털 정보를 표현하는 다양한 장치들을 표현한 것이다. 시간의 경우는 0.01초라도 끊임없이 흘러가지만 우리들 대부분은 이러한 세분화된 시간을 감지하지 못할뿐더러 육상 경기와 같이 0.01초의 다툼이외에는 무의미한 정보일 뿐이다. 디지털

정보는 이처럼 감지하지 못하고 느끼지 못하는 아날로그 정보를 제거하고 우리에게 의미 있는 정보만을 이용함으로써 복잡한 문제를 간단히 하여 유용하고 효율적으로 사용할 수 있도록 해준다.

그림 2-4 다양한 디지털 정보 표시 장치

만약 가까운 미래에 고성능의 컴퓨터가 바라본 현실세계는 어떤 모습일까? 아직까지는 대부분 우리가 입력하는 데이터만 사용하는 컴퓨터는 가까운 미래에 인간에 의존하지 않는 고성능의 AI 컴퓨터가 현실세계를 해석하기 위해서는 다양한 센서 및 정보수집 장치로 데이터를 수집한 후 데이터를 처리하여 현실세계를 추상화하고 모델링할 것이다.

컴퓨터는 연속적인 아날로그 데이터를 이해하지 못하며 불연속적인 디지털 데이터를 해석하므로 현실적이지 않지만 그림 2-5와 같이 "매트릭스(Matrix)" 영화의 한 장면처럼 주인공이 자신이 살고 있는 세계가 실제가 아니라 컴퓨터가 만든 가상세계를 인지하였을 때 디지털로 본 세상을 표현하고 있다.

그림 2-5 영화 "매트릭스(Matrix)"가 본 디지털 세상

2.2 아날로그 신호의 디지털 신호 변환과정

아날로그의 특성을 갖는 주파수나, 음성 그리고 소리를 컴퓨터나 디지털 장비 등에서 처리하기 위해서는 디지털 데이터로 변환되어야 한다. 그림 2-6과 같이 마이크를 통해 입력된 음성신호의 경우 사운드 카드의 ADC(Analog to Digital Converter) 장치가 그 역할을 수행하며 디지털로 변환된 데이터는 메모리(RAM)에 저장되고 디지털 신호처리(DSP : Digital Signal Processing)을 거쳐 원하는 목적에 맞게 가공 편집된다. 디지털 신호를 다시 아날로그 신호로 변환하기 위해서는 DAC(Digital to Analog Converter) 장치가 컴퓨터내의 사운드 관련 디지털 데이터를 재생하게 된다.

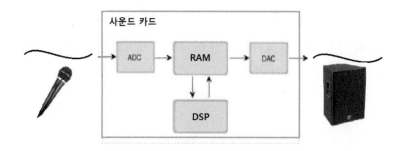

그림 2-6 사운드 카드의 신호처리

아날로그 신호를 디지털 신호로 변경하는 ADC의 과정은 다음과 같다.

(1) 표본화(Sampling)

그림 2-7과 같이 입력된 아날로그 신호에 대해 시간 축 위에서 일정한 간격으로 샘플링(Sampling)하여 아날로그 신호의 진폭의 크기 값을 얻는 과정을 표본화라고 한다. 이 값들은 한 시점에서 아날로그 신호의 크기 값을 얻는다 하여 PCM(Pulse Code Modulation)이라고 한다. 표본화율(Sampling rate)이 높을 경우 복원된 아날로그 신호는 원 신호와 유사도가 높지만 많은 데이터가 요구된다. 반대로 표본화 율이 낮을 경우 적은 데이터로 원신호를 복원할 수 있지만 상대적으로 음질은 저하된다. 나이퀴스트(Nyquist)의 샘플링 이론에 의하면 표본화 간격은 아날로그 주파수 빠르기의 2배 이상으로 해야만 복호화 과정에서 본래의 아날로그 주파수를 복원할 수 있다. 예를 들어 20Hz의 주파수를 갖는 신호에 대해서는 20(Hz)×2(배) = 40번 이상의 표본화를 해야 한다.

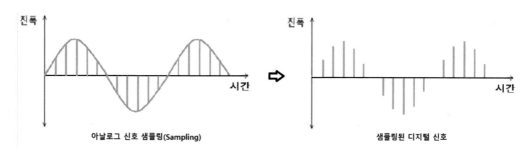

그림 2-7 아날로그 신호의 표본화 과정

(2) 양자화(Quantization)

표본화를 거치면 불연속적인 디지털 값으로 변환할 수 있지만 모든 값들의 진폭 값이 정확히 정수로 표현되지 않는다. 컴퓨터에서 실수의 값을 표현하는 것은 정수 값을 표현하는 것보다 더욱 많은 메모리 용량을 필요로 한다. 그림 2-8과 같이 정수로 표본화된 진폭 값들을 정확한 값으로 표현되지 않고 오차가 발생하게 되는데 이를 양자화 잡음(error)라고 부른다. 예를 들어 첫 번째 신호의 값은 4.45이지만 정수로 표현하게 되면 4가 된다. 따라서 원래의 신호와 0.45만큼의 차이가 발생한다. 양자화 에러를 줄일수록 원래의 신호와 유사해지지만 간격을 세분화 할수록 정보의 양은 늘어나게 된다. 그림에서는 진폭의 값이 0~7로서 디지털로 표현하기 위해서는 3비트(bit)만 있으면 된다. 만약 진폭의 값을 0~16으로 하면 양자화 에러는 줄일 수 있지만 디지털로 표현하기 위해선 4비트가 요구된다.

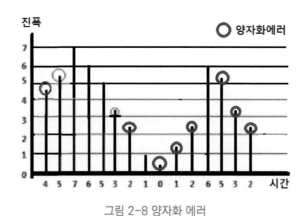

그림 2-8 양자화 에러

(3) 부호화(Encode)

양자화를 거친 데이터들을 컴퓨터에서 사용하기 위해서는 이진(binary) 데이터로 변환되어야 한다. 진폭의 값들을 이진수로 변환하는 과정을 부호화 과정이라 하며 많은 비트를 사용할수록 세밀한 정보를 표현할 수 있다. 그림 2-9는 양자화 과정에서 결정된 값들을 4비트의 디지털 값으로 저장하는 과정을 나타낸 것이다. 그림에서는 8을 넘는 수가 없으므로 3비트만 사용해도 된다.

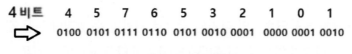

그림 2-9 4비트 부호화 과정

(4) 복호화(Decode)

부호화 과정을 거쳐 저장된 데이터를 컴퓨터에서 재생하는 과정을 복호화 과정이라 한다.

복호화 과정은 앞서 수행했던 과정의 역순으로 진행된다. 4비트로 부호화된 2진수의 값들은 DAC를 거쳐 원래의 진폭 값들로 변환하고 크기에 맞는 아날로그 파형으로 재생된다.

2.3 디지털 장점

디지털 장치나 정보를 사용할 경우 아날로그 정보에 비해 다음과 같은 유리한 특징을 나타낸다.

(1) 가공과 편집의 효율성

아날로그 데이터로 표현되거나 저장된 이미지는 가공, 편집 그리고 저장 등이 어렵지만 디지털 데이터는 이진 데이터로 처리되므로 이진수로 저장된 그래픽 이미지나 데이터 등은 관련 프로그램을 사용하여 데이터의 합성, 편집 등을 매우 용이하게 할 수 있다. 디지털 데이터는 복사와 붙여넣기와 같은 용이성, 빠른 편집과 수정, 다양한 가공 도구의 사용, 쉬운 공유와 전송, 자동화 및 프로그래밍, 쉬운 백업 및 복원 그리고 실시간 업데이트가 가능하므로 이와 같은 기능들을 사용하면 가공과 편집에 효율성을 보인다.

음성을 사용하는 전화기의 경우에도 아날로그 신호로 송수신하는 경우는 주변의 잡음으로 인해 통화 품질이 저하되기 마련이며 품질이 저하되더라도 품질을 개선시키기 어렵지만 디지털로 변환되어 송수신하는 데이터는 잡음이 섞인다 하더라도 불필요한 잡음 등을 쉽게 가공과 편집을 할 수 있어 통화 품질을 개선할 수 있다.

디지털 데이터의 가공과 편집에 사용되는 그림 2-10과 같이 스프레드시트 프로그램을 사용하면 데이터 정리 및 정확성을 높일 수 있으며 프로그램에서 제공하는 계산 및 수식을 사용함으로서 다양한 작업을 손쉽게 할 수 있다. 또한 시각화 차트나 협업 및 공유를 통해 업무의 효율성을 제공한다. 이처럼 디지털 데이터는 다양한 도구를 통하여 데이터의 분석이나 계산을 빠르게 할 수 있으며 효율적으로 문서 작성이 가능한 장점을 제공한다.

재고 목록
회사 이름

재주문	재고 ID	이름	설명	단가	재고 수량	재고 값
▶	IN0001	항목 1	설명 1	₩51.00	25	₩1,275.00
▶	IN0002	항목 2	설명 2	₩93.00	132	₩12,276.00
	IN0003	항목 3	설명 3	₩57.00	151	₩8,607.00
	IN0004	항목 4	설명 4	₩19.00	186	₩3,534.00
	IN0005	항목 5	설명 5	₩75.00	62	₩4,650.00
▶	IN0006	항목 6	설명 6	₩11.00	5	₩55.00
	IN0007	항목 7	설명 7	₩56.00	58	₩3,248.00
▶	IN0008	항목 8	설명 8	₩38.00	101	₩3,838.00
	IN0009	항목 9	설명 9	₩59.00	122	₩7,198.00
▶	IN0010	항목 10	설명 10	₩50.00	175	₩8,750.00

그림 2-10 스프레드시트를 이용한 가공 편집의 용이성

(2) 데이터의 영구성

아날로그 데이터는 송수신 과정에서 시스템의 특성이나 주변의 환경에 따라 잡음이 추가되어 원본 데이터가 손실되거나 변화되기 쉬우며 한번 손실된 데이터는 복구하기 어렵다.

그러나 디지털 데이터는 0과 1의 데이터로 구성되기 때문에 영구적으로 데이터를 저장할수 있다. 또한 일시적으로 변환된 정보는 쉽게 복원가능하며 여러 번 저장 또는 복원하여도 원 데이터는 손실되거나 변화가 없다. 그림 2-11과 같이 자기테이프를 이용한 아날로그 정보의 이용은 사용할수록 재질의 특성상 원본을 유지하기 어려운 특성이 있으나 디지털 저장장치인 USB(Universal Serial Bus)나 RAM(Random Access Memory)의 경우 전기적 신호를 이용한 회로로서 저장장치가 파손되지 않는 이상 영구적으로 데이터를 사용할 수 있는 특징이 있다.

아날로그정보저장 : 카세트테이프   디지털 저장매체 : USB & RAM

그림 2-11 디지털 저장장치의 데이터 영구성

(3) 오류 검출의 용이성

아날로그 데이터의 송수신 과정에서 오류는 원본 데이터를 왜곡시켜 잡음이나 에러(error)의 형태로 나타난다. 그림 2-12는 LG의 음성인식처리(SSP : Speech Signal Processing)를 나타낸 것으로 음성을 인식할 때 마이크를 통해 입력된 잡음을 SSP 엔진을 통해 음원에서 잡음을 제거하는 과정을 간략히 나타내고 있다. 디지털 데이터의 경우 한정된 범위의 데이터만 사용되기 때문에 오류가 발생하더라도 원본 데이터와 잡음을 쉽게 구분할 수 있으므로 잡음을 검출하고 오류를 제거하기가 용이하여 품질을 향상시킬 수 있다.

잡음이 심한   음원에서 잡음을 제거   음원의 품질 향상
음원을 수신   (SSP Engine)

그림 2-12 음성 신호에서의 잡음제거
출처 : LG AI Platform

(4) 검색의 용이성과 사용의 편리성

아날로그 데이터의 경우 순차적인 방법으로 검색하지만 디지털 데이터의 경우 무작위 방식으로 원하는 데이터를 바로 검색할 수 있다. 그림 2-13은 아날로그 정보를 저장할 수 있대표적인 장치인 카세트 테이프와 디지털 음원정보를 담고 있는 스마트폰의 내용을 나타낸 것이다. 아날로그 정보의 경우 내가 원하는 정보를 찾기 위해선 재생 버튼을 클릭해서

원하는 정보의 위치로 옮겨가야 하는 번거로움이 있다. 그러나 컴퓨터, 스마트폰의 메모리나 USB에 저장된 데이터 혹은 음악을 들을 경우에는 우리는 원하는 데이터만 클릭하면 바로 재생시킬 수 있다는 점에서 검색이 쉬운 특징을 갖는다. 또한 스마트폰, 컴퓨터 등을 이용하여 인터넷 검색, 전자 우편, 소셜 미디어 등의 다양한 기능들을 편리하게 이용할 수 있다. 이러한 편리성은 일상적인 작업의 업무를 획기적으로 개선하여 간소화하는 장점을 제공한다.

아날로그 정보 순차 재생   디지털 정보 랜덤(Random) 재생

그림 2-13 아날로그 정보의 재생과 디지털 정보 재생의 차이점

⑸ 경제성

디지털 정보를 적용한 기술로서 전자상거래, 클라우딩(clouding) 서비스 등은 비즈니스 환경에서 기업의 비용을 절감하고 생산성을 향상시킬 수 있다. 또한 사물인터넷을 이용하여 빅 데이터를 모으고 이를 인공지능으로 활용하여 다양한 온라인 마케팅 또는 개인화된 서비스 등을 제공함으로써 경제성을 제공한다.

⑹ 창의적인 혁신성

우리 생활 곳곳에 존재하는 모든 사물들은 센서와 통신 기능을 통하여 인터넷에 연결되어 있으며 디지털 기술로 탄생한 가상현실, 사물인터넷, 빅데이터, 인공지능 등은 그림 2-14와 같이 클라우딩 서비스를 통하여 서로 융합되어 새로운 아이디어와 산업 분야에 대한 창의성, 그리고 소셜 미디어와 같은 온라인 서비스 등을 통해 다양한 분야에 혁신을 제공한다.

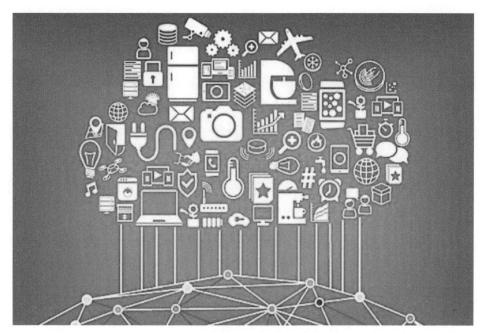

그림 2-14 다양한 산업분야에서의 경제성과 창의성 제공
(출처 : 서울연구원)

2.4 4차 산업혁명

3차 산업혁명을 이끌었던 각기 별개로 보이던 정보통신기술(ICT), 인공지능, 사물인터넷, 클라우드 컴퓨팅, 빅 데이터, 모바일 등은 각자 독립적으로 발전을 이루었다. 그러나 2015년 즈음 이러한 기술들은 서로 융합되고 심지어 농업, 경제, 생명공학, 나노 등의 여러 분야의 신기술들과 융합되어 사회 곳곳에서 인류 삶의 방식을 바꾸고 있는 4차 산업혁명의 시대를 맞이하고 있다. 이는 18세기에 시작된 1차 산업혁명이후 3차 산업혁명 발전을 이끈 산업의 기계화와 컴퓨터, 인터넷을 기반으로 한 정보통신 기술의 비약적인 발전을 토대로 탄생되었다.

(1) 지능정보기술 시대

제4차 산업혁명은 2016년 1월 스위스 다보스포럼에서 "4차 산업혁명" 시대의 도래를 천명하면서 전 세계의 정보통신 강국들은 국가의 핵심전략으로 4차 산업혁명 기술들을 적극적으로 지원 개발하고 있다. 산업의 자동화 기계 등은 단순한 조립 단계를 넘어 지능화 되었으며 정보기술을 활용한 ICT 기반 플랫폼 기술들은 4차 산업혁명의 핵심인 지능정보기술의 융합으로 나타났다.

지능정보기술은 그림 2-15와 같이 인공지능(AI)이 빅 데이터, 사물인터넷(IOT), 모바일, 클라우드 기술과 결합하여 우리의 삶에 영향을 주는 로봇, 자동차/드론, 슈퍼컴퓨터 그리고 ICT 디바이스를 구현하는 것이다. 사물인터넷과 모바일로 각종 정보를 수집하고 실시간으로 전달하며, 빅 데이티와 클리우드를 통해 정보를 효율적으로 분석·처리하고 저장하기 위해 인공지능을 이용한다. 지능정보기술은 자동차, 드론, 로봇 등의 다양한 제품과 서비스를 지능화하여 제4차 산업혁명의 원동력이 된다. 이는 단순한 깡통의 기계가 아니라 인간의 오감 기능을 처리할 수 있는 기술로서 우리의 삶을 더욱 풍요롭고 편안한 생활을 영위할 수 있도록 한다.

컴퓨터와 인터넷을 통한 정보혁명이 3차 산업혁명을 일으켰다면 인공지능이 빅 데이터, 사물인터넷 그리고 모바일 등과 융합하여 활용된 지능정보기술은 사회전반에 제4차 산업혁명의 융합을 더욱더 가속화 시키고 있다.

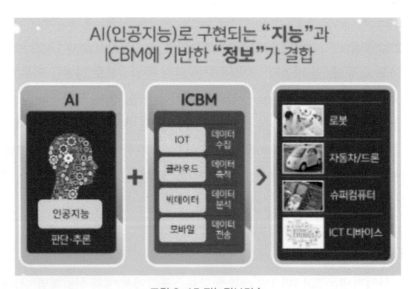

그림 2-15 지능정보기술
출처 : 과학기술정보통신부

인공지능 기술은 아직까지는 인간의 오감 중 일부만을 묘사하고 처리할 수 있는 기술이지만 인간의 인지능력, 학습능력, 추론능력 등을 중심으로 하드웨어와 소프트웨어가 지속적인 발전을 하고 있다. 특히 챗지피티(chatGpt)의 열풍은 전 지구적으로 관심의 대상이 되고 있으며 모든 산업 분야를 대체할 수 있을 것이란 전망을 내놓고 있다.

빅 데이터 활용 기술은 다양한 분야의 데이터를 수집하고 전달하며 이와 함께 저장 분석하는 기술이다. 대량의 데이터를 수집함과 동시에 전달하기 위해서는 5G를 근간으로 하는 사물인터넷과 클라우딩 기술이 필요하다. 빅 데이터를 효과적으로 분석하고 처리하면 미래를 예측하거나, 의사 결정에 활용하여 새로운 가치를 창출할 수 있다.

그림 2-16은 정부 부처인 과학기술기술통신부에서 제안한 지능정보기술을 개념을 설명한 것이다. 사물인터넷을 기반으로 CCTV, 자동차, 스마트폰과 가전 그리고 기반시설로부터 단순 정보를 취합한다. 사물인터넷 기술의 특징은 기계 대 기계, 기계 대 인간 등 모든 객체의 연결을 통한 정보교류 및 데이터를 수집한다.

사물인터넷을 통하여 수집된 정보는 모바일 기기를 이용하여 5G 통신기술로 전송된 빅데이터를 분석, 저장하게 되고 클라우딩 컴퓨팅 기술과 접목된 인공지능를 통해 판단하게 된

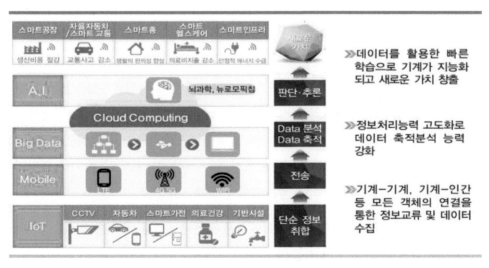

그림 2-16 지능정보기술 개념
출처 : 과학기술정보통신부

다. 이에 대한 결과물로서 데이터를 활용한 인공지능의 빠른 학습은 가속화 될 것이며 기계는 더욱 지능화되고 새로운 가치를 창출하게 된다. 스마트(Smart) 공장은 생산비용 절감이 이루어지고 자동차의 경우 자율주행이나 교통사고의 감소와 같은 효과를 얻을 수 있다. 이외에도 4차 산업이 적용된 다양한 산업 분야에 매우 고효율적인 결과를 얻을 수 있다.

지능정보기술이 산업화에 적용될 경우 다음과 같은 특징을 과학기술정보통신부에서는 정의하고 있다.

- 무인 의사결정 : 인간의 고차원적 판단기능을 수행함으로써 기계가 독립된 주체로 활동하여 자동화 및 무인화가 확산된다.
- 실시간 반응 : 정보수집, 데이터 분석, 판단 추론 등 일련의 과정들이 ICT 기술(IoT, Cloud, Big Data, Mobile)을 통해 즉각 처리되어 실시간 응답 반응한다.
- 자율 진화 : 딥러닝 등 기계 학습을 통해 스스로 진화하여 기계의 성능이 기하급수적으로 향상 된다.
- 만물의 데이터화 : 과거에는 보관 활용이 곤란했던 데이터(생체 행태정보, 비정형 정보 등)도 기계 학습 과정을 거쳐 의미 추출 가능하다.

이처럼 지능정보기술은 과거 기계가 독립적으로만 실행되거나 실행할 수 없었던 다양한 산업분야에 융합되어 적용할 수 있게 됨에 따라 해당 산업의 생산성을 높이고 효율적이게 변화함에 따라 사회 전반에 큰 변화를 초래하게 된다. 그림 2-17은 지능정보기술이 타 산업 분야의 기술들 간에 서로 융합되는 예시를 나타낸 것으로 인공지능, 사물인터넷, 클라우딩 서비스, 모바일 서비스 그리고 빅 데이터 등의 지능정보기술이 별개의 기술이 아닌 서로 유기적인 관계를 갖는 것을 나타낸다. 이러한 융합된 기술들은 지능형 로봇, 가정, 의료, 스마트 공장, 블록체인(Block Chain), 스마트 도시, 웨어러블, 3D 프린팅 등 기술 발전의 핵심 역할을 하게 되며 인류의 삶 방식에 많은 영향을 주게 된다.

커넥티드 홈(Connected Home) 분야에서는 모든 전자제품의 자율제어로 주부들은 가사노동에서 해방될 수 있으며 지능형 로봇으로 청소, 요리, 육아, 간병 등에 활용할 수 있다. 의료 분야에서는 유전체 분석기술을 활용하여 개인별 유전자 특성을 분석함으로써 맞춤형 질병치료 및 스마트 임플란트, 생체공학 연구 등을 할 수 있다. 스마트 도시에서는 우리의 안전, 오염 문제 등을 스스로 예측, 해결하고 사고 없이 안전하게 운행하는 자율주행 자동차를 상용화할 수 있다. 수요예측과 맞춤형 생산으로 효율을 극대화하는 스마트 공장의 운용과 누구나 원하는 제품을 스스로 제작할 수 있는 3D 프린팅 기술이 활용된다. 특히 금융산업을 포함한 서비스 전반에 블록체인 기술을 적용하여 고도의 안정성 및 신뢰성을 제공하게 된다.

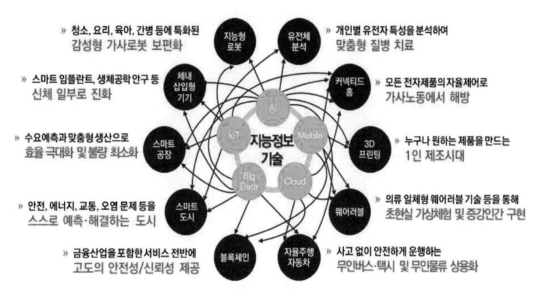

그림 2-17 지능정보기술과 타 산업간의 융합
출처 : 미래창조과학부

지능정보기술이 가져올 미래는 산업구조의 변화와 고용구조의 변화를 초래할 것이다. 과거 토지, 노동, 자본은 생산을 위한 3대요소로서 경제의 근간이었지만 정보기술의 발전으로 정보는 중요한 생산요소로서 자리매김하였으며 지능정보기술의 시대에는 습득한 정보에 대해 스스로 학습하고 이를 통해 더욱 발전하게 되므로 정보는 산업구조에 있어서 매우 중요한 요소가 된다. 미국의 페이스북, 구글, MS, 애플 등의 ICT 상위 기업들은 지능형정보기술에 적극 투자하고 있다. 산업구조의 변화는 특히 제조업에서 커다란 변화를 초래하고 있다. 제조, 설계, 유통, 판매, 관리 등 대부분 수작업으로 이루어지던 공정은 지능정보기술을 이용하여 자동화 및 고도화가 이루어지고 있으며 물리적 기술과 디지털 기술이 융합되어 산업구조의 변화를 이끌고 있다.

2016년 세계 경제연맹에 따르면 지능정보기술의 영향으로 미래사회의 고용구조의 변화는 지정학적 위치에 따라 변동성이 확대될 것으로 예측하였으며 청소년들은 신기술을 받아들이는 속도가 빨라 영향이 더욱 두드러질 것으로 예측하고 있다. 현재까지 지능정보기술의 고용구조 변화는 사물인터넷, 첨단제조업과 3D 프린팅, 인공지능과 기계학습, 첨단소재 및 생명공학 기술 분야 등 4차 산업혁명의 영향이 많이 받는 분야로 나타나고 있다.

(2) 4차 산업혁명의 특징

4차 산업혁명은 다양한 산업간의 융합으로 새로운 비즈니스를 창출하며 다음과 같은 기술적 산업 분야가 나타나게 되었다.

- 가상현실과 증강현실 : 가상현실(VR)과 증강현실(AR) 기술이 발전하면서 교육, 훈련, 엔터테인먼트, 의료 등 다양한 4차 산업혁명분야에서 활용되고 있다.
- 빅 데이터와 데이터 분석 : 대량의 데이터를 수집하고 분석하여 유용한 정보를 도출하는 기술이 발전하고 있으며 기업은 더 정확한 의사결정을 내리고 개인은 맞춤형 서비스를 받을 수 있게 되었다.
- 혁신적인 제조기술 : 3D 프린팅과 같은 혁신적인 제조기술이 등장하면서 생산 방식이 변화하고 맞춤형 제품이 더 많이 생산된다.
- 로봇공학과 자동화 : 로봇 및 자동화 기술의 진보로 인해 생산성이 향상되고, 인간의 노동 부담이 감소하면서 산업 전반에서 혁신이 이루어지고 있다.
- 사물인터넷(IoT) : 다양한 기기와 센서들이 연결되어 데이터를 주고받는 환경을 형성하고, 이를 통해 생산성을 향상시키고 새로운 서비스 및 비즈니스 모델을 창출한다.
- 인공지능(AI) 및 기계학습 : 기계가 학습하고 경험을 쌓아가며 작업을 수행하도록 하는 기술이 발전하고 있으며 자동화, 예측 분석, 의료 진단 등 다양한 분야에서 혁신이 이뤄지고 있다.
- 사이버 보안 : 디지털 시스템의 증가와 함께 사이버 공격 위협도 증가하고 있으며 사이버 보안 기술도 중요한 역할을 담당한다.

이와 같은 4차 산업혁명 기술들은 정보의 물리성, 가상성, 초지능화, 초연결성이라는 공통적인 특징들을 갖는다.

① 정보의 물리성(Physical)과 가상성(Cyber)의 결합

물리적 세계의 가장 큰 특징은 부피, 질량 등의 물리적인 실제적 특성을 갖고 있으며 우리가 살아가는 현실세계 즉, 물리적 세계이다. 반면에 ICT는 정보를 다루는 기술로서 컴퓨터, 네트워크, 모바일, 소프트웨어 그리고 하드웨어 등은 모두 형태가 다르지만 정보를 저장, 처리 그리고 분석하는 기술 분야이다. 이러한 정보는 인간의 눈에 보이지 않게 처리되므로 이러한 가상 정보는 쉽게 복사, 수정, 전송될 수 있으며 가상성(Cyber)을 갖는다고 할 수 있다.

독립적이었던 이 두 세계는 정보의 가상성에 의해 주기적으로 계속하여 물리적 세계에 영향을 주고 있으며 물리적 세계는 가상의 세계에 상호 영향을 주고 있다. 이러한 환경에서 만들어진 가상물리시스템(Cyber Physical System)은 사물인터넷에 관련된 센서 등과 이를 통제하는 컴퓨터의 구성요소들의 결합으로 등장하였다. 그림 2-18은 가상물리시스템의 개념도를 나타낸 것으로 물리세계의 데이터가 가상시스템의 정보로 입력되어 필요한 정보를 추출하여 통합정보시스템으로 전달하면 이 정보를 물리시스템의 액추에이터(Actuator)를 통해 로봇 등 다양한 센서들을 구동시킨다.

두산백과에서는 CPS에 대해 다음과 같이 정의하고 있다.

컴퓨터 프로그래밍으로 만들어진 가상 세계, 즉 디지털 환경과 물리적 법칙에 의해 운용되는 물리적 세계를 통합하는 개념을 의미한다. 따라서 인간의 생활에서 사용되는 다양한 기계와 이를 제어하기 위한 소프트웨어, 액추에이터, 센서, 전자 하드웨어, 임베딩 시스템 등을 포함한 각종 네트워크 시스템을 연결 짓는다면, 사물인터넷의 개념과 일맥상통한다고 볼 수 있다. 스마트폰과 같은 각종 스마트 기기, 사물인터넷을 적용한 디바이스나 스크린 야구, 스크린 골프 등도 가상물리시스템(CPS)에 해당된다. 뿐만 아니라 전력망, 에너지, 건강진단 시스템, 교통시스템, 공공기초시설 등이나 산업체의 생산 시설에도 적용하여 효율을 높일 수 있다.

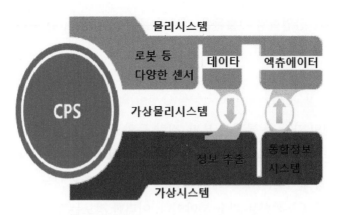

그림 2-18 가상물리시스템 개념도

② 초지능화(Hyper-Intelligent)

초지능화란 우리 사회 전반에 퍼져있는 모든 기기들이 인공지능과 사물인터넷, 빅 데이터 기술의 영향으로 "인간처럼 생각하고 결정하는 스마트 기기(Smart Device)"를 의미한다. 초지능화 된 인공지능의 대표적인 예는 바둑 분야에서 세계1위 이세돌을 불계승으로 꺾었던 인공지능 알파고(AlphaGo)와 현재 전 지구적 열풍이 불고 있는 챗지피티(ChatGpt)가 있으며 현재 우리의 사회는 초지능화 된 세계로 돌입했음을 암시하고 있다. 우리 주변을 둘러싼 방대한 양의 빅 데이터는 사물인터넷을 통해 연결하고 인공지능의 논리력, 의사결정 능력과 연관되어 융합하는 새로운 초지능화 시대가 도래되었다.

초지능화는 산업의 생산성을 향상시키기 위한 "스마트공장(Smart Factory)"이라 부르는 자동화된 공장에서 생산과 관리의 효율성을 제공한다. 스마트 공장이란 기획·설계 → 생산 → 유통·판매에 이르는 제조과정의 전부나 일부 과정에 사물인터넷·인공지능·빅데이터와 같은 정보통신기술을 적용해 기업의 생산성과 제품의 품질 등을 높이는 지능형 공장을 의미한다. 공장의 시스템이 단순 자동화된 것이 아니라 기존 공장의 모든 요소들이 정보시스템, 사물인터넷, 센서 네트워크, 로봇, 자동화, 빅 데이터 그리고 인공지능 등의 정보통신기술의 결합을 통해 실현되는 것이다.

그림 2-19는 스마트 공장의 효율성을 나타낸 것으로 제품의 기획, 설계 생산 유통 등 전 과정을 정보통신기술로 통합, 고객맞춤형 제품을 최소비용, 시간으로 생산하는 미래형 공장

의 효율성을 나타내고 있다. 제품의 기획, 설계, 유통 과정의 단계에서 스마트 공장 개념을 적용하게 되면 생산성이 개선되어 가격 품질 등의 경쟁력을 확보할 수 있다. 산업통산 자원부에서는 국내의 스마트 공장 도입 비율을 정부와 대기업의 협업하여 2020년 이후로 1만 개 이상을 목표로 추진하고 있다.

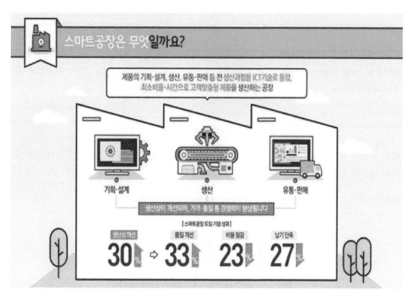

그림 2-19 스마트공장의 효율성
출처 : 산업통산 자원부

③ 초연결성(Hyper-Connected)

지능정보기술시대에서는 사람뿐만 아니라 초지능화 된 기기들 간에 연결의 극대화를 통한 초연결성으로 모든 사물이 상호 통신하게 된다. 모든 사물이 자율적으로 상호통신을 하므로 우리가 수동으로 입력한 데이터를 처리하는 것이 아니라 사물인터넷을 통하여 클라우드 정보 등 빅 데이터를 스스로 수집하고 의미 있는 정보로 가공한다. 초지능화 된 기기들은 인간과 유사한 결정을 위해서는 무수한 데이터가 필요하며 이를 위해서는 모든 사물이 초연결성으로 데이터의 전송이 이루어져야 한다. 인공지능의 기기들이 의미 있는 정보를 창출하기 위해서는 대량의 데이터를 수집하고 분석하여 학습 형태의 사이클(cycle)을 가져야 한다.

초연결성은 초저지연, 초고속, 초용량의 특징을 갖는 5G(Generation)가 필수적이다. 4G LTE(Long Term Evoluttion)를 넘어 5G는 사물인터넷의 초연결성, 사물기기간의 1ms 이하의 초저지연과 수백배 이상의 향상된 트래픽 용량을 통한 초용량 그리고 이러한 데이터들을 사용자당 수 백Mbps에서 최대 20Gbps까지 빠른 데이터 전송속도를 지원하게 된다.

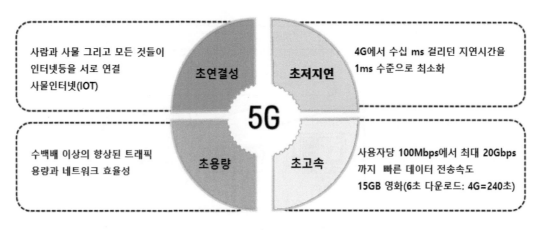

그림 2-20 5G 네트워크의 특성

2.5 4차 산업혁명의 활용 분야

(1) 스마트 공장(Smart Factory)

4차 산업혁명으로 산업전반에 많은 변화가 생겼으며 3차 산업간의 융합이 발생하며 많은 일자리가 변화하고 새로운 분야가 등장하고 있다. 과거 산업분야의 공장에선 인력의 도움 없이는 제조공장을 운영할 수 없었으나 그림 2-21과 같이 1913년 미국의 자동차 기업포드가 컨베이어 시스템을 도입하여 기존에 노동자가 모든 작업을 담당하는 것에서 한명의 작업자가 제조 작업을 수행함으로써 사람의 노동에 의존하던 생산 공정의 개념을 변화시켰다. 이러한 변화처럼 최근에는 컴퓨터의 도입을 통해 자동화가 더욱 가속화 되었으며, 독일이 2011년 인더스트리 4.0에서 스마트 공장이라는 개념을 최초로 언급하며 제조 혁신이 시작되었다.

스마트 공장은 다음과 같은 특징들로 나타난다.

- **자동화 및 로봇화** : 생산 라인에서 고도로 자동화된 시스템과 로봇을 통해 작업을 수행함으로 생산 속도를 향상시키고 작업자가 반복적이고 위험한 작업을 하지 않아도 된다.
- **빅데이터 및 분석 활용** : 스마트 공장은 센서 및 IoT 기술을 사용하여 다량의 데이터를 수집하고 분석하고 이 데이터는 생산 프로세스를 최적화하여 기계의 고장을 예측하는 데 사용된다.
- **사물인터넷 기술** : 각종 센서, 장비, 및 제품이 인터넷에 연결되어 상호작용하며 정보를 주고받음으로써 생산 프로세스의 실시간 모니터링과 통합이 가능해진다.
- **클라우드 컴퓨팅 및 플랫폼** : 클라우드 기술을 활용하여 데이터를 저장하고 공유하며, 중앙 집중화된 플랫폼을 통해 생산 프로세스를 관리한다.
- **사이버 물리 시스템(CPS)** : 생산 시스템과 정보 기술이 통합된 사이버 물리 시스템으로, 생산 프로세스를 모니터링하고 제어하는 데 사용된다.
- **유연성 및 맞춤화** : 생산 라인의 유연성을 높이고 맞춤화를 가능케 하는 생산 시스템을 구축하여 고객의 요구에 빠르게 대응하고 변동성에 유연하게 대처한다.
- **사람과 로봇의 통합** : 사람과 로봇이 함께 협업하여 생산 프로세스를 효율적으로 관리한다.

그림 2-21 포드의 컨베이어 시스템
출처 : WordPress.com

3차 산업혁명까지는 로봇의 노동력으로 인력을 대신하여 생산 공정에서 단계별 자동화가 이루어졌지만 그림 2-22와 같이 스마트 공장은 기획, 설계 단계에서 제품제작 전 시뮬레이션을 통해 기간을 단축하고 맞춤형 제품을 개발할 수 있다. 공정 단계에서는 설비, 자재 그리고 시스템간의 실시간 정보교환을 통해 효율성을 높일 수 있다. 유통 판매과정에서는 생산현황에 맞는 실시간 자동 발주를 통해 재고 등의 비용을 감소시킬 수 있다. 이처럼 전 과정이 사물인터넷을 통하여 이루어지게 함으로써 한정된 자원을 효율적으로 사용하며 효율성, 생산성 그리고 경제성 등을 향상할 수 있다.

최근에 이러한 스마트 공장의 보급률이 늘고 있지만 중소기업벤처 기업부의 조사에 의하면 전 과정 공장 자동화를 이루고 있는 기업은 대기업 정도이고 중소기업의 경우 기초 또는 중급단계에 머물고 있는 실정이다. 표 2-1과 같이 스마트 공장의 수준은 공장자동화, 공장 운영 형태, 기업자원관리 그리고 제품개발의 방법 등의 요소에 의해 정의될 수 있다. ICT가 미적용일 경우는 공장의 관리가 수작업으로 진행되며 협업은 전화와 이메일 등으로 부차적으로 이루어져 협업이 비효율적으로 이루어지게 된다. 자동화의 기초 수준이나 중간 수준에서는 공장자동화는 일부 이루어지지만 공장의 운영 형태나 기업의 자원관리 등은 개별적으로 이루어지게 된다. 하지만 자동화로 고도화 된다면 사물인터넷을 통해 모든 기기가 통신가능하게 되며 전 공정은 가상물리시스템(CPS)를 이용하여 효율적으로 이루어지게 된다.

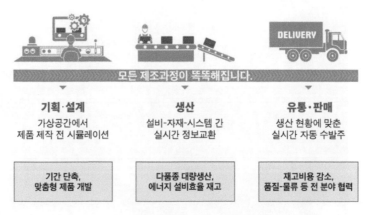

그림 2-22 스마트 공장 개념
출처 : 대한민국 정책알리미

표 2-2 스마트공장의 수준별 정의

구분	현장자동화	공장운영	기업자원관리	제품개발	공급사슬관리
고도화	IoT/IoS기반의 CPS화				인터넷 비즈니스 네트워크 협업
	IoT/IoS화	IoT/IoS(모듈)화 빅데이터 기반의 진단 및 운영		빅데이터/설계 개발, 가상시뮬레이션/3D프린팅	
중간수준2	설비제어 자동화	실시간 공장제어	공장운영통합	기준정보/기술정보생성 및 연결자동화	다품종 개발협업
중간수준1	설비제어 자동화			기준정보/기술정보 개발운영	다품종 생산협업
기초수준	설비데이터	공정물류관리(POP)	관리기능 중심 기능 개별운용	CAD사용, 프로젝트 관리	단일 모기업 의존
ICT미적용	수작업	수작업	수작업	수작업	전화와 이메일 협업

출처 : 테크엠(2016.5)

(2) 스마트시티(Smart City)

스마트시티는 사물 인터넷, 스마트 공장에서 적용하는 사이버 물리시스템, 빅 데이터 솔루션 등 최신 지능정보기술을 적용한 스마트 플랫폼을 구축하여 도시의 자산을 효율적으로 운영하고 시민에게 안전하고 윤택한 삶을 제공하는 도시를 의미한다. 도시를 구성하는 인프라인 빌딩, 주택, 도로, 항만, 수도, 전기, 학교 등을 효율적으로 관리하고 사물인터넷을 통하여 공공 데이터를 수집 및 활용하여 교통, 에너지 등 다양한 도시 문제를 해결하고 새로운 가치를 창출하는 데 목적이 있다.

스마트시티의 핵심 요소중 하나는 에너지 관리이다. 영국은 그중에서도 '스마트시티' 기술을 선도하고 있는 국가 중 하나다. 2013년 영국 정부 차원에서 '미래 도시(future of cities) 프로젝트'를 도입하는 등 적극적인 관심을 기울여 왔다. 영국의 이노베이트(Innovate)의 '퓨처시티 프로젝트' 우승자로 선정된 글래스고(Glasgow)는 영국의 '첫째 스마트시티'다. 글래스고 시는 도시 내 건물에 전력 사용을 측정하는 센서를 설치해서 전력 사용량을 측정해서 클라우드에 정보를 수집한다. 수집된 전력 사용량 정보를 빅 데이터로 분석하여 사용자들에게 모바일로 정보를 실시간 제공한다. 사용자들은 전력량 분석정보를 바탕으로 전력 절감의 효과를 얻고 있다. 그림 2-23과 같이 스마트시티는 도시의 모든 인프라 빌딩, 홈, 쇼핑, 헬스, 공공 장소 등 모든 자원들이 사물 인터넷을 통하여 삶의 안정성 및 편리성을 추구하고 있다.

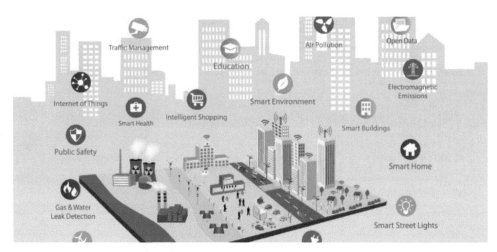

그림 2-23 영국 글래스고 시의 스마트시티

국내에서는 세종시가 세계 최고의 친환경 스마트시티가 되기 위해 신재생에너지와 에너지 저장장치, 에너지 통합관리시스템 등 2020년까지 스마트 그리드기반을 구축할 계획이다. 계획대로 에너지 IoT 기반을 제대로 갖추게 될 경우 3년간 연평균 500명 이상 고용창출 및 2천억원 이상의 부가가치 창출효과를 기대할 수 있다. 또한 송도국제도시는 에너지 저소비형 U시티로 구축하기 위한 스마트 그리드 확산사업도 추진하고 있으며 인천시는 온실가스 배출은 줄이고 신재생에너지 확대보급을 위해 14개 섬을 대상으로 실시하는 에너지자립섬 조성사업을 추진 중이다.

그림 2-24는 국토교통부의 스마트시티 개념도로서 도시의 기반시설 위에 데이터허브를 구축하고 스마트 모빌리티, 스마트 물관리 그리고 재난관리 등 국민의 편익도모를 위한 기반시설들을 구축하고 서비스하게 된다. 국민편익을 위한 모든 서비스들은 독립적으로 운영되는 것이 아니라 데이터 허브를 통해 서로 융합되어 관리된다.

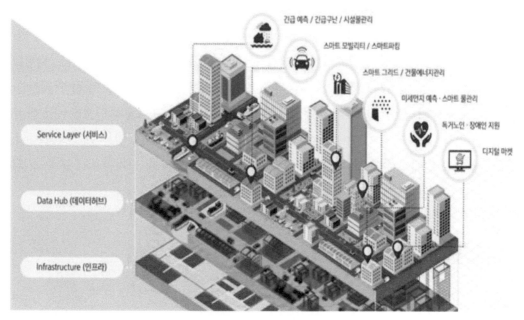

그림 2-24 스마트시티 개념도
출처 : 국토교통부

스마트시티는 다음과 같은 특징으로 요약할 수 있다.

- **인프라와 기술 통합** : 다양한 기술과 도로, 교통체계, 빌딩, 에너지 시스템 등 인프라를 통합하여 효율적으로 운영된다. 센서, 인터넷 연결 장치, 빅 데이터 등을 활용하여 도시의 다양한 부문을 모니터링하고 최적화한다.
- **지속가능성** : 스마트시티는 에너지 효율성, 친환경성, 지속가능한 발전을 강조하여 도시의 환경적 영향을 최소화하고 장기적으로 지속 가능한 도시 모델을 추구한다.
- **사물인터넷 기술** : 다양한 물체와 장치를 인터넷으로 연결하여 상호작용이 가능하도록 하고 생활의 각 영역에서 편의성과 효율성을 높인다.
- **빅 데이터와 분석** : 다량의 데이터를 수집하고 분석하여 도시의 트래픽, 에너지 소비, 환경 상태 등을 모니터링하며 최적의 의사결정을 한다.
- **스마트 서비스와 어플리케이션** : 시민들에게 제공되는 다양한 스마트 서비스와 어플리케이션을 통해 생활 편의성을 향상시키고 도시의 자원을 더 효과적으로 활용한다.

⑶ 스마트 워터그리드(Smart Water Grid)

전 세계적으로 대다수의 나라는 물 부족 국가이며 우리나라 또한 물 부족 국가 중 하나이다. 우리의 삶에 물은 중요하며 그만큼 물 관리 중요성은 매우 높다. 스마트 워터그리드는 기존 수자원 관리시스템의 한계 극복을 위한 지능형 물 관리체계로서 물 관리기술과 첨단 정보통신 기술을 융합해 기존시설의 취약점을 보완하고 고효율의 인프라 시스템을 구축하는 차세대 물 관리 기술이다. 그림 2-25와 같이 물 부족지역에 있는 한정된 수자원을 이용해 가장 경제적으로 수자원을 확보하고, ICT기술을 활용해 실시간으로 물 관리를 효율적으로 하는 포괄적인 물 관리시스템이다.

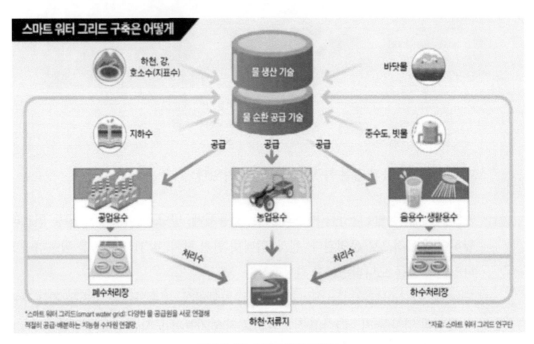

그림 2-25 스마트 워터 그리드

"대표적인 스마트 워터그리드를 활용한 국가는 스페인이다. 스페인은 기후변화로 인한 물 부족 현상이 심한 대표적인 지역으로 스마트 워터그리드를 공원에 적용하여 활용하고 있다. 관리되는 공원은 용수 현황을 측정하는 스마트 미터, 온도 센서, 습도 센서가 물 관리에 필요한 정보를 수집하고 클라우드로 전송하면 이를 빅 데이터가 분석하여 관리자에게 전송되며 자동으로 물 사용량을 관리하고 있다. 이 기술을 처음 선보인 곳은 IBM으로서 2009년 '스마트 워터그리드'를 선보였으며 국내에서는 2000년대 초반부터 삼성 SDS와 LG CNS가 각각 도시통합운영센터 솔루션과 수질 자동감시 시스템 구축 사업을 추진해 오고 있었으며 2016년 물 부족지역인 인천 대청도에서 스마트워터기술을 적용한 데모플랜트 시범 사업을 시작했다. 대청도의 다중수언 지능형 수처리 공정운영에 관한 개념은 다중수원 정보로부터 지능형 물 생산을 통한 다양한 정보들이 물 정보 앱서비스를 통해 효율적인 물 관리체계도를 나타낸 것이다." (출처 : 에코타임스)

⑷ 스마트 팜(Smart Farm)

스마트 팜(Smart Farm)이란 비닐하우스, 유리온실, 축사 등에 정보통신기술을 접목하여 원격·자동으로 작물과 가축의 생육환경을 적정하게 유지·관리할 수 있는 농장이다. 스마트 팜의 운영원리는 작물의 생육환경 유지관리를 위해 온실, 축사 내 온도, 습도 등의 생육조건 설정을 정보통신 기술의 소프트웨어와 하드웨어를 적용한다. 농업과 정보통신 기술의 융합으로 스마트 온실, 스마트 과수원, 스마트 축사 등 다양한 분야에 적용가능하다. 그림 2-26은 스마트 온실을 정보통신 기술과 연관하여 운영하는 개념을 나타낸 것이다. 온실내의 온도, CO_2 센서, 난방기 등을 제어하는 통합제어기와 웹 카메라 등을 사용하여 온실내를 24시간 관찰할 수 있으며 이러한 온실관리시스템은 외부의 현장지원센터와 인터넷을 통해 자료를 공유하며 대처할 수 있다.

이외에도 드론을 이용하여 광범위한 농장을 효율적으로 관리할 수 있다. 드론에는 적외선, 온도감지, 카메라 등의 다양한 센서들이 설치되어 있어 광범위한 농장을 효율적으로 관리한다. 드론의 센서들을 이용한 스마트 농장의 경우 온도뿐만 아니라 나무의 광합성 정도, 열매의 양, 병충해 분포 등을 정확하게 습득할 수 있다.

습득된 정보들은 클라우드 기반의 중앙센터로 전송되고 전송된 정보는 빅 데이터 기술로 드론에서 수집한 정보들을 분석하여 농장에 적합한 최적의 환경요건을 알아낼 수 있다. 중앙 서버는 분석만 하는 것이 아니라 분석된 정보를 다시 드론에게 피드백(feedback)하여 자동으로 농작물을 감시하고 효율적으로 최적의 관리할 수 있는 상태로 만들게 된다.

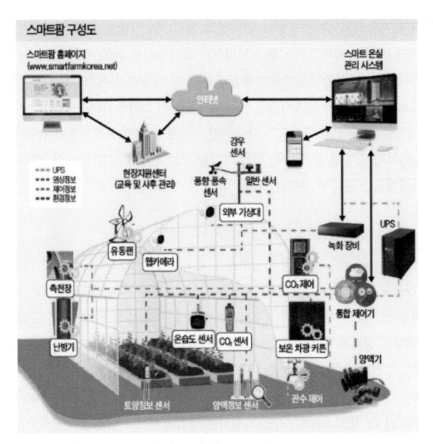

그림 2-26 스마트 팜 구성도

스마트 팜에는 다음과 같은 기술들이 요구된다.

- 자동화된 농업 관리시스템 : 농부들은 스마트 폰이나 컴퓨터를 통해 농지를 원격으로 모니터링하고 관리한다.
- 드론 : 드론을 사용하여 농지를 고속으로 스캔하거나 특정 작업을 수행함으로써 효율적으로 작업한다.
- 센서 기술 : 토양, 대기, 작물 등 다양한 환경 변수를 모니터링 하는 센서가 사용되며 농업 환경의 상태를 실시간으로 파악하고 정보를 받는다.
- 빅 데이터 및 분석 : 센서로 수집된 데이터는 대량으로 처리되어 빅 데이터 기술을 활용해

분석되며 분석된 데이터를 활용하여 최적의 농업 전략을 수립하고 결정할 수 있다.

- **자동화 및 로봇기술** : 로봇이나 자동화된 장비를 사용하여 작물의 심기, 수확, 관리 등을 효율적으로 수행할 수 있다.
- **사물인터넷** : 다양한 장치 및 시스템이 인터넷을 통해 연결되어 서로 통신하고 작동하는 IoT 기술이 요구된다.

참고자료

1. 4차 산업혁명 시대의 IT개론, 박경배, 21세기사
2. http://www.ktword.co.kr/test/view/view.php?no=1277, 양자화잡음
3. LG AI 플랫폼, 음성 잡음 제거 기술
4. https://pixabay.com/ko/vectors/, 사물인터넷
5. https://eiec.kdi.re.kr/policy/domesticView.do?ac=0000132878, 4차 산업혁명
6. https://brunch.co.kr/@kakao-it/60, 지능정보기술
7. https://dbr.donga.com/article/view/1203/article_no/8033/ac/magazine, 가상성, 임일
8. https://www.korea.kr/news/cultureColumnView.do?newsId=148866604#cultureColumn, 스마트공장
9. https://www.kistep.re.kr, 스마트공장의 수준별 정의, 테크엠(2016.5)
10. https://m.sedaily.com/NewsView/1RUJW1EDRT#cb, 스마트시티
11. https://chat.openai.com/c/87c8c3f7-3e52-4ef3-8e83-1ef376de9335, 시티 특성
12. https://www.ecotiger.co.kr/news/articleView.html?idxno=43386, 스마트 그리드
13. https://www.smartfarmkorea.net/main.do, 스마트팜
14. https://n.news.naver.com/mnews/article/003/0007395248, 창의성

2.1 디지털이란 무엇이며 아날로그와 비교하여 설명하시오.

2.2 아날로그 신호의 디지털 신호로 변환되는 과정에 대해 설명하시오.

2.3 디지털 장치나 정보를 사용할 경우 아날로그 정보를 처리하는 과정보다 유리한 장점에 대해 설명하시오.

2.4 4차 산업혁명의 기술적 분야는 무엇이 있는지 설명하시오.

2.5 4차 산업혁명의 기술적 분야들이 갖는 공통적인 특징에 대해 설명하시오.

2.6 스마트 공장에 대해 정의하고 특징을 설명하시오.

2.7 스마트시티의 특징에 대해 설명하시오.

2.8 스마트 워터그리드의 특징에 대해 설명하시오.

2.9 스마트 팜의 특징에 대해 설명하시오.

2.10 지능정보기술에 대해 설명하시오.

CHAPTER

3

컴퓨터가 바라본 세상™

3.1 컴퓨터와의 소통과 언어

다양한 주파수가 존재하는 세상에 우리는 실제적으로 살고 있지만 컴퓨터의 발전은 디지털의 관점으로 과학기술을 발전시켰으며 오늘날 컴퓨터나 스마트폰 없이는 단 하루도 보내기 어려운 4차 산업혁명시대를 이끌고 있다. 지금까지 아날로그와 디지털의 관점에서 세상을 살펴보았다면 컴퓨터는 어떻게 개발되었고 앞으로 어떤 방향으로 발전할지 컴퓨터의 관점에서 살펴보자. 이를 위하여 컴퓨터가 개발된 역사에서부터 컴퓨터를 구성하고 있는 필수요소들과 운영원리에 대해 알아본다.

3.1.1 소통의 조건

사물인터넷은 모든 지능화된 기기들이 초연결성을 통해 서로 데이터를 공유하고 명령을 내리기도 하고 명령을 실행하기도 한다. 우리의 관점에서 본다면 인간은 서로 같은 언어를 사용할 경우 서로 소통이 가능하듯이 지능화된 기기들은 서로 같은 신호를 사용해야 사물인터넷이 가능하다. 그러므로 그림 3-1과 같이 우리가 서로 언어가 다른 사람을 만났을 때는 언어로서 소통을 할 수 없고 몸과 행동을 통해 소통하게 된다. 컴퓨터는 인간의 언어를 사용하지 않기 때문에 우리가 컴퓨터와 소통하기 위해서는 서로 이해할 수 있는 소통방법이 필요하다.

그림 3-1 소통을 위한 조건
출처 : Pixabay

일반적으로 우리가 컴퓨터를 사용한다는 것은 컴퓨터가 이해할 수 있는 언어 혹은 명령어를 입력하는 것이다. 디지털 세상을 초래한 컴퓨터는 결론적으로 우리가 이해하는 0과 1을 사용한다. 디지털의 개념인 0과 1 역시 인간의 언어로서 컴퓨터에게 상징적인 의미이지 컴퓨터가 0과 1을 이해한다는 의미는 아니다. 컴퓨터와 우리가 소통할 수 있도록 생명력을 제공한 것은 제2차 산업혁명 시대를 이끈 전기가 원동력이다. 모든 전자기기가 그렇지만 컴퓨터가 작동하기 위해선 전력이 공급되어야 하며 이 전기의 전압을 이용하여 전기적 신호를 컴퓨터는 사용한다. 우리나라에서 가정으로 들어오는 전력은 그림 3-2와 같이 220V의 60Hz 아날로그 파형의 교류 전압이다.

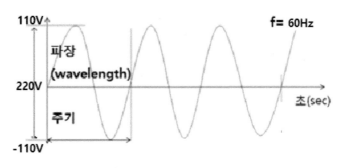

그림 3-2 가정용 교류 전압 220V

이 교류 전압을 컴퓨터에서 사용하기 위해서는 컴퓨터의 전원 공급기(Power Supply)를 이용하여 약 12V의 낮은 직류전압으로 변화시켜야 하며 컴퓨터 내부 장치들이 사용하기 위해서는 더욱 낮은 5V의 전압으로 변환한다. 이때 +5V와 0V의 전압은 0과 1로서 표현될 수 있다.

0과 1의 의미는 두 가지 상태를 나타내는 것으로 전기의 켜진 상태를 On 혹은 전기가 꺼진 상태를 Off로 나타내는 반도체의 특성으로 아래 그림 3-3처럼 특정 전압 이상을 1로 인식하거나 그 반대를 0으로 해석하게 함으로서 컴퓨터와 우리가 소통할 수 있는 계기가 만들어지게 되었다. 2차 산업혁명의 전기가 3차 산업혁명의 컴퓨터를 만들어 냈다면 컴퓨터는 4차 산업혁명의 근간이 되었다.

그림 3-3 전압을 이용한 컴퓨터와의 소통

초기에는 전기의 흐름을 이용하여 0과 1처럼 2가지 상태를 나타낼 수 있었지만 0과 1을 나타내는 방법은 표 3-1과 같이 다양하다. 전기의 경우 전류가 흐르는 상태를 On으로서 1을 나타내고 전류가 차단된 상태를 Off로서 0을 의미한다. 이와 유사하게 일정전압 +V 이상의 전압은 1의 상태이고 -V는 0의 상태이다. 만약 전압이 순간적으로 0V가 된다면 0의 상태일까? 1의 상태일까? 자석의 경우 N극과 S극이라는 두 가지 상태를 나타낼 수 있기 때문에 이 역시 0과 1의 값으로 표현 가능하다. 또한 논리적인 요소이지만 참(True)을 나타내는 상태와 거짓(False)을 나타내는 상태 역시 1과 0으로 표현 가능하다. 지금은 거의 사용되지 않지만 컴팩디스크(Compack Disk)의 경우 CD에 0과 1의 상태에 따라 홈을 파서 레이저 빛의 반사 차이를 이용하여 데이터를 읽어 들인다. 이처럼 0과 1의 두 가지 상태는 논리적 요소로서 컴퓨터와 우리가 소통할 수 있는 기반이 되었다.

표 3-1 0 과 1의 상태를 나타내는 방법

상태	0	1
전기	Off	On
전압	-V	+V
자석	N	S
레이저	빛의 확산	빛의 반사
불(Boolean) 논리	거짓 (FALSE)	참 (TRUE)

컴퓨터가 이해할 수 있는 신호는 전기와 전압, 자성을 이용한 극성, 그리고 빛의 반사 등 두 가지 상태를 나타내는 0과 1의 디지털 데이터로 정의할 수 있다. 0과 1은 컴퓨터와 인간이 같이 이해할 수 있는 인터페이스(interface)의 역할로 우리가 의사소통으로 사용하는 문자, 숫자 그 밖의 정보를 0과 1의 형태로 변화시킬 수 있다면 언제든지 컴퓨터와 대화가 가능하다.

3.1.2 컴퓨터 언어 구성

0과 1은 1비트(bit)로서 컴퓨터 정보를 물리적으로 전송할 수 있는 최소 단위가 된다. 1비트의 의미는 하나의 빈 공간에 0이나 1을 표시하기 위한 방법으로 On과 Off 그리고 N극과 S극의 자기장 방향 그리고 참(True)이나 거짓(False) 등을 사용할 수 있으며 2가지 상태를 나타낼 수 있다. 컴퓨터 내의 모든 장치는 비트를 기반으로 연산을 하고 정보를 전달하며 자기장의 방향을 이용하여 하드디스크 등에 정보를 저장한다.

그러나 2가지 상태로는 인간의 복잡한 언어를 표현하기에는 턱없이 부족하다. 그러나 비트를 추가하면 나타낼 수 있는 상태의 수는 2진수의 제곱 승으로 증가한다. 그림 3-4(a)와 같이 1비트는 2가지 상태를 나타내지만 2비트는 4가지 상태, 3비트는 8가지 상태를 나타낼 수 있다. 컴퓨터와 우리가 소통하기 위한 가장 기본적인 입력장치는 키보드이다. 키보드에는 일반적으로 영문자와 한글 그리고 특수 문자를 포함하여 101 자판(key) 이상을 포함하고 있다.

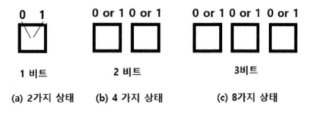

그림 3-4 제곱의 형태를 취하는 2진 비트 수

미국의 산업표준을 제정하는 민간표준협회(ANSI : American National Standards Institute)에서는 컴퓨터에 정보를 전달하기 위하여 128가지의 특수문자를 포함하여 숫자와 문자를 정의하였으며 이를 아스키코드(ASCII : American Standard Code for Interchange Information)

라 부른다. 아스키코드에서 128가지 문자 상태를 나타내기 위해선 7 비트가 필요하지만 키보드와 컴퓨터간의 정보전달 과정에서 오류를 검출하기 위하여 패러티(Parity) 비트 1비트를 추가하여 8비트가 기본 단위가 된다.

8비트는 숫자를 포함한 영문자(소, 대문자, 특수문자)를 표현하기 위한 기본단위로서 1바이트(Byte)라 부른다. 1바이트는 비로소 우리가 사용하는 정보를 컴퓨터에게 전달할 수 있는 최소 정보단위가 된다. 표 3-2는 2진수의 비트수의 증가에 따른 상태의 수로서 1바이트로 표현 가능한 경우의 수는 256가지가 된다.

표 3-2 비트수에 따른 상태의 수

2진수	2^0	2^1	2^2	2^3	2^4	2^5	2^6	2^7	2^8
상태수	1	2	4	8	16	32	64	128	256

비트나 바이트는 최소 정보전달 단위로 쓰이지만 저장의 관점에선 비트가 늘어날수록 많은 정보공간이 요구된다. 초기의 컴퓨터는 정보의 저장용량이 크지 않았으므로 가능한 적은 비트로서 정보를 효율적으로 표현해야 했다. 따라서 4개의 비트를 사용하여 정보를 표현하는 경우도 있었는데 4비트는 1니블(Nibble)이라 한다. 1바이트는 미국이 영문자를 표현하기 위하여 만든 단위로서 한 개의 영문자를 표현할 수 있지만 영어가 아닌 다른 언어를 사용하는 나라에서 컴퓨터를 사용하기 위해선 2바이트 이상이 요구된다. 예를 들어 한글은 모음+자음으로 구성되어 있기 때문에 한글을 표현하기 위해서는 2바이트가 요구되며 이를 하프워드(half Word)라 한다. 만약 전 세계의 문자를 표현하고자 한다면 4바이트가 필요하며 이를 풀워드(Full word)라 부른다. 워드는 국제적 표준코드로서 유니코드(Unicode)라 부른다.

전기적 신호인 0과 1의 두 가지만을 나타낼 수 있는 1비트에서 비트의 확장을 통해 ASCII 코드의 제정으로 비로소 우리는 컴퓨터와 자유롭게 소통할 수 있는 계기를 마련하게 되었다.

3.1.3 컴퓨터 저장용량

컴퓨터가 연산처리를 하기 위해선 하드디스크와 같은 보조 기억장치나 메모리와 같은 저장장치가 반드시 필요하다. 영어의 한 문자를 표현하고 저장하기 위해서는 1바이트가 필요하다. 영문자만으로 이루어진 정보를 저장하기 위한 저장용량은 해당 정보의 문자수와 파일의 정보를 담고 있는 헤더를 포함한 크기이다. 만약 10,000자의 한글로 이루어진 파일이 있다면 약 20,000바이트의 크기를 갖게 된다. 20,000바이트는 200자 원고지 100장이 요구된다.

우리는 10진수를 사용하고 큰 값을 표현하기 위해서 1000배 단위로 단위 값을 달리 사용한다. 거리의 경우를 예를 들면 1000m는 1km이고 무게의 경우 1g의 1000배는 10^3으로 킬로그램(Kilogram)을 사용한다. 그러나 컴퓨터는 2진수를 사용하므로 컴퓨터의 단위가 커질수록 2진수의 10승 단위로 용량을 사용한다. 표 3-3은 2진수의 저장용량 단위를 나타낸 것으로 2^{10}은 1024로서 10진수와 다른 값을 갖는다.

표 3-3 저장용량 단위 (Byte)

단위	Kilo	Mega	Giga	Tera	Peta	Exa
용량	2^{10}	2^{20}	2^{30}	2^{40}	2^{50}	2^{60}
10진수	1024	1,048,576	1024^3	1024^4	1024^5	1024^6

3.1.4 이미지 저장용량

문자를 저장하기 위한 저장용량과 다르게 이미지를 저장하기 위한 저장용량은 이미지를 표현하는 비트수와 이미지의 크기에 따라 달라진다. 이미지를 구성하는 최소 단위는 그림 3-5에서 보는 것처럼 픽셀(Pixel : Picture Element)로 구성되어 있다. 픽셀은 매우 작은 크기이기 때문에 눈에 보이지 않으나 그림에서처럼 이미지를 확대하면 사각형의 모양을 볼 수 있다.

각 픽셀에 대한 정보는 흑백과 컬러이미지를 표현하기 위한 방법에 따라 이미지의 정보용량이 달라진다.

흑백 이미지는 0과 1로만 표현하면 되기 때문에 1 비트로 픽셀이 구성된다. 일반적인 그레이스케일(회색 : grayscale) 이미지는 검정색에서 흰색까지의 색상을 표현하기 위하여 256가지의 색상으로 구성되며 각 픽셀은 8비트의 비트수로 구성된다. 0은 검정색, 127은 회색, 255는 흰색을 표현한다.

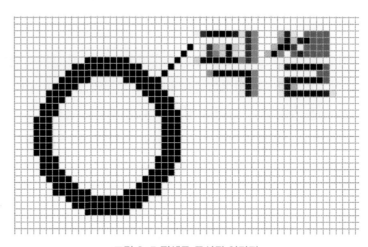

그림 3-5 픽셀로 구성된 이미지

8비트 정보로 구성된 그레이스케일 이미지는 2차원의 크기(가로×세로)의 픽셀수를 가지고 있기 때문에 이미지의 픽셀 수에 8비트를 곱해야 한다. 만약 컬러이미지라면 한 픽셀은 빨강(Red), 초록(Green), 파랑(Blue) 색으로 구성되며 각 R, G, B 색상은 각각 8비트로 구성되어 있으므로 하나의 컬러이미지 픽셀은 24비트로 구성되며 이를 트루컬러(true color) 이미지라 한다. 여기에 투명색을 표현하기 위하여 8비트를 추가하면 총 32비트로 픽셀이 구성된다.

따라서 이미지의 크기는 다음과 같이 계산된다.

> 이미지 크기 = 가로 픽셀 수× 세로 픽셀 수× 픽셀 당 할당된 비트수
> 할당된 비트 수 = 흑백 1비트, 그레이스케일 이미지 8비트, 컬러이미지 24 or 32비트

3.1.5 동영상 저장용량

이미지의 저장용량은 문자의 저장용량과 비교할 수 없을 정도로 많은 저장공간이 요구된다. 그러나 이미지 역시 구성요소가 동영상과 비교하면 상대적으로 적은 용량이 요구된다.

동영상을 저장하기 위한 필요한 용량은 시간에 따라 기하급수적으로 커지게 되기 때문에 다른 구성요소들 보다 많은 저장공간이 요구된다. 우리가 보는 동영상이나 애니메이션 파일들은 연속적인 화면으로 보이지만 디지털의 특성상 각 화면들은 정지된 화면들을 빠르게 연속적으로 보여줌으로서 자연스러운 영상으로 보이게 된다. 동영상에서 정지된 화면 하나를 프레임(frame)이라 부르며 현실적인 자연스러운 움직임을 위해 요구되는 프레임의 수를 fps(frame per second)라 하며 평균적으로 24fps가 요구된다. 1분간 재생되는 동영상의 저장용량은 초당 요구되는 프레임수와 각 프레임의 크기와 같다(24fps×60sec×정지화면(이미지 크기)). 이처럼 시간이 요구되는 음성, 애니메이션 그리고 동영상의 경우는 문자의 경우와는 비교할 수 없을 정도의 많은 저장공간을 필요로 하며 1분 동영상의 저장공간은 다음과 같이 계산될 수 있다.

> 1분 동영상 크기 = 24(fps)×60(sec)×이미지 크기
> 이미지 크기 = 가로 픽셀 수× 세로 픽셀 수× 픽셀 당 할당된 비트수

3.1.6 컴퓨터의 처리속도

컴퓨터에 저장되는 데이터 용량은 기가바이트(Giga Byte : 2^{30})에서 테라바이트(Tera Byte : 2^{30})에 이르고 있다. 우리의 기준으로는 매우 많은 양의 데이터로서 이처럼 방대하고 다양한 구성요소로 이루어진 데이터를 실시간으로 처리하기 위해서는 중앙처리장치(CPU : Central Process Unit)의 빠른 연산속도와 제어작용이 요구된다. 일반적으로 CPU의 속도는 헤르쯔(Herz : Hz) 단위를 사용하며 CPU에서 초당 데이터를 전송하기 위한 클럭(clock) 주파수를 나타낸다. 최근 펜티엄(Pentium) 프로세서의 경우 초당 3.7억개의 데이터를 전송할 수 있는 3.7Ghz 이상의 성능을 나타낸다. 이처럼 빠른 성능을 가진 CPU들도 가상현실, 빅 데이터 그리고 사물인터넷 등에서 요구되는 방대한 멀티미디어 데이터를 처리하기에는 많은 시간

이 요구되므로 한 개의 CPU안에 두 개 이상의 코어를 설계하여 성능을 높이고 있다. CPU 의 코어는 기본연산과 연산 작업을 수행하는 핵심부분으로 많을수록 CPU의 성능은 높아진다. CPU의 처리 속도 단위는 표 3-4에서와 같이 10^{-3} 단위로 속도가 증가한다.

표 3-4 처리속도 단위 (second)

단위 (second)	milli ms	micro us	nano ns	pico ps	femto fs	atto as
속도	10^{-3}	10^{-6}	10^{-9}	10^{-12}	10^{-15}	10^{-18}

CPU가 데이터를 처리하기 위해서는 보조저장장치인 하드디스크나 USB에 있는 데이터를 가져와서 처리해야하지만 보조저장장치의 데이터는 CPU로 직접 전달되지는 못한다. CPU 의 처리속도는 전기적 작용으로 기계적으로 작동하는 하드디스크 처리속도보다 월등히 빠르기 때문에 하드디스크의 데이터는 주기억 장치인 RAM(Random Access Memory)으로 먼저 전송되고 RAM에서 CPU로 데이터가 전송된다.

하드디스크의 원리는 플로피디스크의 원리와 유사하게 자화된 상태를 읽거나 쓰는 과정을 거친다. 자화된 원판 위를 기계적인 장치인 헤더가 움직이면서 0과 1의 데이터를 읽거나 쓰게 된다. 하드디스크를 구동시키기 위해서는 메인보드에서 전원커넥터를 통하여 전원을 공급해주어야 하며 CPU의 명령에 의해 데이터를 읽고 쓰기 위해서는 액추에이터 암이 자화된 원판 위의 데이터를 읽거나 쓰고 이를 데이터 커넥터를 통해 RAM으로 전송된다. 따라서 헤더의 기계적인 움직임에 의해 하드디스크의 처리속도는 마이크로초(us) 단위를 갖는다. 이러한 기계적인 작용의 문제점을 해결하기 위해서 최근엔 전기적 작용의 SSD(Solid State Drive) 하드디스크가 주로 사용되고 있다. 전기적 작용의 빠른 실행으로 컴퓨터의 부팅 시간이나 프로그램의 실행 시간을 조금이라도 단축시키고 있다.

3.2 컴퓨터의 탄생과 발전

컴퓨터와 소통할 수 있는 계기가 되었던 0과 1은 진공관에 흐르는 전기의 On 과 Off를 이용한 것이었다. 컴퓨터의 이름에서 알 수 있듯이 진공관을 이용한 컴퓨터의 개발은 단순한 계산을 쉽고 효율적으로 처리하기 위해 만들어진 계산기이다.

3.2.1 진공관 컴퓨터의 탄생(1938~1951)

최초로 만들어진 계산기는 1938년 독일의 공학자 콘트라추제(Konrad Zuse)에 의해 개발된 기계식 컴퓨터로 제한적인 프로그래밍 기능과 메모리를 갖추며 Z시리즈(series)라 부른다. Z3의 가장 큰 특징은 부동 소수점 연산의 발전에 큰 기여를 하였다. 이후 2차 세계 대전 기간 동안 독일의 암호 시스템을 해독하기 위해 그림 3-6과 같이 콜로서스(Colossus) 컴퓨터가 고안되었으며 수많은 진공관을 사용하여 프로그래밍이 가능하도록 만들어 졌다. 1970년대 까지 군사기밀로 붙여져 콜로서스의 존재가 알려지지 않았으나 현재 콜로서스 1대가 블레칠리 파크(Bletchley Park)에 전시되어 있다. 역설적으로 전쟁이 과학을 급격히 발전시켰듯이 현대적인 의미의 전자 컴퓨터는 제2차 세계 대전 이후 급격히 발전하였다. 진공관 컴퓨터 시스템의 특징은 규모가 방대하였고 진공관을 사용하여 연산을 하므로 관리와 운용이 쉽지 않았다.

그림 3-6 진공관과 콜로서스

1945년에는 18,000여개의 진공관으로 만들어진 최초의 프로그래밍이 가능한 전자 범용 디지털 컴퓨터인 에니악(ENIAC : Electric Numerical Integrator And Computer)이 개발되었으며 미국 육군 탄도 연구소에서 대포의 발사 각도를 계산하는데 사용되었다. 펜실베니아 대학에 전시된 애니악의 모습은 그림 3-6에서 보이는 것처럼 왼쪽에는 데이터 표에서 읽을 수 있는 함수표가 있으며, 중앙에 4개의 패널(panel)이 있다. 중앙에 있는 패널 중 맨 왼쪽에 있는 패널은 함수 테이블에 대한 인터페이스를 제어하며 세 번째 패널은 10자리 숫자를 저장할 수 있는 메모리 축전지이다.

그림 3-7 애니악
출처 : 펜실베니아 대학

1949년 영국에서 개발된 애드삭(EDSAC : Electronic Delay Storage Automatic Calculator) 컴퓨터는 프로그램 내장 방식은 아니었으나 실용적 프로그램 내장 전자식 컴퓨터로서 제곱표와 소수 목록 등을 계산할 수 있다. 1951년 미국에서 처음 만들어진 유니박 I(UNiVersal Automatic Computer)은 최초의 상업용 컴퓨터로서 에니악을 만든 모클리(Mouchly)와 에커트(Eckert)에 의해 만들어졌다. 이후 1952년 존 폰 노이만(Von Neumann)은 기억장치에 컴퓨터의 명령어와 데이터를 모두 기억시키는 프로그램 내장 방식으로 최초의 2진수를 사용한 컴퓨터인 애드박(EDVAC : ectronic Discrete Variable Automatic Computer)을 개발하였다.

3.2.2 진공관에서 트랜지스터로의 전환(1958~1963)

진공관 컴퓨터의 가장 큰 문제점은 진공관 수에 따른 크기도 문제였지만 연산과정에서 발생하는 열과 진공관의 잦은 고장으로 유지 보수에 어려움이 있었다. 진공관을 대체할 전자소자로서 트랜지스터가 미국의 벨 연구소에서 1958년 10년간의 연구 끝에 개발되었다. 그림 3-6과 같이 트랜지스터는 세 개의 전극으로 전자 신호 및 전력을 증폭하거나 스위칭(switching)하는데 사용되는 반도체 소자이다. 반도체는 도체와 부도체의 특성을 동시에 갖는 물질로서 전기적 특성인 On과 Off를 손쉽게 구현할 수 있다. 따라서 반도체로 구성된 트랜지스터는 진공관과 비교했을 때 작은 크기의 소자로서 컴퓨터를 소형화할 수 있었다.

그림 3-8 다양한 종류의 트랜지스터

컴퓨터의 소형화와 더불어 컴퓨터에서 필요한 주기억장치로서 자성을 이용한 자기드럼을 사용하였다. 또한 보조기억장치로 자기디스크를 사용하면서 연산속도가 마이크로 초 단위로 빨라졌다. 그림 3-7과 같은 자기드럼 주기억장치는 원형표면에 자성물질을 발라 자화할 수 있도록 하여 원형이 한 바퀴 도는 동안 원형둘레의 트랙(track)을 따라 미리 저장한 데이터를 헤더를 통해 읽고 쓸 수 있도록 만든 것이다. 이처럼 컴퓨터에 데이터를 저장할 수 있게 됨으로서 컴퓨터를 운영하기 위한 운영체제 개념이 도입되었고 프로그램 언어가 개발되고 발전하였다.

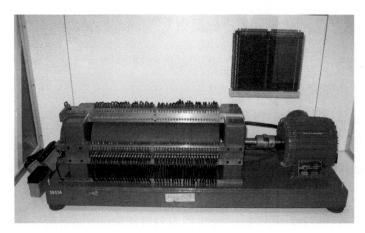

그림 3-9 자기드럼장치
출처 : Wikimedia

1948년에 등장한 어셈블리(Assembly) 프로그램은 사용자가 작성한 프로그램을 기계언어로 번역하여 컴퓨터가 실행할 수 있도록 하는 프로그램 언어이다. 이후 1954년 제 2세대 언어로서 포트란(FORTRAN)이 과학 연구의 목적으로 개발되었으며 1950년대 후반에 일반 비즈니스 프로그램 개발을 목적으로 코볼(COBOL)이 개발되었다. 우리나라에서도 2000년 초까지도 위와 같은 언어가 사무용이나 학교 특히 군사적인 목적 및 과학 연구에 필수적으로 사용되었다. 그러나 포트란, 코볼 프로그램은 비효율적인 순차 구조로 인해 유지보수하기에 어려움이 있었다. 애플리케이션이 점점 더 복잡해지면서 프로그래밍에 필요한 시간도 점차 길어졌고, 결과적으로 프로젝트가 실패하는 경우가 빈번하게 발생하는 문제점이 있었다.

3.2.3 집적회로 컴퓨터(1964~1970)

트랜지스터는 기술의 발전으로 회로의 기술이 더 얇아지고 집적화 되어 박막 트랜지스터 또는 집적회로(IC : Integrated Circuit)로 구성되어 소자로 개발되었다. 집적회로는 그림

3-8과 같이 저항, 콘덴서, 다이오드, TR 등 여러 독립된 요소들을 하나의 칩에 내장하여 복잡한 기능을 수행하는 소형 패키지부품으로 많은 전자회로 소자가 하나의 기판 위 또는 기판 자체에 분리 불가능한 상태로 결합되어 있는 초소형 구조의 복합적 전자소자 또는 시스템이다.

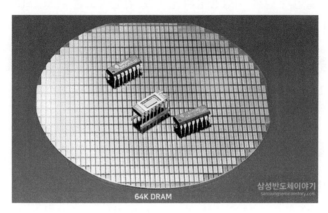

그림 3-10 64K DRAM

집적회로는 1958년 미국 TI사의 기술자, 잭 킬비(Jack Kilby)에 의해 발명된 것으로, 기술이 발전함에 따라 하나의 반도체에 들어가는 회로의 집적도 SSI, MSI, LSI, VLSI, ULSI 등으로 발전하여 오늘날 첨단 반도체 제품이 등장하게 되었다. 초기의 집적회로는 트랜지스터 수십 개만 들어가 있었으므로 SSI(Small-Scale Integration)이라 불렀으며 트랜지스터의

표 3-7 집적회로 종류에 따른 트랜지스터의 수

집적회로	완성도	트랜지스터 수	게이트 수
SSI	소규모 통합	1~10	1~12
MSI	중간규모 통합	10~500	13~99
LSI	대규모 통합	500~20,000	100~9,999
VLSI	매우 큰 규모 통합	20,000~1,000,000	10,000~99,999
ULSI	초대형 통합	1,000,000~	100,000~

개수가 점점 고도화 되면서 MSI(Middle Scale Integration)가 개발되었다. 이후 더 많은 트랜지스터가 들어가 있다 해서 LSI(Large Scale Integration)이라 불리었으며 점차 VLSI(Very LSI), ULSI(Ultra LSI) 등으로 발전하였다. 표 3-2는 집적회로의 종류에 따른 트랜지스터와 논리게이트의 수를 나타낸 것이다.

집적회로의 발전과 함께 저장용량의 증가로 연산속도는 나노 초(Nano second) 단위로 더욱 빨라졌으며 소프트웨어 역시 발전하여 BASIC, PASCAL 프로그램 언어 등이 사용되었다.

이시기의 중요한 변화로 컴팩디스크와 같은 광학 장치 등의 입력 장치와 함께 CRT를 이용한 아날로그 모니터 출력 장치가 등장하였다.

3.2.4 개인용 컴퓨터(Personal Computer : 1971~1983)

주로 군사기관, 정부, 연구기관 그리고 대학 등에서 사용되었던 대형 컴퓨터들은 집적회로를 이용한 칩이 더욱 고도화되어 VLSI, ULSI 칩들이 개발되면서 컴퓨터의 크기는 일반 개인들이 사용할 수 있을 정도의 개인용으로 소형화 된다. 컴퓨터를 구동하기 위해서는 연산, 제어를 위한 CPU(Central Process Unit), 데이터를 임시 저장하기 위한 메모리 그리고 모니

그림 3-11 집적회로 칩으로 구성된 메인보드(Main Board)

터와 키보드와 같은 입출력 장치들이 반드시 필요하다. 그림 3-11에서 보는 바와 같이 IC 칩에 의하여 컴퓨터를 구동하기 위한 다양한 하드웨어 장치들을 모두 하나의 메인보드 (Main Board)에 집적화하여 구현되었으며 컴퓨터 주변 장치들을 효과적으로 제어하는 소프트웨어인 C언어의 개발로 하드웨어와 소프트웨어의 급속한 발전을 이루었다.

IC 칩으로 구성된 메인보드 등으로 컴퓨터는 소형화되었지만 컴퓨터의 하드웨어와 이를 운용하기 위한 소프트웨어는 일반 개인들이 사용하기에는 매우 고가의 비용이 요구된다. 1980년 빌 게이트(Bill Gates)는 마이크로소프트 회사(MicroSoft Co.,)를 차리고 MS-DOS (Diskette Operating System)란 운영체제를 개발하여 저렴하게 일반 개인들이 저렴하게 컴퓨터를 사용할 수 있도록 하였다. 마이크로소프트 회사에서는 그림 3-12 같은 보조기억장치인 플로피 디스크(Floppy Disk)에 운영체제를 담아 컴퓨터의 사용을 매우 효율적으로 운영하였다.

그림 3-12 5.25인치와 3.5인치 플로피 디스크
출처 : MIT Library

플로피 디스크는 초기 5.25인치 크기의 자화된 디스크에 프로그램을 저장하여 사용하였으며 이후 3.5인치로 크기는 소형화되었지만 저장용량은 더욱 커지게 되었다. 자기를 이용한 기록과 재생은 컴퓨터의 디스크 드라이브에 의해 수행되며, 그 기능은 오디오 레코드 플레이어의 기능과 유사하다. 컴퓨터에서 플로피 디스크로 전송된 데이터는 0과 1의 이진코드의 형태로 전달되어 자기 펄스의 형태로 수신되며, 디스크는 차례로 자기패턴을 전달하여 컴퓨터가 이진코드로 수신한다. 단일 자기펄스는 1을 나타내고 펄스가 없을 경우에는 0을 나타낸다. 이진코드는 전기적 특성에서 보여주었듯이 자기적 특성 또한 자연적인 0과 1의 두 상태특성을 가장 효과적으로 활용할 수 있다.

플로피 디스크에 정보를 기록하기 위해 자기헤드는 디스크의 기록표면에 접촉하고 데이터를 자기적으로 기록하여 컴퓨터의 이진코드를 디스크의 자기펄스로 변환한다. 펄스가 있는 부분과 없는 부분으로 구성된 자기패턴이 기록되면 디스크는 영구자석처럼 인코딩된 정보를 유지한다. 디스크에서 정보를 검색하는 과정은 반대과정이다. 자기헤드는 디스크 기록표면의 자기패턴을 감지하여 이를 다시 이진코드로 변환한다. 그런 다음 컴퓨터는 이 정보를 "읽고" 이를 사용하여 계산을 수행하거나 문자와 숫자로 번역하여 모니터에 표시한다.

이와 같은 개인 컴퓨터와 개인 저장장치의 보급 그리고 컴퓨터를 이용한 게임개발에 대한 열풍으로 컴퓨터 분야와 전자분야가 동시에 일반 대중에게 인기와 관심을 가지게 되었다.

독립적으로 사용되었던 컴퓨터는 컴퓨터간의 연결을 통해서 정보의 교환이 실시간으로 이루어지고 전 세계의 컴퓨터를 연결하는 인터넷(Internet)의 시대를 맞이하였다. 초기 컴퓨터는 전화기 시스템에서 사용하는 회로스위칭(Circuit Switching) 방식을 사용하였지만 연결 설정이 오래 걸리고 비효율적으로 통신채널을 사용하는 단점이 있다. 이후 1968년 미국 국방성(DoD : Department of Defence)에서 알파넷(ARPANET : Advanced Research Projects Agency Network)이란 패킷스위칭(Packet Switching) 네트워크를 개발하였다. 패킷스위칭(Packet Switching) 방식은 전달할 정보를 일정 크기의 패킷으로 분할하고 패킷에 송수신지의 주소를 포함하여 전송함으로써 통신에 매우 효율적인 방식이다. 알파넷의 패킷스위칭 방식은 컴퓨터 간에 데이터와 음성을 주고받음으로서 인터넷과 사물인터넷의 효시가 되었다는 평가가 있다. 그림 3-13은 1977년에 공개된 알파넷의 논리지도를 보여주고 있다.

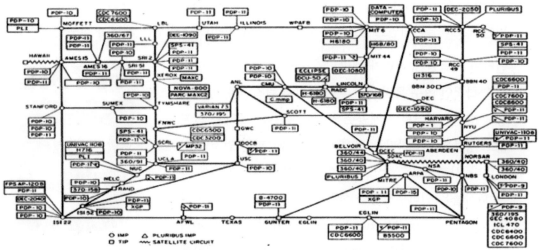

ARPANET LOGICAL MAP, MARCH 1977

그림 3-13 알파넷의 논리지도
출처 : DoD

3.2.5 컴퓨터와 스마트폰(Smart Phone, 1984~ 현재)

1980년 대 중반 이후 인터넷의 발달로 정보의 한계는 점점 사라졌고 1990년 이후에는 컴퓨터와 과학기술은 급속도로 발전하면서 정보통신 기술시대로 들어섰다. 특히 인터넷의 급속한 발전과 컴퓨터와 휴대폰의 결합은 우리들의 삶을 획기적으로 변화시켰으며 4차 산업혁명을 촉발시키는 계기가 되었다.

독립적이었던 컴퓨터기능은 인터넷과 웹문서 제작기술인 HTML의 개발로 공간적인 제한을 극복하며 정보를 공유할 수 있었다. 인터넷의 개념을 처음 도입한 사람은 인터넷의 아버지라 불리는 팀 버너스리(Tim Berners-Lee)이다. 팀 버너스리는 1989년 유럽의 핵물리학 기구인 CERN에서 연구자들 간에 문서 공유의 목적

InterNet and World Wide Web

그림 3-14 인터넷과 월드와이드웹
출처 : InforamtionQ

으로 월드 와이드 웹(World Wide Web : 간단히 W3라 부름)개념과 신조어를 만들었다. WWW의 핵심은 그림 3-14와 같이 정보를 제공하기 위한 서버(httpd)와 이정보를 이용하기 위한 최초의 클라이언트 웹브라우저(WorldWideWeb) 프로그램의 개념을 적용한 것이었다.

인터넷 개념인 WWW가 개발되기 전에는 컴퓨터는 단순히 과학적인 연구 목적 혹은 사무용의 독립적인 형태로 사용되었지만 인터넷의 개발로 시간과 공간의 제약을 받지 않고 정보를 이용한디는 점에서 그 파급효괴는 엄청난 것이었다. 사회적으로 상업적인 효과가 매우 컸기 때문에 많은 회사들은 인터넷시장을 선점하기 위한 웹브라우저 및 HTML(HyperText Markup Language) 개발에 앞 다투어 뛰어들기 시작하였으며 2000년 까지는 꾸준히 발전하게 되었다. W3C(WWW)에서는 그림 3-15와 같은 로고로써 HTML5 버전을 사용하고 있다.

그림 3-15 HTML 로고

인터넷 웹 문서를 작성하고 정보를 교환하기 위해 1991년에 하이퍼텍스트 링크기능을 가진 문서형식인 HTML를 사용하였으며 이는 현재 사용하는 인터넷의 근간이 되었다.

인터넷을 사용하기 위한 브라우저는 1993년 그래픽 형태의 최초의 웹브라우저 넷스케이프 브라우저가 출시되면서 시장의 관심은 뜨거워졌으며 이에 경각심을 가진 마이크로소프트 사는 인터넷 익스플로러를 1993년 출시하였다. 이외에도 구글과 애플사와 같은 거대 IT 기업들은 독립적인 웹브라우저를 만들면서 인터넷을 통한 정보 검색은 홍수를 이루었다.

컴퓨터의 성능과 인터넷의 발전으로 사무실이나 책상에서만 사용되었던 개인용 컴퓨터는 휴대용 컴퓨터인 노트북, 태블릿(Tablet)으로 발전하였다. 2007년 애플 사의 공동창업자인 스티브 잡스는 컴퓨터와 휴대폰을 결합한 아이폰(IPhone)을 개발함으로써 전화기와 컴퓨터의 경계도 무너졌다. 당시 아이폰의 메모리는 128MB에 불과했으므로 다양한 응용 프로그램이 원활이 작동하지 않는 문제가 있었다. 그러나 컴퓨팅 기술과 통신 기술의 접목이라는 천재의 관점은 기술적 한계를 단기간에 극복하였고 전 세계에 스마트폰이라는 강력한 IT 기술을 제공하였다.

그림 3-16 스티브 잡스(Steve Job)의 2007년 아이폰 설명회
출처 : 네이버

컴퓨터와 대화하기 위한 기본 입력장치로서 사용하던 키보드는 마우스, 터치 펜, 음석인식 그리고 모션 인식 등 다양한 형태의 입력이 가능해 졌다. 심지어 컴퓨터와 인간처럼 대화하기 위해 인간의 뇌파를 이용해 입력하는 방안도 연구되었다. 다양한 입력장치의 변화에 따라 출력 장치도 다양해 졌다. 아날로그 방식의 CRT 모니터 출력장치는 LED를 이용한 3D 모니터 그리고 그림 3-17와 같은 3D 프린터와 가상현실을 체험하기 위한 HMD(Head Moundted Display) 장치로 고도화 되며 4차 산업의 혁명을 이끌고 있다.

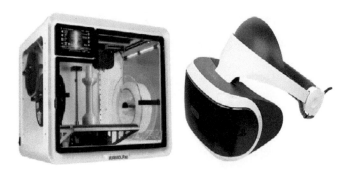

그림 3-17 3D 프린터와 HMD

하드웨어의 발전뿐만 아니라 이를 운용하기 위한 소프트웨어 역시 4차 산업혁명을 이끈 주역으로 등장했다. 강력했던 구조적 프로그래밍 언어인 C 언어와 JAVA는 C++ 객체지향프로그래밍언어와 다른 사물과 융합하기 위한 네트워크 프로그래밍 기술로 발전하였으며 VRML(Virtual Reality Modeling Language)와 같은 가상현실을 구현하기 위한 3차원 그래픽프로그램언어 등이 등장하였다. 앞으로는 우리가 프로그램을 구현하는 시대가 아닌 ChatGpt와 같은 인공지능을 가진 기계 자체가 프로그램을 구현하는 시대가 될 것이다.

우리는 이미 산업의 모든 분야가 서로 융합하고 초 연결되는 4차 산업혁명의 시대에 살고 있다. 초기 진공관을 이용한 계산목적으로 만들어진 컴퓨터는 인간을 닮은 인공지능이 탑재된 로봇을 추구하고 있다. 인간처럼 행동하는 로봇을 만들기 위해서는 인간의 시각, 청각, 후각, 미각 그리고 촉각에 대한 오감을 구현해야 한다. 그림 3-18과 같이 인간이 가진 오감의 능력은 우리가 현실을 느끼는 가장 근본적인 것으로서 인간과 유사한 로봇을 만들기 위해서 필수적인 요소이며 우리가 경험하지 못하는 다양한 환경에서 가상현실을 체험할 수 있게 만들어 준다. 4차 산업혁명시대의 한 가운데에서 오감과 관련된 센서 및 디스플레이 장치, 3D 물체를 쉽게 생성

그림 3-18 오감으로 느끼는 가상현실

하는 프린팅기술, 군사용, 소방용 또는 택배 등의 목적에 특화된 무인드론기술, 5G 네트워크 기술을 적용한 무인자동차 등은 우리의 삶에 필수적인 부분으로 자리매김하고 있다.

3.3 반도체 공정과 논리 게이트

진공관으로 만들어진 컴퓨터는 반도체의 개발로 소형화되었으며 개인용 컴퓨터로 발전하였다. 반도체는 산업의 쌀로 불리만큼 IT 장치들의 핵심적인 요소이며 국내의 삼성전자 그리고 SK 하이닉스는 우리나라 산업 발전의 중요한 자리를 차지하고 있다. 반도체를 제조하

기 위해서는 8가지 공정을 거쳐야 하며 IC 칩으로 구성되어 전기적인 회로역할을 한다. 반도체 제조공정에 대해 간단히 알아보고 2진 데이터를 처리하기 위한 과정을 논리게이트를 통해 알아보자.

3.3.1 반도체 8대 제조공정

정보통신 기기의 핵심역할을 하는 CPU를 비롯한 대부분의 전자 칩들은 모두 반도체소자로 이루어져 있으며 각각의 기능에 맞는 논리회로를 해당 IC 칩에 맞게 구현한 것이다. 이러한 반도체가 탄생하기 위해서는 반도체 8대 공정을 거쳐야 한다. 반도체의 주원료는 실리콘(Si)과 규소로서 실리콘이나 규소가 반도체 칩이 되기까지 그림 3-19와 같이 ① 웨이퍼 제조공정 → ② 산화공정 → ③ 포토공정 → ④ 식각공정 → ⑤ 증착&이온주입 공정 → ⑥ 금속배선공정 → ⑦ EDS 공정 → ⑧ 패키징공정을 거치게 된다.

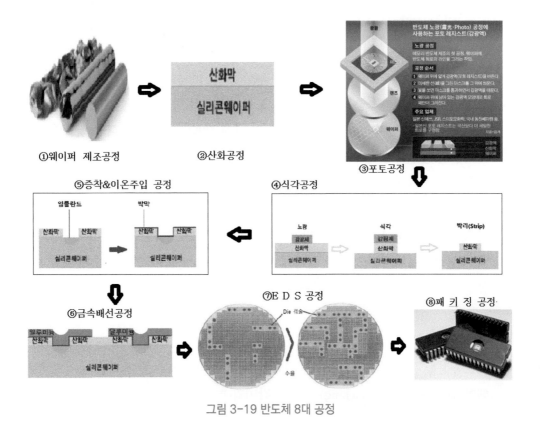

그림 3-19 반도체 8대 공정

① 웨이퍼(Wafer) 제조공정

반도체를 만들기 위해서는 실리콘이나 규소로 이루어진 얇은 원판 형을 생성해야 하는데 이것을 웨이퍼(wafer)라 한다. 웨이퍼를 만들기 위해서는 많은 양의 모래를 고열로 녹여 순도 높은 실리콘을 추출한다. 이 실리콘 용액을 원기둥 형태로 굳혀 실리콘기둥을 만들며 이것을 잉곳(ingot)이라는 한다. 잉곳을 얇게 잘라내면 여러 장의 얇은 원형판인 웨이퍼가 만들어지며 이때 웨이퍼의 크기는 50mm~300mm 정도가 된다. 그림 3-19의 실리콘 잉곳에서 왼쪽과 중앙은 잉곳을 연마하기 전이며 오른쪽은 연마가 된 후의 모습이다.

② 산화(Oxidation) 공정

그림 3-19에서 두 번째 공정으로 실리콘 웨이퍼는 전기가 통하지 않기 때문에 반도체 성질을 가질 수 있도록 산화공정을 거쳐야 한다. 웨이퍼 표면에 산소나 수증기를 뿌려 균일한 산화막이 생성되도록 한다. 이 산화막은 반도체 제조공정에서 웨이퍼의 표면을 보호하면서도 회로와 회로사이에 누실 전류가 흐르지 못하도록 기능을 한다.

③ 포토(Photo) 공정

그림 3-19의 세 번째 공정에서 보듯이 포토공정에서 중요한 역할은 마스크, 렌즈, 감광제 그리고 빛이다. 먼저 산화막이 형성된 웨이퍼에 감광액을 도포한 다음 빛을 마스크 위에서 쏘여주면 렌즈의 굴절에 의해 웨이퍼에 빛이 닿는 부분과 닿지 않는 부분에 대한 감광제반응으로 마스크 위의 회로모양이 새겨지게 된다. 포토공정은 반도체공정의 핵심으로서 산화된 웨이퍼 위에 원하는 회로나 소자의 모양을 빛을 이용해 찍어낸다. 포토공정은 반도체를 얼마나 미세화 시킬 수 있는 가를 결정짓는 과정으로 3나노공정, 5나노공정 등으로 얘기되며 삼성반도체는 2022년 전반기에 세계 최초로 상용화에 성공하였다. 포토공정은 노광공정이라고도 불리며 메모리 반도체 제조의 첫 공정이 된다.

④ 식각(Etching) 공정

포토공정을 통하여 원하는 회로를 웨이퍼에 새겼다면 회로를 제외한 나머지 부분을 제거해야 한다. 이를 에칭(etching) 또는 식각이라 하며 그림 3-19에서 보는 바와 같이 감광제

(PR)가 아닌 회로물질들을 식각공정을 통해 제거하면 중앙의 그림과 같이 감광제가 덮여진 부분만 남게 되고 남아 있는 감광제는 박리를 통해 제거한다.

⑤ 증착 및 이온주입(Deposition & Implantation) 공정

증착공정은 원하는 재료를 기판위에 덮어 박막을 만들어 주는 과정이다. 박막을 덮어주는 이유는 다양한 재료가 몇 겹으로 쌓여 올라가는 반도체 회로에서 각각의 층을 구별하여 나누기 위해서다. 또한 이온주입(Implant)공정은 그림 3-19의 5번째 공정에서와 같이 반도체가 되도록 전기가 통하는 도체부분과 전기가 통하지 않는 부도체부분을 명확히 구분하기 위해 불순물인 이온(Ion)을 주입한다.

⑥ 금속배선 공정

반도체회로를 동작시키기 위해 금속으로는 알루미늄(Al), 티타늄(Ti) 그리고 텅스텐(W)을 사용하여 전기신호가 통하도록 금속선을 이어주는 공정이다. 그림 3-19에서 보여 지듯이 실리콘 웨이퍼에 이온주입과 산화막 위로 알루미늄으로 금속배선공정을 나타낸 것이다.

⑦ EDS(Electrical Die Sorting) 공정

EDS공정은 그림 3-19에서 보듯이 웨이퍼의 각 부분별로 6단계까지 진행된 공정에서 만들어진 반도체회로에 대하여 테스트를 진행한다. 금속배선 공정까지 이루어지면 원하는 회로의 모습이 완성된 것으로 설계된 칩의 수에 대해 실제 생산할 수 있는 칩의 수에 대한 퍼센트를 수율(Yield)로 나타낸다. 회색의 점으로 표시된 부분은 반도체 칩으로 쓰지 못하는 다잉(Dying)한 부분으로서 EDS 테스트를 통하여 Die를 검출하게 된다. 그림에서는 두 개의 실리콘반도체 웨이퍼에 대해 80%와 60% 수율 정도를 나타낸 것이다.

⑧ 패키징(Packaging) 공정

그림 3-19의 마지막 공정으로 패키징 공정은 우리가 일반적으로 볼 수 있는 IC 칩을 만드는 과정이다. 7단계 공정까지 만들어진 웨이퍼 위의 반도체 회로는 베어칩(bare chip)이라고 하며 외부로부터 전기신호를 송수신하지 못하는 상태이다. 패키징 공정을 통해 외부에서 전기를 주고받을 수 있도록 전선을 와이퍼와 연결하고 외부환경으로부터 안정된 형태의

칩으로 만들게 된다.

3.3.2 논리게이트

컴퓨터의 부품들은 반도체로 구성된 트랜지스터의 조합으로 이루어져 있으며 가장 기본 단위인 0과 1의 비트 단위로 연산한다. 트랜지스터는 0과 1을 가진 두 개의 입력신호를 받아 한 개의 출력신호를 만든다. 트랜지스터의 이러한 동작은 불(Boolean) 대수로서 나타낼 수 있다. 불 대수에는 기본 게이트 연산자로서 AND, OR, NOT, NAND, NOR 그리고 XOR 게이트가 있으며 이러한 게이트를 이용하여 구현한 것을 논리회로라 한다. 논리회로의 구성에 따라 덧셈, 뺄셈 등의 기본 사칙 연산을 수행할 수 있으며 IC 칩 회로를 만드는 기본이 된다.

(1) NOT 게이트

NOT 게이트는 그림 3-20에서 보는 바와 같이 한 개의 입력 값 A와 출력 값 C로 표현한다. NOT 연산은 A의 입력 값에 대해 반대의 값이 출력된다. 입력 값이 0일 경우 출력 값은 1이 되며 입력 값이 1인 경우 출력 값은 0이 된다. 표 3-8은 NOT 게이트의 진리 값을 나타낸 것으로서 입력 A 값과 출력 값 C가 반대로 되며 논리식은 A' 로 표현된다.

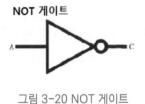

그림 3-20 NOT 게이트

표 3-8 NOT 게이트 진리표

A	C
0	1
1	0

(2) AND/NAND 게이트

그림 3-21에서 나타난 것처럼 AND 게이트는 A, B 두 개의 입력 값과 출력 값 C로 표현한다. 표 3-9에서 보는 바와 같이 AND 게이트는 A, B 값이 1일 경우에만 출력 값 C가 1이 된다. AND 연산은 두 개의 입력 값 중 하나라도 0의 값이 입력되면 출력 값이 0이 되며 두 입

력 값이 모두 1일 경우에만 결과 값이 1이 된다. 논리식은 A· B 로 표현되며 두 개의 스위치가 직렬로 연결된 회로에서 두 스위치가 모두 On이 되어야 불이 들어오는 것과 같다. NOT 게이트와 같이 사용하면 NAND 게이트가 되며 AND 게이트의 끝단에 조그만 동그라미가 붙으며 진리 값은 모두 반전된다.

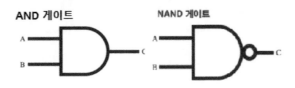

그림 3-21 AND/NAND 게이트

(3) OR/XOR 게이트

OR 게이트는 두 개의 입력 값 A, B와 출력 값 C로 표현한다. OR 연산은 두 개의 입력 값 중 하나라도 1의 값이 입력되면 출력 값이 1이 되며 두 입력 값이 모두 0일 경우에만 결과 값이 0이 된다. 표 3-9에서 보는 바와 같이 OR 게이트의 진리표는 A, B 값이 0일 경우에만 출력 값 C가 0이 된다. 논리식은 A+B 로 표현되며 두 개의 스위치가 병렬로 연결된 회로에서 하나의 스위치라도 On이 되면 불이 들어오는 것과 같다. NOT 게이트와 같이 사용하면 NOR 게이트가 되며 OR 게이트의 끝단에 조그만 동그라미가 붙으며 진리 값은 모두 반전된다.

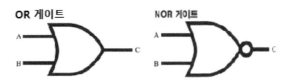

그림 3-22 OR/NOR 게이트

(4) XOR(Exclusive OR)/NXOR 게이트

XOR과 NXOR 게이트는 그림 3-23에서 보는 바와 같이 두 개의 입력 값 중 하나만 1이면 출력 값 C가 1이 되는 게이트이다. XOR 연산은 A와 B의 입력 값 중 하나만 1일 경우 출력 값이 1이 되며 두 개의 입력 값이 0이거나 1인 경우 출력 값은 0이 된다. 표 3-9에서 XOR 게이트의 진리표 값은 입력 A, B 값에 대한 출력 값 C를 나타낸 것이다. 논리식은 A⊕B로 표현된다.

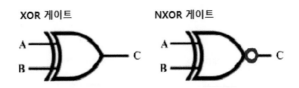

그림 3-23 XOR/NXOR 게이트

표 3-9 AND/OR/NAND/NOR 게이트 진리표

입력		AND	NAND	OR	NOR	XOR	NXOR
A	B	C	C	C	C	C	C
0	0	0	1	0	1	0	1
1	0	0	1	1	0	1	0
0	1	0	1	1	0	1	0
1	1	1	0	1	0	0	1

3.3.3 가산기와 감산기 논리 회로

기본 게이트인 AND, OR 그리고 XOR 게이트를 사용하면 덧셈과 뺄셈 연산을 하는 가산기와 감산기 회로를 만들 수 있다. 가산기는 두 입력의 합을 구하고 감산기는 두 입력의 차를 구하는 회로이다.

(1) 반가산기(half adder)

두 입력에 대한 합을 구하는 가산기는 반가산기와 전가산기로 구분할 수 있다. 반가산기의 경우 두 입력의 합을 구하면 올림수(Carry)가 생기게 된다. 예를 들어 이진연산 $1 + 1 = 10_2$ 이 되어 자리수가 증가하게 되어 올림수에 대한 처리가 필요하다. 전가산기는 반가산기에서 발생한 이 올림수를 새로운 입력으로 하여 세 개의 입력에 대한 합을 구하는 것이다.

두 입력 A, B의 합을 구하는 반가산기의 진리표는 표 3-8과 같다. 두 입력 A, B의 합에 대한 올림수를 C, S는 합(SUM)을 나타낸다. 진리표에서 알 수 있듯이 입력 A, B가 모두 1이 되면 두수의 합은 C가 1이 되고 S가 0이 된다.

표 3-10의 진리표에서 반가산기의 올림수 C의 출력 값은 AND 게이트 연산과 같다. 따라서 반가산기의 올림수 C는 AND 게이트로 구현하면 된다. S의 출력 값은 XOR 게이트의 결과 값과 동일하다. 따라서 반가산기의 논리회로는 AND 게이트 하나와 XOR 게이트 하나를 그림 3-24와 같이 연결하면 구현할 수 있다.

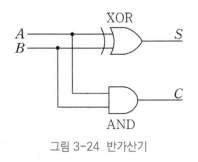

그림 3-24 반가산기

표 3-10 반가산기 진리표

A	B	C	S
0	0	0	0
1	0	0	1
0	1	0	1
1	1	1	0

(2) 전 가산기(full adder)   (출처 : 컴퓨터 IT 용어대사전)

반가산기는 두 입력에 대한 덧셈을 수행하는 논리 회로이지만 두 입력에 대한 올림수가 생기므로 완전한 가산기가 아니다. 전가산기는 그림 3-25와 같이 반가산기의 올림수 C와 두수의 합 S를 다시 입력 값으로 하고 세 번째 입력 Z를 추가하여 덧셈의 합과 올림수 두 개의

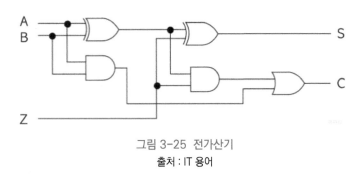

그림 3-25 전가산기
출처 : IT 용어

값을 출력한다. 전가산기는 반가산기에서 고려되지 않았던 하위의 가산 결과로부터 올림수를 처리할 수 있도록 OR 게이트를 추가하여 구현한다.

표 3-11의 전가산기 진리표에는 세 입력에 대한 합을 C와 S로 나타내었다. 전가산기는 두 개의 반가산기와 1개의 OR 게이트로 만들 수 있다. 먼저 A, B의 합(S) 값은 Z 입력과 XOR 연산을 하여 세 수의 합을 구할 수 있다. 세 수의 캐리의 값은 A, B의 합 값과 Z가 AND 연산을 수행한 결과를 A, B의 캐리(C) 값과 OR 연산을 하면 세 수의 캐리(C) 값을 구할 수 있게 된다.

표 3-11 전가산기 진리표

A	B	Z	C	S
0	0	0	0	0
0	0	1	0	1
0	1	0	0	1
0	1	1	1	0
1	0	0	0	1
1	0	1	1	0
1	1	0	1	0
1	1	1	1	1

(3) 반 감산기(half subtracter)

반 감산기는 2개의 입력에 대한 차를 구하는 회로이지만 반가산기와 달리 반감산기에서는 입력된 두 수의 크기에 따라 양수와 음수로 결과가 나타난다. 작은 수에서 큰 수를 빼게 되면 음수가 되는데 이때 빌림수(Borrow)가 요구된다. 따라서 반감산기에서는 빌림수와 차이 값 (Difference)을 표현해야 한다. A - B에서 0 - 1 인 경우는 빌림수(B)가 1이 되고 차이 값(D)이 1이 된다.

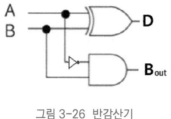

그림 3-26 반감산기

표 3-12 반감산기 진리표

A	B	Bout	D
0	0	0	0
0	1	1	1
1	0	0	1
1	1	0	0

(4) 전 감산기(full subtracter)

전감산기는 입력이 3가지 일 경우 뺄셈을 구현한 것으로 그림 3-27과 같이 기존 A, B의 뺄셈에 대해 세 번째 입력을 빌림수 입력(Borrow In)을 하나 추가하여 계산한다. 입력에 대해 차가 발생하면 D는 1이 되며 차 연산의 결과가 0이면 출력도 0이다. 즉 입력의 뺄셈의 경우에서 빌림수가 발생하면 결과 값의 음수 표현을 대신하게 된다. 감산기는 가산기와 다르게 작은 수에서 큰 수를 뺄 경우가 생기므로 빌림수가 발생하고 논리회로에서는 음수를 표현하기 위한 Borrow가 필요하다. 표 3-13은 세수에 대한 감산기의 진리표를 나타낸 것이다.

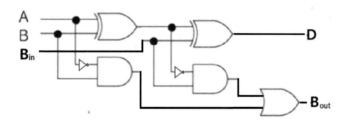

그림 3-27 감산기 논리회로

표 3-13 전감산기 진리표

A	B	Bin	Diff	Bout
0	0	0	0	0
0	0	1	1	1
0	1	0	1	1

A	B	Bin	Diff	Bout
0	1	1	0	1
1	0	0	1	0
1	0	1	0	0
1	1	0	0	0
1	1	1	1	1

3.4 컴퓨터 구조

정보통신 기술시대에 들어서며 컴퓨터의 성능은 점차 빨라졌으며 키보드, 마우스와 같은 기본 입력장치와 모니터와 같은 출력장치들은 4차 산업혁명시대에 들어서며 3D모니터, 3D 프린터, 가상현실시스템 등 입출력장치들은 더욱 다양해 졌다. 특히 스마트 폰과 인터넷의 발전으로 컴퓨터 관련 산업은 급성장하였으며 컴퓨터의 사용 환경에서 입력장치 등에는 단순한 장치의 수준을 넘어 인간의 오감을 입력할 수 있는 각종 센서가 추가되었으며 출력장치에서도 단순한 모니터의 수준을 넘어 다양한 장치들로 구성되고 있다.

컴퓨터를 구성하고 있는 물리적인 장치들을 하드웨어(HW : HardWare)라 부르며 하드웨어를 운영하기 위한 프로그램을 소프트웨어(SW : SoftWare)라 부른다. 대부분의 하드웨어는 IC 칩으로 구성되어 있으며 전기신호나 자기신호를 0과 1로 해석하며 작동한다. 컴퓨터의 하드웨어 구성요소와 이를 운용하기 위한 소프트웨어의 원리에 대해 알아보자.

3.4.1 하드웨어 구성과 원리

컴퓨터는 그림 3-28과 같이 유무선 인터넷을 통해 다른 컴퓨터와 통신을 하며 다양한 입출력 장치들로 구성되어 있다. 컴퓨터의 본체 안에는 그림 3-29와 같은 메인보드와 이를 운용하기 위한 CPU, 주기억장치, 보조기억장치, 전원공급 장치 등으로 구성되어 있다.

유무선 인터넷

그림 3-28 컴퓨터 시스템의 입출력 장치

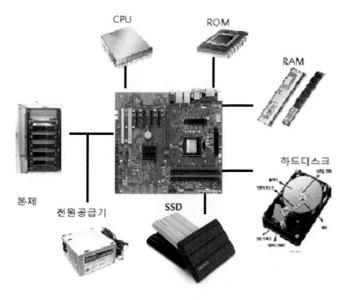

CPU

ROM

RAM

하드디스크

본체

전원공급기

SSD

그림 3-29 컴퓨터 시스템의 구성요소

3.4.2 부팅(Booting) 과정

가정용 전원으로 사용하는 220V의 전압은 컴퓨터의 반도체가 사용하기에 매우 높다. 따라서 220V의 전압을 컴퓨터 내에서 안정적으로 사용할 수 있도록 전압을 12V로 낮춰주는 역할은 전원공급기(Power Supplier)가 담당한다. 전원공급기를 통해 220V에서 12V로 낮춰진 전압은 메인보드(Main Board) 또는 마더보드(Mother Board)라 불리는 기판에 있는 반도체들이 안정적으로 사용할 수 있도록 전압을 5V로 더욱 낮추어 메인보드 안의 장치들에게 공급한다. 메인보드에는 컴퓨터의 두뇌 역할을 하는 CPU 뿐만 아니라 프로그램과 데이터 처리에 필수적인 주기억장치와 하드디스크, SSD(Solid State Device)와 같은 보조저장장치 그리고 키보드, 마우스 등의 기본적인 입력장치들을 위한 인터페이스를 갖고 있다. 또한 모니터, 인터넷 연결, 프린터 등 다양한 컴퓨터 주변장치들을 운용하고 추가적으로 확장하기 위한 인터페이스인 PCI(Peripheral Computer Interface) 슬롯(slot)을 포함하고 있다.

컴퓨터를 우리가 사용할 수 있는 환경으로 만드는 부팅과정은 그림 3-30에 나타내었으며 다음 과정을 따른다.

① 전원공급기를 거친 전기가 메인보드로 공급된다.
② 가장 먼저 인간의 두뇌에 해당하는 중앙처리장치(CPU : Central Process Unit)는 자신의 주변장치들이 제대로 설치되어 있는지, 작동하는지 이상 유무를 먼저 점검한다.
③ 주변장치의 상태를 기억하는 ROM BIOS(Read Only Memory Basic Input Out System) 칩은 주기억장치 크기와 상태 그리고 키보드와 모니터의 연결 여부 등을 점검한다.
④ 이상이 없다면 보조기억장치에 저장되어 있는 운영체제(Window, Linux 등)에 권한을 넘겨 사용자가 사용할 수 있는 상태로 만든다. 만약 메모리나 기본 입출력장치가 없거나 운영체제에 문제가 있다면 에러 신호를 보내며 더 이상 부팅과정을 진행하지 않는다.

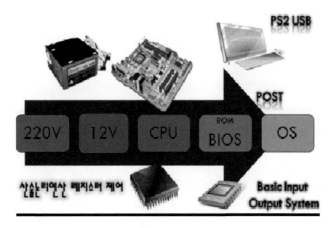

그림 3-30 컴퓨터 부팅과정

3.4.3 CPU 구조

CPU는 산술, 논리 그리고 제어를 담당하는 컴퓨터의 가장 핵심적인 요소로서 인간의 두뇌에 해당하는 중앙처리장치이다. 인간의 두뇌 역할이 신체에 명령을 전달하고 제어하듯이 CPU 역시 산술, 논리연산뿐만 아니라 컴퓨터 내의 모든 입출력장치를 제어하고 처리한다. CPU가 작업을 수행하기 위해선 반드시 메인메모리와 데이터를 주고받으면서 프로그램 연산을 수행하고 제어한다. 그림 3-31은 인텔사에 제공하고 있는 코어i7CPU를 나타낸 것으로 뒷면에는 수많은 핀이 있어 메인보드에 장착하게 된다. CPU는 연산시 높은 발열이 발생하므로 열을 식히기 위한 팬(pan)을 장착하게 된다.

그림 3-31 인텔 코어 i7 CPU

CPU는 컴퓨터안의 모든 장치 중 가장 빠른 연산속도로 데이터를 처리하며 메모리와 송수신한다. CPU의 내부구조는 그림 3-32와 같으며 주된 기능은 다음과 같이 4가지의 역할을 수행한다.

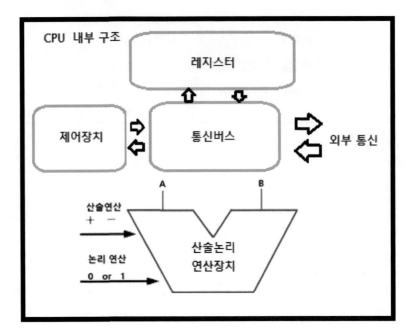

그림 3-32 CPU 내부구조

(1) 레지스터(Register)

CPU는 제어, 산술, 논리연산을 수행하기 위해 레지스터에 명령어와 데이터를 저장하고 있어야 하여 명령어나 연산처리가 끝나면 또 다른 용도로 사용하기 위해서 임시적인 저장장소로 사용되는 고속의 저장장치이다. 다양한 용도로 사용되는 레지스터는 데이터를 저장하기 위한 범용(Accumulator) 레지스터와 특수목적의 레지스터는 다음과 같은 네 개가 있다.

• 프로그램 카운터(Program Counter) : 실행해야할 명령어 주소를 카운트한다. 16비트일 경우 +2씩 증가하며 32비트이면 +4 그리고 64비트이면 +8씩 증가한다.

• 메모리 주소레지스터(MAR : Memory Address Register) : 메모리 기억장치의 해당하는 주소 명령어를 가져온다.

- 메모리 버퍼 레지스터(MBR : Memory Buffer Resister) : 메모리 버퍼 레지스터의 값이 명령어이면 명령어레지스터로 이동하고 데이터이면 누산기로 이동한다.
- 명령 레지스터(IR : Instruction Register) : 메모리 버퍼레지스터로부터 명령어를 받아 제어장치나 누산기로 전달한다.

(2) 산술논리장치(ALU : Arithmetic Logic Unit)

레지스터에 저장된 데이터에 대하여 더하기 빼기 등의 산술연산을 수행하거나 참(True), 거짓(False)과 같은 논리연산을 수행한다. 가산기, 감산기와 같이 논리게이트를 이용하여 만든다.

(3) 제어장치(Control Unit)

CPU 내부의 모든 제어신호를 발생 및 관리한다. CPU는 실행해야할 명령어를 해독하고, 명령어를 실행하기 위해 명령어의 순서를 결정하고 컴퓨터 내의 장치들을 제어하기 위한 제어신호를 발생시킨다.

(4) 통신버스(Bus Interface)

CPU가 레지스터나 외부메모리와 데이터를 송수신하기 위한 채널(channel)로서 주소(address) 버스, 데이터버스, 제어신호 선들을 버스라 한다. 주소버스는 CPU가 주기억장치로부터 주소나 데이터를 읽기 위해 사용하는 단방향 구조를 가지고 있으며 데이터버스는 CPU가 주어진 장치로부터 읽거나 쓸 데이터를 전달한다. 제어버스는 읽거나 쓸 데이터가 주소인지 데이터인지를 제어하는 역할을 한다. 데이터버스와 제어버스는 신호를 주고받는 양방향 기능을 갖는다.

3.4.4 CPU 명령처리 과정과 성능

CPU는 고속의 레지스터를 이용하여 데이터를 처리하므로 연산속도가 가장 빠른 전기적 장치이다. CPU의 연산처리속도는 빠르지만 그림 3-33과 같이 SSD, 하드디스크, USB와 같은 보조저장장치의 데이터를 CPU가 처리하기 위해서는 반드시 RAM을 통해서 전송되어야 하며 CPU의 처리된 데이터를 하드디스크에 저장하기 위해서도 RAM을 통해서 전송되어야 한다. 컴퓨터의 성능은 CPU의 처리속도 및 성능을 말하지만 CPU의 성능에 비해 RAM을 포함한 주변장치들의 속도가 느리면 전체적인 컴퓨터의 처리 속도가 저하될 수밖에 없다. CPU나 RAM은 모두 전기적 장치이지만 CPU에 비하면 RAM의 용량이 크므로 처리속도가 느리다. 이를 해결하기 위한 방법으로 CPU 내에 자주 사용되는 명령어나 데이터를 용량이 작지만 캐시 메모리(Cash Memory)에 두어 RAM에서 데이터를 가져오는 빈도수를 줄여 컴퓨터의 연산속도를 높이는 방법이 있다.

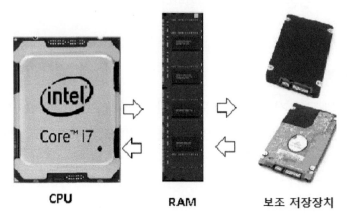

CPU   R.AM   보조 저장장치

그림 3-33 CPU의 데이터 처리과정

CPU는 명령을 처리하기 위해 다음과 같이 4 단계를 거친다.

- 1단계 : 명령어 인출과정
- 2단계 : 명령어 해석과정
- 3단계 : 명령어 실행과정
- 4단계 : 명령어 저장과정

■ CPU 코어(Core)와 캐시메모리(Cache memory)

CPU에서 연산을 처리하는 핵심 부분을 코어라고 부른다. 따라서 코어가 많을수록 CPU의 성능이 좋다고 말할 수 있다. CPU에 코어가 많아지면 연산을 여러 개의 코어가 처리하기 때문에 훨씬 빠른 일 처리가 가능해진다. 과거에는 한 개의 코어가 있는 '싱글(Single) 코어' 밖에 없었지만, 지금은 '멀티 코어' 형태로 출시되고 있으며, 8개의 코어까지 들어간 CPU도 존재한다. 코어의 수가 두개이면 듀얼(Dual) 코어, 네 개이면 쿼드(Quad) 코어, 8개이면 옥타(Octa) 코어라 부른다.

전기적 장치인 RAM과 기계적 장치인 하드디스크의 처리속도의 차이는 메모리 용량을 크게 함으로써 다소 완화 시킬 수 있다. RAM의 용량이 커질수록 보조기억장치나 RAM으로부터 가져올 수 있는 데이터의 양이 많아지므로 CPU는 제어장치를 통해 데이터 전송과 같은 부가적인 명령을 줄일 수 있어 처리속도는 향상된다.

CPU와 RAM의 속도 차이는 캐시메모리(Cache Memory)를 통해 해결할 수 있다. 캐시 메모리란, 속도가 빠른 CPU 장치와 상대적으로 느린 RAM 장치 사이에서 속도 차에 따른 병목 현상을 줄이기 위한 범용 메모리를 지칭한다. CPU에는 이러한 캐시 메모리가 2~3개 정도 사용되며 이를 L1(Level 1), L2, L3 캐시 메모리라 한다, 각각의 레벨은 속도와 크기에 따라 분류한 것으로, 캐시메모리는 일반적으로 CPU 안에 내장되어 데이터 사용/참조에 가장 먼저 사용된다. L1 캐시는 보통 8~64KB 정도의 용량으로 CPU가 가장 빠르게 접근하게 되며, 여기서 데이터를 찾지 못하면, 다음 레벨로 넘어가며 캐시메모리에 없을 경우에 RAM에서 데이터를 찾게 된다.

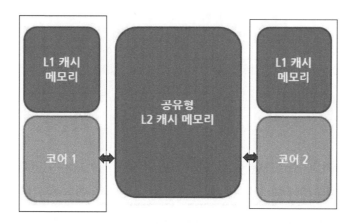

그림 3-34 코어와 캐시메모리와의 관계

그림 3-34는 듀얼 코어에 있어서 캐시메모리의 관계를 나타낸 것이다. 각 코어는 L1의 전용 캐시메모리를 참조하여 연산을 하지만 L1에서 데이터를 찾지 못하면 L2 캐시메모리를 참조한다. L1보다 속도가 느린 L2는 각 코어에서 공유하여 사용하게 된다.

3.4.5 주기억 장치(RAM:Random Access Memory)와 ROM(Read Only Memory)

(1) RAM

RAM은 디지털의 특성으로 원하는 위치의 데이터를 언제든지 읽고 쓰기가 가능하며 CPU가 데이터를 처리하기 위해서는 반드시 거쳐야 하는 메모리로서 전원이 꺼지면 RAM의 데이터가 모두 사라지는 휘발성 메모리이다. 그림 3-35는 스마트폰에서 사용하는 모바일 DRAM과 PC에서 사용하는 RAM을 나타낸 것이다.

모바일 D RAM

PC DRAM

그림 3-35 RAM

보조저장장치의 프로그램을 실행하기 위해서는 데이터가 CPU로 바로 전송되지 않고 RAM으로 이동해야 된다. RAM으로 한번에 이동할 수 있는 데이터의 양은 RAM의 용량에 따라 달라진다. 컴퓨터의 성능은 1차로 CPU의 코어와 캐시메모리의 처리속도에 달려 있지만 CPU에서 처리하는 데이터는 RAM을 거쳐야하기 때문에 RAM의 용량 역시 컴퓨터의 성능을 좌우 한다. RAM의 용량이 클수록 많은 보조저장장치의 많은 응용프로그램들을 효율적으로 처리할 수 있다. 최근 4차 산업혁명에 따른 각 장치의 사양은 매우 높아졌기 때문에 게임과 같은 컴퓨터 그래픽을 요구하는 메모리의 용량은 최소 8GB 이상 되어야 원활한 성능을 발휘할 수 있다.

일반적으로 RAM은 SRAM(Static RAM)과 DRAM(Dynamic RAM)으로 분류할 수 있다.

SRAM은 정적 램이라고도 부르며 내용을 기록하면 전원이 공급되는 동안은 데이터를 계속 유지하며 빠른 처리속도로 인해 캐시메모리로 주로 사용된다. SRAM은 상대적으로 DRAM보다 속도가 빠르지만 복잡한 구조로 인하여 집적도가 낮아 가격이 비싸고 대용량으로 제작하기 어렵다는 단점이 있다. DRAM은 동적 램으로 불리며 간단한 구조로 인하여 집적도를 높일 수 있어 대용량으로 만들 수 있다. 가격이 싸다는 장점이 있지만 SRAM보다는 속도가 느린 단점이 있다.

(2) ROM

ROM은 컴퓨터의 사용 환경을 저장하고 있는 메모리로서 전원이 공급되지 않아도 한번 저장된 데이터들은 사라지지 않는 비휘발성(Non-Volatile Memory)이다. 따라서 초기에 한번 기록된 데이터를 읽기만 가능한 메모리이다. ROM은 한번 데이터를 기록한 후에는 반영구적으로 사용할 수 있기 때문에 컴퓨터의 입출력 장치와 같은 환경 등을 시스템에 기억시키고 변화시키면 안 되는 BIOS(Basic Input Output System)와 같은 데이터를 저장하고 있다.

사용하는 목적에 따라 다양한 ROM이 있으며 한번 기록되면 쓸 수 없는 단점을 극복하는 방안으로 다음과 같은 ROM들이 있다.

- 마스크롬(Mask ROM) : 가장 기본적인 ROM으로서 수정이 불가능하다. 책을 인쇄하듯이 반도체 생산 공정인 마스크단계에서 고정된 데이터 회로패턴으로 생산한다.
- 피롬(Programable ROM) : 생산 후에 사용자가 내용을 한번만 수정할 수 있는 ROM이다. 피롬은 특성상 한번 프로그램 할 수 있는 OTP(One Time Programmable)이라고도 불린다. PROM의 데이터를 기록하는 장치를 롬라이터(ROM Writer)라 부르며 각 비트를 기록하는 각 셀마다 퓨즈를 연결하거나 끊는 것으로 0과 1을 기록한다.

- 이피롬(Erasable PROM) : 자외선을 이용하여 내용을 지우고 다시 기록할 수 있는 롬이다. 읽기 쓰기 동작은 PROM과 동일하나 지우기 동작은 자외선을 쬐어 초기화할 수 있다. EPROM은 그림 3-36과 같이 자외선을 쬘 수 있도록 칩 위에 유리창과 같이 투명창이 동그랗게 존재한다.

그림 3-36 ROM과 EPROM

3.4.6 하드디스크 드라이브(Hard Disk Drive)

주기억장치보다 속도는 느리지만 대표 보조저장장치에는 하드디스크가 있으며 GB바이트에서 최근에는 테라바이트(Tera Byte:10^{12})의 용량을 저장할 수 있다. 하드디스크에 저장된 데이터들은 전원이 꺼져도 물리적인 데이터들은 항상 유지되기 때문에 컴퓨터를 운영하기 위한 운영체제뿐만 아니라 다양한 응용프로그램들을 설치하고 저장한다. 하드디스크는 전기적 신호에 의해 데이터를 읽는 것이 아니라 기계적 장치로 데이터를 읽고 쓰기 때문에 속도가 느리다. 최근에는 전기적 신호로 데이터를 처리하여 빠른 속도의 장점을 갖는 SSD (Solid State Disk)가 하드디스크를 대체하여 보조기억장치로 사용되고 있다.

하드디스크 드라이브는 줄여서 HDD라고 불리며 자성 물질을 띤 디스크가 고속으로 회전하면서 데이터를 기록하거나 읽는 장치이다. 기계적으로 움직이는 장치이므로 충격이나 자성이 있는 물질을 가까이 대면 데이터가 손실되기 쉽다.

하드디스크에 데이터를 기록하고 읽기 위한 기계적 움직임은 그림 3-37에 나타난 바와 같이 다양한 구성요소에 의해 물리적 작용이 필요하며 0과 1의 데이터는 자성의 방향에 따라 달리 기록한다. 기록된 데이터는 액추에이터 헤드에서 자성의 변화를 감지하여 0과 1을 읽게 된다.

- 전원 커넥터 : 전원을 공급 받기 위한 연결단자.
- 데이터 커넥터 : 주기억 장치와 데이터를 교환하기 위한 연결 단자.
- 플래터(Platter) : 원형 모양의 판으로 자화되어 있으며 데이터가 실제로 기록되는 부분으로 플래터의 양면에 데이터를 저장하고 읽을 수 있다. 플래터의 수가 많을수록 한 번에 읽고 쓸수 있는 데이터의 양이 증가하므로 플래터는 1개 이상으로 구성된다. 플래터에 데이터가 저장될 때에는 논리적인 단위인 트랙과 섹터 그리고 실린더를 사용한다.
- 트랙(Track) : 플래터의 회전축을 중심으로 동일한 축으로 데이터가 기록되는 같은 동심원의 부분으로 여러 개의 트랙으로 구성된다.
- 섹터(Sector) : 한 트랙을 일정한 크기로 구분하여 정보를 기록하는 단위로 사용한다. 트랙의 크기는 중심에서 멀어질수록 커지므로 섹터의 크기 역시 가변적으로 바깥쪽의 트랙일수록 많은 수의 섹터로 구성된다. 섹터는 최소 기록단위로서 1개의 섹터에는 파일을 1개만 저장 가능하다.
- 실린더(Cylinder) : 플래터가 여러 장일 경우 서로 다른 플래터에 있는 동일 트랙들의 모임을 말한다. HDD의 플래터에 배속된 여러 개의 헤드는 하나의 액추에이터와 같이 동시에 움직임으로 원통형과 같은 의미로 실린더를 사용한다.
- 스핀들(Spindle) 모터 : 여러 장의 플래터를 회전시키는 회전모터로서 성능은 분당 회전수 RPM(Round Per Minute)을 사용한다. RPM이 높을수록 데이터를 탐색하는 시간이 짧기 때문에 용량과 함께 HDD의 성능을 나타낸다. 일반적으로 하드디스크는 7200~15000 rpm 성능을 나타낸다.
- 액추에이터 암(Actuator Arm)과 헤드(Head) : 플래터에 담겨진 데이터를 읽거나 쓰기 위한 장치로서 암과 헤드로 나뉜다. 암은 플래터의 특정 트랙, 섹터에 접근할 수 있도록 뻗쳐 있다. 헤드는 암의 끝 부분에 위치하여 실질적으로 데이터를 읽거나 쓰는 장치이다. 헤드는 플래터에 밀착되어 있는 것은 아니고 수 나노미터(nm)정도 떠서 데이터를 읽거나 쓴다. 따라서 어느 정도 이상의 충격이 발생하면 고장 날 우려가 있기 때문에 하드디스크의 사용에 주의해야 한다. 특히 하드디스크가 사용 중일 때는 충격에 더욱 약하기 때문에 각별한 주의가 필요하다.

그림 3-37 하드디스크의 구조와 원리

출처 : IT동아

3.4.7 솔리드스테이트 드라이브(SSD : Solid State Disk)

HDD의 기계적 움직임으로 인한 물리적 시간을 줄이기 위해 반도체의 전기적 성질을 이용하여 만들어진 보조저장장치이다. SSD는 자성을 이용하여 물리적으로 데이터를 저장하지 않고 반도체의 특성인 플래시 메모리(Flash Memory)에 데이터를 저장하기 때문에 HDD에 비해 여러 장점을 가지고 있다. 플래시 메모리는 전원이 끊겨도 데이터를 보존하는 특성을 가진 반도체로서 비휘발성 메모리의 일종이다.

그림 3-38에 삼성 SSD의 내 외부 구조를 나타내었으며 모두 하드디스크에 비해 가볍고 간단하다. 데이터 처리요청은 외부 데이터커넥터를 통해 SSD 컨트롤러에 전달되며 컨트롤러의 프로세서는 낸드플래시 컨트롤러로 정보를 전달하게 된다. 컨트롤러는 SSD의 두뇌로서 각 플래시 메모리에 데이터 로드를 합리적으로 할당하는 것이고, 다른 하나는 플래시 메모리 칩과 외부 데이터 인터페이스를 연결하여 전체 데이터전송을 수행한다. 컨트롤러 칩 옆에 있는 고속의 캐시메모리는 기존 하드드라이브와 마찬가지로 SSD 데이터 처리를 위한 메인 컨트롤러를 지원한다.

SSD의 가장 큰 장점은 데이터의 입출력 속도가 HDD에 비해 월등히 빠르다. HDD의 7200rpm 기준 데이터의 입출력 속도는 200MB/s 아래이지만 SSD는 가장 낮은 성능이 350MB/s 이상으로 최소 약 2배 이상 정도의 빠른 속도로 처리된다. 기업용 제품인 경우에는 입출력 속도가 GB/s까지 성능을 나타내고 있다. 두 번째 장점으로 SDD는 작은 기판으로만 구성이 가능하기 때문에 상대적으로 전력소비가 낮고 소형화할 수 있다.

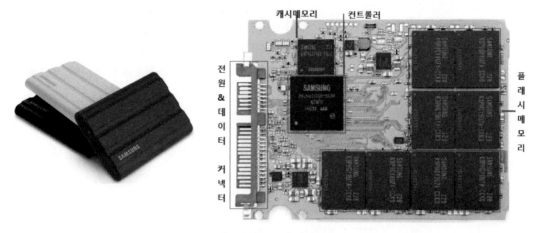

그림 3-38 SSD와 내부 구조
출처 : 삼성반도체이야기

3.4.8 입력 장치 (출처 : 4차 산업혁명시대의 IT 개론)

⑴ 키보드

키보드와 마우스는 컴퓨터와 소통하기 위한 기본 입력장치이다. 키보드는 과거 타자기의 기능을 구현한 것으로 키보드 자판의 수는 ASCII 코드 값에 따른 101 자판이 표준이며 한글 키보드의 경우는 한/영과 한자 키보드가 추가되어 103키 그리고 윈도우(window) 기능을 가진 키가 3개가 더 추가되어 106 키보드가 사용되기도 한다.

⑵ 마우스

볼이나 적외선을 이용한 센서로 평면 위에서 x, y의 2차원 움직임을 감지하여 모니터에 표시하고 아이콘을 클릭하면 프로그램이 실행된다. 볼을 이용한 마우스는 기계식 마우스, 적외선을 이용한 마우스는 광학식 마우스로 분류한다.

(3) 스캐너(Scanner)

화상 입력장치로서 광원을 이용하여 그림이나 사진 등을 읽어 들이고 디지털로 변환하여 컴퓨터에 저장하는 저장장치로서 디지털 카메라에서 사용되는 CCD(Charge Coupled Device)를 사용하여 빛을 전기적 신호로 바꿔준다. 광센서 반도체인 CCD는 빛의 반사에 의해 흑백으로만 구분하며 컬러로 변환하기 위해서는 빨강, 초록, 파랑의 3색 필터가 요구된다. CCD에 기록된 영상은 아날로그 데이터로서 다시 디지털 변환하는 과정이 필요하다.

(4) 촉각장치(Touch Screen)

미세한 촉감을 입력으로 사용하는 장치로서 물체나 인체의 압력, 촉각, 미세 전류 그리고 진동을 이용한다. 촉각장치는 이를 감지하기 위한 센서가 필수적이며 다양한 물체에 대한 촉감 및 진동 등을 느끼는 센서들이 개발되고 있다. 터치 센서는 정전식 또는 저항식 감지 기술을 사용하여 구현할 수 있으며 일반적으로 정전식 방식을 많이 사용한다.

정전식 감지는 전도성이 있거나 공기와의 유전체 차이가 있는 모든 것을 감지하고 측정할 수 있는 정전식 커플링을 기반으로 하는 기술로서 인체의 전기 자극, 일반적으로 손가락 끝을 기준으로 특정 터치 위치를 구별하고 감지한다. 따라서 정전식 터치스크린에서는 화면 표면에 실제 힘을 가할 필요가 없다.

대표적인 촉각장치로는 정전식 터치스크린을 예로들 수 있으며 이를 이용한 스마트폰의 경우 그림 3-39 같은 햅틱 장치(Haptic Device)를 이용하여 인체에서 나오는 미세한 전류를 이용하여 촉각이나 압력을 감지하여 키보드의 자판이나 펜과 같이 입력으로 사용한다. 햅틱이란 촉각을 나타내는 의미로 컴퓨터 또는 각종 기기를 사용 중인 환경에서 사용자의 피부와 접촉하거나 혹은 사용자가 신체부위를 이용하여 조종하는 동안 사용자에게 가상의 촉각정보를 전달하기 위한 물리적 장치이다.

그림 3-39 촉감을 이용한 터치 센서

(5) 공간추적 장치

4차 산업혁명시대가 도래하면서 3차원 공간에서 사용자의 움직임을 이용한 콘텐츠 제작이나 HMD를 이용한 가상현실 체험을 위한 콘텐츠 제작에서 공간추적 장치는 필수적이다. 또한 드론과 같은 비행물체의 동작을 감지하고 운용하기 위해서는 다양한 공간추적 센서들이 사용된다. 각 센서들은 매 순간 물체의 움직임으로 발생한 데이터에 대해 컴퓨터의 데이터베이스로 저장하고 그 결과를 다시 추적 장치로 피드백하여 상호작용해야 하기 때문에 방대한 양의 데이터가 요구되기도 한다.

공간추적 장치로 사용되는 센서에는 대표적으로 GPS(Gloval Position System)가 있으며 이외에도 초음파, 적외선, 고도 센서 등이 있다. GPS는 미국의 위성 항법 시스템으로서 세계 어느 곳에서든 3대 이상의 인공위성에서 신호를 받아 단말기에서 자신의 위치 및 속도/방위각 등을 정확히 알아낼 수 있게끔 고안된 위성항법 체계이다. 물체의 동작과 방향을 정확히 감지하기 위해서는 한 종류의 센서 보다는 여러 개의 센서를 복합적으로 사용하고 물체의 이동뿐만 아니라 물체의 회전 및 고도의 변화 등을 인식한다.

공간추적을 위한 대표적인 장치로는 적외선을 이용한 모션 캡쳐(motion capture) 장치가 있다. 그림 3-40과 같이 머리를 포함한 몸체에 센서를 부착시킨 옷을 입고 머리의 회전 및 몸체의 움직임을 적외선 카메라를 이용하여 감지하고 이를 컴퓨터에서 기록하여 움직임 등을 그래픽으로 합성한다. 모션 캡쳐 장비는 영화뿐만 아니라 게임, 3D 콘텐츠 등 상업성이 높은 컴퓨터 그래픽 분야에서 많이 사용한다.

그림 3-40 모션 캡처를 이용한 동작 인식
출처 : LG CNS

자이로스코프(Gyroscope)는 물체의 회전과 방향측정 및 움직임을 유지하기 위해 사용된다. 그림 3-41은 자이로스코프의 원리를 나타낸 것으로 몸체안의 팽이가 빠른 속도로 회전하면 팽이의 회전축은 지구의 자전하는 힘에 의하여 항상 남과 북을 가리키게 함으로써 외부의 영향력 없이 바른 방위를 알 수 있도록 하여 진동과 기울기 등을 감지할 수 있다.
자이로스코프 센서는 각속도라고 하는 센서가 X, Y, Z축의 회전하는 속도를 측정한다.

자이로스코프를 이용한 대표적인 장치로는 스마트폰과 드론이 있다. 자이로스코프 센서가

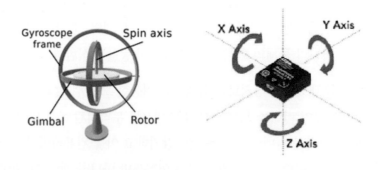

그림 3-41 자이로스코프 원리
출처 : 위키백과

내장된 스마트폰을 상하좌우로 움직이면 자이로스코프 센서가 이를 감지하고 사용자에게 항상 같은 방향의 화면이 유지된다. 드론의 경우 몸체의 균형을 잡기 위해서 자이로스코프 센서를 사용하며 위치추적을 위하여 3개의 GPS 위성시스템을 사용하고 고도측량을 위한 위성 하나가 추가되어 4개의 GPS를 사용한다. 이 밖에도 가속도 센서를 이용하여 드론의 움직임과 위치를 측정한다.

3.4.9 출력 장치

(1) 모니터(Monitor)

모니터는 컴퓨터에서 필수적인 1차 출력 장치로서 모니터가 컴퓨터와 연결되지 않으면 당연히 부팅이 되지 않는다. 초기 아날로그 방식의 음극선 흑백 CRT 모니터로 시작하였던 모니터는 빨강, 초록, 파랑의 3원색을 사용하는 컬러 모니터로 발전하였고 현재는 그림 3-42와 같이 구성된 디지털 방식의 LCD(Liquid Crystal Display) 모니터를 사용한다.

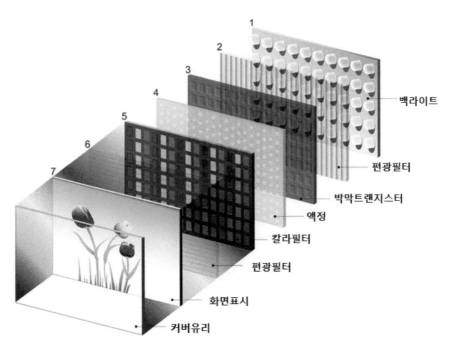

그림 3-42 LCD 모니터의 구성
출처 : artiencegroup.com

- 커버유리(Cover Glass) : 가장 겉면의 유리이며, 액정을 보호하는 역할을 한다.
- 편광필터(Polarized Filter) : 편광판과 함께 원하는 빛만을 통과시키는 역할을 한다.
- 색상필터(RGB Color Filter) : 편광필터사이의 액정을 통해 빛의 통과 여부를 결정한다. LCD는 R, G, B 세 가지 컬러를 이용하여 색을 표현하므로 이 세 가지의 색상필터 구조가 하나로 뭉쳐 한 개의 모니터 픽셀을 담당한다.
- 액정(Liquid Crystal) : 안에 있는 소자가 편광판에 의해 걸러진 빛을 전송한다.
- 박막 트랜지스터(Thin Film Transitor) : 액정의 한 픽셀에 전압을 공급할지 말지를 결정하는 역할을 한다.
- 편광판(Polarizer) : 빛을 통과시키는 역할을 한다.
- 백라이트(Backlight Unit) : 형광램프를 이용한 백색광을 내는 장치이다.
- 전체 틀(Backlight Housing)

모니터의 성능은 1인치 당 표현할 수 있는 픽셀의 수를 의미하는 PPI(Pixel Per Inch) 해상도(resolution)로 나타낸다. 윈도우의 설정화면에서 디스플레이 해상도를 선택하면 그림 3-43과 같이 현재 모니터에서 사용할 수 있는 해상도가 표시된다. 1366×768의 의미는 가로에 1366개의 픽셀 수가 있으며 세로방향으로 768개의 픽셀 수로 화면을 표시한다는 의미다.

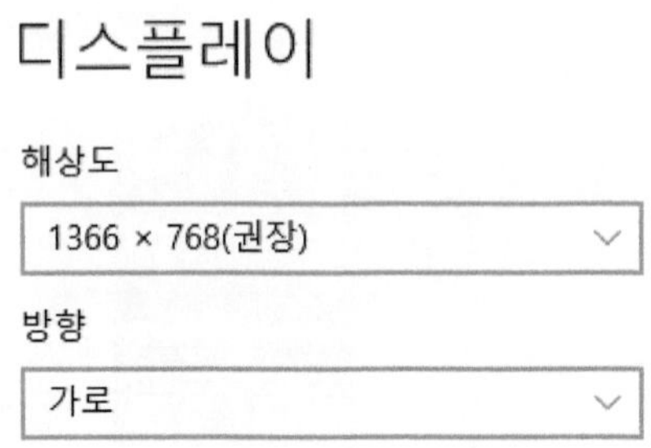

그림 3-43 모니터 해상도

⑵ 프린터

프린터는 컴퓨터의 데이터를 문서로 출력하기 위한 장치로서 과거 충격방식으로 인쇄하는 도트(dot) 매트리스 방식의 흑백에서 출발하여 현재는 잉크 분사방식의 잉크젯 프린터와 높은 온도를 이용하여 인쇄하는 레이저프린터가 주로 사용되고 있다.

레이저 프린터의 인쇄방식은 인쇄할 형태로 종이에 정전기를 발생시키고 토너의 잉크가 정전기가 발생한 종이에 달라붙게 한 후 회전하는 드럼을 이용하여 잉크를 건조시키는 방식으로 문서를 출력한다. 컬러프린터는 청녹색(Cyan), 노랑색(Yellow), 보라색(Magenta)을 인쇄하기 위한 토너 이외에도 흑백 문서를 출력하기 위한 검정(Black) 토너가 추가적으로 필요하다. 따라서 컬러 레이저프린터에는 4개의 색상토너와 이들 각각을 인쇄하기 위한 4개의 드럼이 설치되어 있다. 그림 3-44는 컬러레이저 프린터의 인쇄과정을 나타낸 것으로 다음과 같은 과정을 따른다.

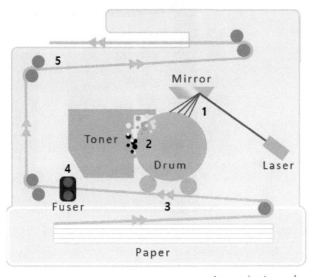

www.tonergiant.co.uk

그림 3-44 레이저 프린터의 인쇄과정

step 1. 프린터는 인쇄물을 금속 드럼에 레이저로 비춘다.

step 2. 드럼은 정전기를 사용하여 분말 토너를 드럼 실린더로 끌어당긴다.

step 3. 드럼은 토너를 인쇄물 형태로 종이 위에 굴린다.

step 4. 토너는 롤러를 통과할 때 퓨저(Fuser)의 열에 의해 녹아 종이에 압착된다.

step 5. 인쇄물이 프린터에서 나온다.

(3) 3D 프린터

3D 프린터는 일반 프린터의 방식과 유사하지만 3D 디지털 모델 파일을 기반으로 하며 잉크대신 분말금속이나 플라스틱 및 기타 접착재료를 사용하여 레이어별 인쇄로 3차원 개체를 구성하고 생성하기 위한 프린터이다. 그림 3-45에서 보는 바와 같이 분말금속이나 플라스틱이 공급기로 공급되면 3D 모델링 데이터에 따라 X, Y, Z 방향으로 노즐에서 재료가 공급되며 3차원 물체를 만들게 된다.

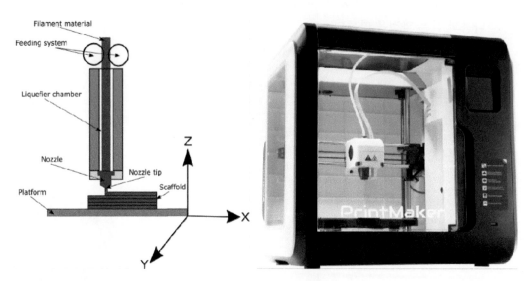

그림 3-45 3D 프린터의 원리
출처 : researchgate.net

3D 프린터의 제조 방법은 적층방식(additive manufacturing)과 절삭제조(subtractive manufacturing) 방식으로 나눌 수 있다. 적층방식은 플라스틱 실이나 액체형태의 재료를 굳혀가며 한층씩 쌓는 방식으로 복잡한 3차원 모양을 만들 수 있으며 만든 후 채색을 할 수 있다. 절삭제조 방식은 공구를 이용하여 물체를 깎는 방식이지만 공구의 특성상 세부적인 표현에는 한계가 존재하는 단점이 있으므로 일반적으로 적층방식이 많이 사용된다.

적층방식을 이용한 3D 프린팅 방법은 다음과 같이 3단계에 걸쳐 프린팅 되며 그림 3-46에 나타내었다.

- step 1. 모델링(modeling) : 3차원 모델링 소프트웨어나 3D 스캐너를 이용하여 3차원 데이터를 생성한다. 생성된 3차원 모델 파일의 확장자는 .stl 혹은 .ply 형식으로 저장된다.
- step 2. 프린팅(printing) : 모델링 단계에서 만들어진 도면인 .stl이나 .ply 파일을 입력으로 받아들이면 3차원 도면을 X, Z축의 평면에 따라 2차원의 단면으로 해석하고 플라스틱 실과 같은 재료로 단면을 만들고 Y축 방향으로 쌓아 올려 3차원 물체를 만든다. 이러한 방식은 뇌를 X-ray를 찍는 CT 촬영과 유사한 방식으로 동작한다. 3차원의 물체를 프린팅 하는 과정은 프린팅 물체의 복잡도에 따라 상당한 시간이 요구된다.
- step 3. 후처리(post-processing) : 인쇄된 결과물에 대해 추가적인 연마나 컬러로 채색이 요구되기도 한다.

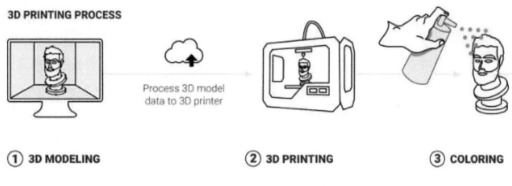

그림 3-46 적층방식의 3D 프린팅 과정
출처 : itproto.com

일반 프린터의 해상도가 dpi(dot per inch)로 표현되듯이 3D 프린터의 해상도 역시 dpi로 해상도를 나타낸다. 다만 쌓아올려지는 두께, 즉 한 층의 두께와 함께 넓이와 높이에 대한 (XY) 해상도로 표현한다.

⑷ HMD(Head Mounted Display)

가상현실을 몰입하여 체험하기 위해서는 인간의 오감을 구현해야 하며 오감 중 시각과 청각이 차지하는 비율은 90% 이상이다. 모니터는 대표적인 기본 출력장치 이지만 평면으로 구현된 모니터는 시야각이 56° 밖에 되지 않기 때문에 가상공간에 몰입하여 체험할 수 있는 HMD와 같은 장비가 필요하다.

HMD는 그림 3-47과 같이 일반적인 헬멧 모양과 유사하며 영상을 입체적으로 보기 위해 두 개의 렌즈를 이용하여 화면을 입체적으로 볼 수 있으며 스피커를 통해 스테레오 소리를 들을 수 있다. 또한 HMD에는 GPS나 자이로스코프 센서가 부착되어 있어 사용자의 머리 움직임이나 이동 등을 감지하여 가상공간 콘텐츠와 상호작용할 수 있다.

HMD는 스마트폰을 이용한 장비와 컴퓨터와 연결하여 사용하는 장비로 구분할 수 있다. 초기 삼성 VR 기어는 HMD 장비에 스마트폰을 삽입하여 가상현실 콘텐츠를 실행하여 체험하였다. 그러나 2019년 까지 삼성은 오큘러스와 협업하여 가상현실 콘텐츠를 공급하였으나 오큘러스가 더 이상 콘텐츠 지원을 하지 않기로 함으로서 현재 삼성 기어VR은 더 이상 생산을 하지 않고 있다.

HMD 장비구성을 보면 오른쪽 상단에 터치 메뉴가 있어 손가락으로 메뉴 등을 선택할 수 있다. 그러나 HMD 장비는 두 개의 렌즈가 눈에 밀착되어 어지러움 증을 유발하고 3D 콘텐츠의 특성상 CPU의 활용도가 매우 높기 때문에 스마트폰에서 높은 발열이 발생하여 콘텐츠가 정지되기도하는 단점이 있으므로 장시간의 콘텐츠를 체험하기는 어렵다. 특히, 움직임이 많은 롤러코스터나 달리기와 같은 동작에서는 심각한 멀미가 유발되기도 하지만 하드웨어와 소프트웨어로 기술적인 문제들은 해결될 것이다.

그림 3-47 삼성 HMD 장비

HMD의 초기 형태는 그림 3-48과 같이 붐(BOOM : Binocular Omni Orientation Monitor) 으로서 미시건 대학교에서 개발하였다. 붐은 바닥에 고정된 스탠드 형태에 모니터를 고정하고 두 개의 렌즈로 가상의 세상을 들여다보는 시각장치이다. HMD의 헬멧의 모습이 아닌 것만 제외하면 HMD의 기능과 유사하며 왼편의 사진과 같이 두 눈을 밀착하여 장비를 들여다보면 오른편의 사진처럼 바다에서 요트를 체험하는 모습으로 보인다. BOOM으로 시작한 장비는 스마트폰을 이용한 VR 장비로 발전하였으며 오큘러스의 리프트나 퀘스트 HMD 장비는 손의 움직임을 추적할 수 있는 장비를 추가하여 현실감을 더욱 높여 몰입감을 극대화할 수 있다.

그림 3-48 HMD의 초기 형태 BOOM
출처 : Michigan Univ.

⑸ 입체음향장치

입체음향이란 마치 내가 음원이 발생한 공간에 있는 것처럼 방향감과 공간감을 지각할 수 있는 소리이며 이를 구현하는 기술을 입체음향기술이라고 한다. 입체음향장치는 3차원 공간에서 소리의 전달을 현실과 같이 입체적인 방식으로 제공하는 장치이다. 이러한 입체음향 기술은 영화관처럼 스피커의 개수를 늘려 재생하는 하드웨어적 방법과 소프트웨어적으로 스피커의 개수보다 더 많은 곳에서 가상으로 소리가 들리도록 하는 방법이 있다. 이어폰과 같이 스피커를 늘릴 수 없는 환경에서 입체음향을 제공하기 위해서는 녹음단계에서 입체적으로 녹음해야 하며 이를 위해 음원이 공간상의 위치 변화에 따라 각각 녹음하게 된다.

입체음향을 생성하는 방법은 다음과 같은 방식이 있다.

■ 머리전달 함수(HRTF : Head-Related Transfer Funtion)

음향 녹음실과 같은 밀폐된 공간에서 동일한 소리를 전 방위에서 발생시켜 가짜머리를 이용하여 방향에 따른 주파수 반응을 측정하여 3차원 함수로 정리한 것이다. 그림 3-49와 같이 여러 각도에 배치한 스피커에서 나오는 소리는 들어오는 각도에 따라 달라지기 때문에 이 소리들을 머리전달함수로 측정하여 녹음하고 데이터베이스로 구축하게 된다. 머리전달함수를 이용하여 녹음된 소리를 3차원 공간에서 재생할 경우 사용자는 스피커의 수가 늘지 않아도 입체음향처럼 들리게 된다.

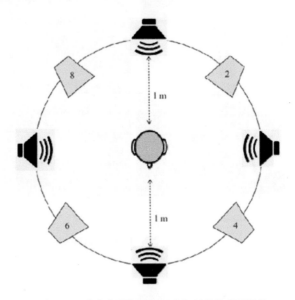

그림 3-49 머리전달함수(HRTF)을 이용한 입체음향

3.5 소프트웨어(Software)

컴퓨터는 물리적 장치인 하드웨어와 이를 운용하기 위한 소프트웨어로 구성된다. 소프트웨어는 다양한 하드웨어를 제어하고 운영하기 위한 운영체제(Operating System)와 문서 작성이나 게임과 같은 응용 소프트웨어로 구분할 수 있다.

운영체제는 하드웨어를 운영하는 방법에 따라 개인 컴퓨터 운영체제와 모바일 운영체제로 구분할 수 있다. 대표적인 컴퓨터용 운영체제는 윈도우와 유닉스(UNIX)이며, 모바일 운영체제로는 애플의 iOS 그리고 구글(Google)의 안드로이드가 있다, 운영체제는 컴퓨터나 스마트폰의 전원을 공급하는 순간 CPU의 명령에 의해 롬 바이오스가 구동되고 사용자가 컴퓨터를 사용할 수 있는 단계까지 자동으로 컴퓨터 환경을 설정한다.

윈도우와 같은 운영체제가 1950년대 초기의 컴퓨터에는 없었기 때문에 컴퓨터를 동작시키기 위해서는 컴퓨터가 처리해야 할 일을 0과 1로 구성된 천공카드를 미리 만들고 필요한 명령과 데이터가 있는 테이프 롤(Tape Roll)을 통하여 컴퓨터를 동작시켰다. 수동적인 동작 방식은 문제의 발생이나 잘못된 입력에 대해 프로그램을 재실행시키려면 매우 비효율적이었다. 이러한 문제점을 해결하기 위하여 컴퓨터를 사용자가 사용할 수 있는 상태로 자동으로 만들기 위한 방안이 연구되었고 기계중심적인 언어인 어셈블러, 고급언어인 C언어와 함께 입출력과 관련된 라이브러리 프로그램 등이 등장하며 운영체제의 시작이 되었다.

최초의 운영체제는 1956년에 개발된 IBM 704로 알려져 있으며 1960년대 말에 AT&T 벨 연구소는 UNIX 운영체제를 개발하였다.

3.5.1 운영체제의 종류

(1) UNIX

UNIX는 범용 다중 사용자 방식의 대화식, 시분할처리 시스템용 운영 체제이다. 1960년대 멀틱스(Multics : Multiplexed Information and Computing Service)란 시분할 개념을 적용하여 그림 3-50과 같이 여러 명의 사용자가 아주 짧은 시간동안에 CPU를 점유하여 사용하면 한 서버에 여러 명의 사용자가 사용가능하도록 하였다. UNIX는 서버와 단말(terminal)로 구성되어 있으며 대표적으로 은행과 같은 시스템에서 다수의 은행원들이 하나의 서버를 사용하는 방식이다.

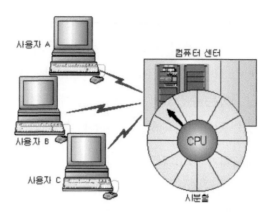

그림 3-50 UNIX 시분할 시스템
출처 : 정보통신기술협회

UNIX와 같은 고가의 운영체제는 여러 사용자를 의미하는 멀티유저(Multi Users)들에 대해 멀티태스킹(Multi Tasking)을 지원한다. 멀티태스킹은 컴퓨터 운영체제에 있어서 중요한 개념으로서 시스템을 운영하는 운영체제가 하나의 CPU로 두 가지 이상의 작업이나 프로그램을 동시에 실행하는 것을 말한다. 아무리 고가의 고성능 CPU를 가진 컴퓨터라 하더라도 특정한 시점에 하나의 명령어 밖에 처리하지 못하지만 CPU의 매우 빠른 속도에 대해 시분할(Time Sharing)이란 개념과 스케줄링(Scheduling)이란 개념을 적용하여 여러 사용자가 동시에 다수의 일을 하는 것처럼 할 수 있다. 시분할이란 다수의 작업에 대해 운영체제가 CPU 사용시간을 일정한 기준에 따라 나누어 각 작업을 분배하는 것을 의미하며 스케줄링은 시분할에 의해 한 작업이 분배 받은 시간을 다 사용하고 그 작업이 끝나게 되면 다른 작업에서 CPU를 사용할 수 있도록 재배정하는 것을 의미한다.

그림 3-51은 시분할과 스케줄링의 개념을 나타낸 것으로 사용자 입장에선 세 개의 프로그램 A, B 그리고 C가 동시에 처리되는 것처럼 느낀다. CPU의 처리속도는 주변 장치에 비해 매우 빠르므로 시분할개념을 적용하지 않을 때에는 A, B 그리고 C의 작업들은 주변장치들이 일을 마칠 때까지 항상 CPU가 대기(Wait)하는 시간이 존재하며 하나의 작업이 끝나기 전에는 다른 작업을 할 수 없다. 그러나 시분할작업이 적용되면 각 작업들은 나노초 단위로 이루어지기 때문에 그림의 하단처럼 CPU가 한 작업에 대한 대기시간 동안 다른 작업을 수행함으로서 CPU는 끊임없이 작업을 수행하고 사용자는 각 작업들이 동시에 처리되는 것

처럼 보이며 멀티태스킹 작업을 하는 것처럼 느끼게 된다.

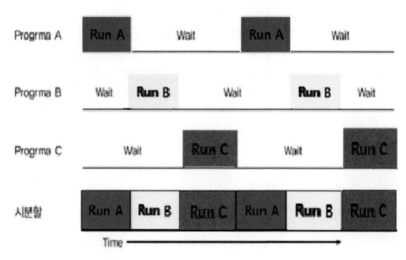

그림 3-51 시분할(Time Sharing)과 스케줄링 개념

UNIX 운영체제는 컴퓨터의 하드웨어 자원을 운영 관리하고 다수의 응용 프로그램을 실행할 수 있는 환경을 제공한다. 그림 3-52에서 보는 것처럼 UNIX 운영체제는 중심의 하드웨어 자원을 관리하기 위해 커널(kennel)이 핵심 역할을 한다,

커널은 여러 개의 응용프로그램이 실행될 수 있도록 CPU 스케줄링을 통하여 동시에 여러 프로그램이 수행되는 것처럼 프로세스의 관리를 수행한다. 또한 디스크 상에 파일시스템을 구성하여 파일관리, 메모리의 효율적 사용을 위한 메모리관리 그리고 네트워크를 통한 통신관리 등을 수행한다. 커널은 하드웨어를 운영 제어하며 각 프로그램의 메모리, 프로세스, 파일 그리고 주변장치 등을 관리한다.

시스템 호출(System Call)은 커널이 제공하는 서비스에 대한 프로그래밍 인터페이스 역할을 수행한다.

쉘(Shell)이란 각 사용자와 커널 사이의 인터페이스를 제공하는 특수프로그램으로 새로운 응용프로그램을 실행할 때 사용자로부터 명령어를 입력 받아 명령어를 해석하고 실행하는 명령어 해석기이다.

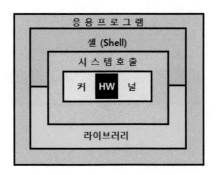

그림 3-52 UNIX 운영체제의 구조

(2) 윈도우(Window) 운영체제

윈도우 운영체제는 마이크로소프트사(MS co.)의 빌게이츠가 만든 운영체제로서 윈도우 운영체제 이전의 MS의 운영체제는 CUI(Character User Interface) 방식의 도스(DOS : Diskette Operating System)이다. DOS란 이름은 운영체제 프로그램을 플로피 디스켓에 넣어 사용하였기 때문에 붙여진 것이다. DOS가 개발되기 이전의 운영체제는 개인이 사용하기 어려운 고가의 UNIX 운영체제였지만 저가의 DOS가 개발되면서 개인들도 사용할 수 있게 되었다. DOS는 키보드를 통하여 명령어를 입력하여 프로그램을 실행하는 방식으로 사용자가 명령어를 알지 못하면 컴퓨터를 운영하기 어려웠으며 프로그램을 실행시키지 못하였다. 따라서 사용자는 어느 정도의 컴퓨터 지식을 갖고 있어야만 컴퓨터를 사용할 수 있는 단점이 있었다.

마우스가 개발되면서 애플의 공동창업자 스티브 잡스는 키보드로 명령어를 입력시키는 것이 아니라 마우스로 아이콘을 클릭만 하면 프로그램이 실행되는 GUI(Graphic User Interface) 방식을 선보이면서 사용자가 컴퓨터의 명령어를 알지 못해도 마우스로 아이콘을 클릭만 하면 프로그램이 실행되는 매킨토시 운영체제를 선보였다. 현재 사용되는 윈도우 운영체제는 스티브잡스의 매킨토시 운영체제를 모방하여 GUI 방식으로 만든 운영체제이다. 일반적인 사용자들이 사용하는 PC 운영체제는 윈도우 운영체제부터 멀티태스킹을 지원하기 시작하였다. DOS 운영체제에서는 두 가지 이상의 작업을 동시에 할 수 없는 단일 태스크 운영체제를 사용하였다. 그림 3-53은 윈도우 운영체제의 버전에 따른 로고를 나타낸 것이다.

그림 3-53 윈도우 로고 변천사

표 3-14 윈도우 버전별 특징

버전	특징
~95	초기 윈도우1.0 운영체제는 매킨토시 운영체제를 흉내 내기 했지만 도스 운영체제 기반 하에 멀티태스킹과 그래픽 실행환경만을 제공하였다.
4.0 (1995)	Win32 API를 지원하고 도스 없이 자체적으로 GUI 환경으로 부팅이 가능한 운영 체제로 윈도우 3.1 커널을 대폭 개선해 이전 프로그램과의 호환성을 우선하면서도 안정성과 속도 모두 커다란 개선을 이뤘다. 훗날 스티브 잡스는 마이크로소프트사의 빌게이츠가 매킨토시 운영체제를 도용했다 하여 소송을 제기하였으나 무혐의로 종결되는 일화가 있다.
4.1 (1998)	윈도우 운영체제는 다양한 멀티미디어 기능과 다중 작업 기능들을 제공하며 대부분의 개인용 PC는 윈도우98로 변경되며 전 세계적인 변화를 이끌게 되었다.
XP (2001)	가정용 사용자를 위해 인터페이스를 개선하고 사용자 편의성을 강화한 운영체제의 특징을 갖고 있다.
비스타 (2007)	인터넷 익스플로러 7, 윈도우 미디어 플레이어 11, 윈도우 디펜더 등의 새로운 프로그램을 탑재한 운영체제이다.
윈도우 7 (2009)	비스타에서 문제로 제기된 메모리 점유율에 대한 사항을 많은 부분 수정했으며 사용자 인터페이스도 개선되었다.
윈도우 10 (2015)	윈도우 8과 윈도우 8.1의 차기버전이며, 기존의 인터넷 익스플로러 대신 새로운 브라우저인 마이크로소프트 엣지를 추가하였다.
윈도우 11 (2021)	윈도우 10의 후속 버전으로 윈도우 업데이트를 통해 윈도우 10 장치의 무료 업그레이드로서 이용이 가능하다.

⑶ 리눅스(LINUX)

UNIX와 같은 대부분의 운영체제 소스코드는 공개되지 않았으며 허가 없이는 사용할 수 없는 라이선스(license) 구조다. 이러한 영리구조에 반발한 핀란드 헬싱키 대학의 리누스 토발즈(Linus Benedict Torvalds)는 1991년 유닉스 계열이지만 운영체제 프로그램이 공개된 리눅스 운영체제를 개발하였다. 리누스 토발즈는 리눅스 운영체제를 개발하면서 소스코드의 공개와 사용자 누구나 소스 코드를 이용하여 프로그램의 개발과 확장할 수 있도록 하였다. 프로그램의 오픈 소스는 현재 GNU(General Public License)라는 명칭아래 프로그램 개발자들 사이에서 자유로운 소프트웨어 라이센스를 의미하고 있지만 비공개 UNIX의 운영체제를 반대하고 UNIX와 차별화된 프로젝트의 일환으로 공식적인 명칭은 GNU's Not Unix라 한다.

리눅스는 유닉스 운영체제를 기반으로 만들어 졌기 때문에 유닉스와 마찬가지로 다중 사용자, 다중 작업(멀티태스킹), 다중 스레드를 지원하는 네트워크 운영 체제(NOS)를 갖고 있다. 1991년 오픈소스의 형태로 공개되어 있기 때문에 사용자 누구나 개발하고 배포할 수 있으므로 빠른 속도로 사용자들이 증가하였고 리눅스의 배포 판은 그림 3-54와 같이 다양하다. 배포 판에는 리눅스의 커널과 지원 소프트웨어 그리고 라이브러리를 포함하며 대표적 버전으로 레드햇(red hat)의 센토스(CentOS), 데비안(Devian)의 우분투(ubuntu) 그리고 페도라(fedora) 등이 있으며 누구나 자유로이 재배포가 가능하다는 특징이 있다.

그림 3-54 다양한 리눅스 배포판

⑷ 모바일 운영체제(Mobile OS)

모바일 운영체제는 휴대 전화 기능과 컴퓨터의 기능이 결합된 형태로 유닉스나 윈도우와 같은 컴퓨터 운영체제와 비슷하지만 휴대용이라는 특징으로 조금 더 단순한 특징이 있다.

대표적인 모바일 운영체제는 구글의 안드로이드(Android), 애플의 iOS, 노키아의 심비안(Symbian) 그리고 마이크로소프트의 윈도우 폰 등이 있지만 노키아의 심비안은 일반 스마트 폰과 결합된 것이 아닌 개인용 정보단말기(PDA : Personal Digital Assistant)와 결합 형태로 사용은 거의 미비하다.

모바일 운영체제의 특징은 다양한 하드웨어가 적용될 수 있도록 호환성이 중요시되며 이와 함께 적용되는 운영체제는 컴퓨터에서 운용하는 풀 버전의 윈도우, 유닉스 등의 운영체제 보다는 간단해야 한다. 기본적으로 휴대전화의 기능과 함께 인터넷, 카메라, 메일 등의 기능이 적용되어야 하며 다양한 어플리케이션 등이 확장가능 하도록 지원되어야 한다. 안드로이드와 iOS는 자사의 어플리케이션이 지속적인 확장을 위하여 플레이마켓(Play Market), 앱스토어(App Store)를 통하여 확장된 어플리케이션 프로그램의 설치와 실행이 가능하다.

그림 3-55 모바일 OS 점유율
출처 : 조선비즈

그림 3-55에서 보이는 것처럼 모바일 운영체제는 리눅스 기반의 안드로이드 운영체제와 유닉스 기반으로 하는 애플의 iOS가 대표적이며 전 세계 시장에서 사용 빈도는 구글의 안드로이드 운영체제가 압도적으로 많지만 점차 간격을 줄여나가는 상태이다.

3.5.2 운영체제의 기능

운영체제의 대표적인 기능은 사용자가 사용할 수 있도록 컴퓨터를 안정적으로 부팅을 하고 다양한 프로그램의 운용을 위해 각 프로세스를 관리해야 한다. 또한 효율적으로 자원을 관리하기 위해서 메모리 할당과 파일 관리 등이 요구된다.

(1) 컴퓨터의 부팅

그림 3-56과 같이 컴퓨터에 220V의 전원 공급을 시작으로 CPU가 ROM BIOS의 프로그램을 실행 후 운영체제가 권한을 넘겨받기까지의 과정을 전처리 과정이라 한다. 전처리과정이 끝나면 운영체제는 사용자가 다양한 응용프로그램, 인터넷 연결, 주변장치들을 사용할 수 있도록 만들어 주기위한 운영체제(OS)의 부팅과정이 필요하다.

그림 3-56 컴퓨터의 전처리과정

(2) 프로세스의 관리

부팅이 완료되면 사용자는 다양한 응용프로그램을 자유롭게 실행할 준비상태가 완료되었다는 의미이다. 사용자가 아무런 작업을 하지 않았어도 부팅과정 중에 사용자가 알지 못하는 다양한 프로세스(process)들이 백그라운드(background)로 실행되고 있다. 프로그램이 실행되기 위해서는 주 메모리에 로딩되어야 하며 로딩된 프로그램을 프로세스라 한다. 운영체제는 각 프로그램에서 운용중인 프로세스를 관리하고 제어하는 역할을 하며 시분할 작업을 통하여 여러 개의 프로세서를 동시에 실행하는 멀티태스킹을 한다.

현재 실행중인 프로세스 목록은 작업관리자(Ctrl+Alt+Del)를 실행하여 확인할 수 있다.

그림 3-57에서 보는 것처럼 현재 실행되고 있는 앱의 종류와 수 그리고 백그라운드 프로세스 41개가 실행되고 있는 것을 알 수 있다. 또한 각 프로세스가 사용하고 있는 CPU의 점유율, 메모리의 양, 디스크 점유율, 네트워크 사용량 그리고 GPU(Graphic Process Unit)의 점유율을 볼 수 있다. 작업관리자에서 보이는 각 프로세스들은 생성(New), 준비(Ready), 실행(Run), 대기(Waiting) 그리고 완료(Terminated) 상태로 관리된다.

작업 관리자		9% CPU	74% 메모리	5% 디스크	0% 네트워크	0% GPU	GPU 엔진
이름	상태						
앱 (11)							
Google Chrome(29)		1.4%	414.6MB	0.1MB/s	0Mbps	0%	
Hancom Dictionary(32비트)		0%	0.5MB	0MB/s	0Mbps	0%	
Hancom Office Hanword 2014...		0.6%	47.3MB	0MB/s	0Mbps	0%	
KakaoTalk(32비트)		0%	8.9MB	0MB/s	0Mbps	0%	
UCWare Messenger Client(32		0%	1.3MB	0MB/s	0Mbps	0%	
Windows 사진 뷰어		0%	0.4MB	0MB/s	0Mbps	0%	
Windows 탐색기(2)		0.9%	29.6MB	0MB/s	0Mbps	0%	
그림판		0%	15.2MB	0MB/s	0Mbps	0%	
설정		0%	8.8MB	0MB/s	0Mbps	0%	
작업 관리자		0.7%	20.4MB	0MB/s	0Mbps	0%	
캡처 도구		0.9%	1.6MB	0MB/s	0Mbps	0%	
백그라운드 프로세스 (41)							

그림 3-57 프로세스 관리

(3) 주기억장치 관리

운영체제가 프로세스를 처리하기 위해서는 한정된 용량의 주기억장치 사용량을 관리해야 한다. 메모리를 관리하는 방식에 따라 가변분할 방식과 고정분할 방식이 있다. 가변분할 방식은 프로그램이 실행되면 그때 필요한 메모리의 용량을 계산하여 가변적으로 메모리를 분할하여 할당한다. 메모리의 사용면에서는 효율적이나 이로 인한 CPU의 연산으로 지연

시간이 발생할 수 있다. 고정분할 방식은 메모리 영역을 일정한 크기로 할당하는 방식으로 특별한 메모리 관리가 요구되지 않는 장점이 있다. 그러나 메모리의 용량이 적을 경우 메모리부족으로 프로그램의 수행에 많은 시간이 소요된다.

⑷ 파일관리

컴퓨터의 사용에 따라 파일을 생성하고 저장하기 위한 과정으로 운영체제의 파일관리시스템이 요구된다. 파일은 보조저장장치의 트랙, 섹터단위로 저장되며 운영체제는 이러한 파일들의 관리를 담당한다. 현재 저장된 파일들의 내용에 대해 알고자 한다면 파일탐색기를 실행하면 된다. 그림 3-58은 파일탐색기를 실행하여 나타난 내 컴퓨터의 파일목록이다. 파일 탐색기에서 내 컴퓨터의 파일목록과 함께 보조저장장치 그리고 네트워크를 볼 수 있다. 왼쪽의 파일 아이콘이나 보조저장장치를 클릭하면 오른쪽에 해당 장치안에 저장되어 있는 파일들이 나타난다. 해당 파일들은 파일이름과 함께 최근 수정한 날짜, 파일유형, 파일의 크기 등을 알 수 있다.

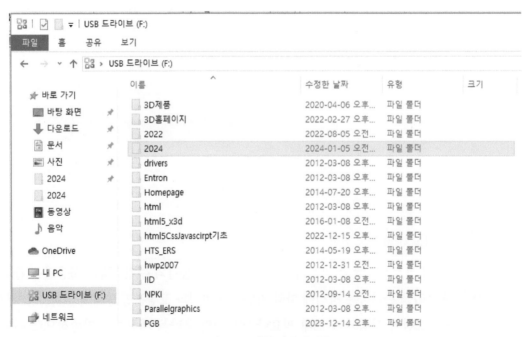

그림 3-58 파일 관리 시스템

3.5.3 시스템 소프트웨어

소프트웨어는 그림 3-59와 같이 하드웨어를 운영하고 사용자의 프로그램을 실행시키기 위한 방법에 따라 시스템 소프트웨어와 애플리케이션 소프트웨어로 분류할 수 있다. 애플리케이션 소프트웨어는 문서편집기, 게임과 같이 사용자가 직접 사용하는 프로그램이며 시스템 소프트웨어는 응용소프트웨어를 실행하기 위한 플랫폼을 제공하고 컴퓨터하드웨어를 동작, 접근할 수 있도록 설계된 프로그램이다.

시스템 소프트웨어 중 운영체제와 구분하여 장치를 구동하기 위한 장치 드라이버 프로그램은 펌웨어(firmware) 혹은 하드웨어와 소프트웨어의 중간에 있다하여 미들웨어(middleware)라 부르기도 한다. 컴퓨터는 기본 입출력장치만 있으면 컴퓨터를 정상적으로 사용할 수 있지만 컴퓨터의 주변장치를 확장하기 위해 디지털 카메라나 레이저 프린터 등을 컴퓨터에 연결하고 사용하기 위해선 카메라, 프린터 구동드라이버 프로그램을 설치해야 한다. 카메라, 프린터를 개발하는 회사는 매우 많으며 또한 같은 기종의 카메라나 프린터라 하더라도 버전에 따라 많은 종류의 기기들이 존재한다. 컴퓨터에게 현재 설치된 기기의 종류 및 동작 방식을 알려주기 위한 프로그램이 펌웨어이며 펌웨어는 사용자 중심의 프로그램이 아니라 기계 중심의 프로그램이다.

운영체제는 대표적인 시스템 소프트웨어이며 이밖에도 부트 로더(boot roader), 장치드라이버, 셸, 라이브러리 등이 있다. 부트 로더는 운영 체제가 시동되기 이전에 미리 실행되면서 커널이 올바르게 시동되기 위해 필요한 모든 관련 작업을 마무리하고 최종적으로 운영체제를 시동시키기 위한 목적을 가진 프로그램이며 라이브러리는 응용 소프트웨어를 개발할 때 미리 작성된 코드, 함수, 클래스 등 다양한 데이터의 모임이다.

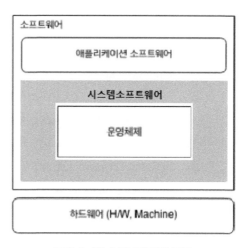

그림 3-59 소프트웨어의 분류

참고 자료

1. https://cyber.kepco.co.kr/sk//app/newsletter/209/detail_02.html, 표준전압
2. https://www.ansi.org/, ANSI 표준
3. https://news.samsungdisplay.com/31000, 픽셀의 역사
4. 4차 산업혁명시대의 IT 개론, 박경배, 21세기사
5. https://semiconductor.samsung.com/kr/support/tools-resources/dictionary/bits-and-bytes-units-of-data/, 컴퓨터 저장단위
6. https://ko.wikipedia.org/wiki/콘드라추제
7. https://ko.wikipedia.org/wiki/콜로서스
8. https://news.samsungdisplay.com/23538/, 트랜지스터
9. https://ko.wikipedia.org/wiki, 자기드럼
10. https://news.samsungsemiconductor.com/kr/tag/집적회로/
11. https://libguides.mit.edu/digmediatransfer/35floppy, 플로피디스크
12. https://www.darpa.mil/about-us/timeline/arpanet, 패킷스위치, 알파넷 논리지도
13. https://informationq.com/category/technology/, 월드와이드웹
14. https://post.naver.com/viewer/postView.nhn?volumeNo=27240475&memberNo=472903, 스티브 잡스 iphon 설명회
15. https://news.samsungsemiconductor.com/kr/, 반도체 8대공정
16. http://www.ktword.co.kr/test/view/view.php?m_temp1=3677, 논리게이트
17. http://terms.tta.or.kr/dictionary/dictionaryView.do?word_seq=061904-2, 전가산기
18. https://www.intel.co.kr/content/www/kr/ko/products/details/processors/core/i7.html
19. https://coffee4m.com/cpu-%EC%BD%94%EC%96%B4/, 코어와 캐시메모리
20. https://biochemistry.khu.ac.kr/lab/?p=1611, 하드디스크의 구조와 원리
21. https://semiconductor.samsung.com/kr/support/tools-resources/dictionary, SSD 구조와 원리, 삼성반도체이야기
22. https://www.lgcns.com/tag/모션캡션장비/
23. https://ko.wikipedia.org/wiki/, 자이로스코프
24. https://www.artiencegroup.com/kr/products/colorfilter/fpd/about_fpd.html, LCD

25. https://www.tonergiant.co.uk/blog/2016/12/how-laser-printers-work-ultimate-guide/, 레이저 프린터 원리

26. https://www.jtproto.com/buyer-guide/what-is-3d-printing/, 3D 프린팅 원리

27. https://michigan.it.umich.edu/news/binocular-omni-orientation-monitor/, BOOM

28. https://www.sciencedirect.com/topics/engineering/head-related-transfer-function, 입체음향장치

29. http://www.ktword.co.kr/test/view/view.php?no=4079, UNIX

30. https://biz.chosun.com/it-science/ict/2023/12/28/, 모바일 OS 점유율

3.1 0과 1처럼 두 가지 상태를 표현하는 방법에는 무엇이 있는지 설명하시오.

3.2 컴퓨터와 우리는 어떠한 방법으로 소통하는지 설명하시오.

3.3 멀티미디어 구성요소인 문자, 이미지, 소리, 동영상의 저장용량을 계산하는 방식에 대해 설명하시오.

3.4 컴퓨터의 발전과정에 대해서 간략히 설명하시오.

3.5 컴퓨터의 발전 과정중 개인용 컴퓨터가 등장한 배경의 특징에 대해 설명하시오..

3.6 반도체의 8대 공정에 대해 설명하시오.

3.7 논리게이트의 종류와 기능을 설명하시오.

3.8 컴퓨터를 사용자가 사용하기 위한 부팅과정에 대해 설명하시오.

3.9 CPU의 4가지 역할에 대해 설명하시오.

3.10 CPU의 캐시메모리와 코어의 기능에 대해 설명하시오.

3.11 컴퓨터의 입출력장치 중 촉각장치와 공간추적 장치에 대해 설명하시오.

3.12 LCD 모니터의 구조에 대해 설명하시오.

3.13 3차원 프린터의 인쇄과정을 설명하시오.

3.14 HMD(Head Mounted Display) 장비의 특징에 대해 설명하시오.

3.15 운영체제의 시분할 스케줄링 개념에 대해 설명하시오.

3.16 운영체제의 기능에 대해 설명하시오.

3.17 시스템 소프트웨어와 응용 소프트웨어의 차이를 설명하시오.

4

모니터로 본 3차원 세상™

4.1 모니터의 구성과 원리

4.2 픽셀(Pixel)과 해상도(Resolution)

4.3 색상으로 본 세상

4.4 컴퓨터 비젼

4.1 모니터의 구성과 원리

모니터는 컴퓨터가 우리에게 결과를 보여주는 기본 출력장치이며 LG 디스플레이와 삼성 디스플레이가 전 세계 시장의 50%이상을 장악하고 있다. 모니터는 TV 브라운관처럼 아날로그 방식의 CRT 모니터로 시작하여 현재는 LCD 모니터를 사용하고 있다. 가시광선 영역에서 표현되는 모든 색상을 모니터에 모두 표시할 순 없지만 색의 3원소인 Red, Green, Blue 색상을 혼합하여 표시하면 인간의 시각은 매우 둔감하므로 표현된 색상의 차이를 구분하지 못한다. R, G, B는 인간의 시각에 가장 민감한 색상이며 아날로그 방식이던 LCD 방식이던 컬러 모니터는 색의 3원소를 사용하여 정보를 표현한다.

모니터에 표시된 문자, 이미지, 동영상 등은 마치 아날로그처럼 연속된 정보로 보이지만 모니터를 확대해 보면 픽셀단위의 점들이 모여 나타난 디지털정보들이다. 인간의 오감 중 정보습득에 가장 중요한 역할을 하는 것은 시각이며 문자보단 소리, 이미지 그리고 동영상이 정보 전달의 효과가 크다. 지식정보화시대 이전에는 문자로 정보를 보여주던 모니터는 정보화시대를 거치면서 정보전달의 효과가 큰 이미지, 동영상, 3D 그래픽 등 멀티미디어 요소들로 우리와 소통하였다. 컴퓨터그래픽은 물리적인 현실세계에서 획득한 이미지와 인간의 가공에 의해 만들어진 그래픽으로 분류할 수 있다. 4차 산업혁명시대에 현실세계의 이미지와 정교한 그래픽은 가상현실과 증강현실을 구현하는데 있어서 필수적인 요소이다.

모니터와 유사하게 프린터 역시 색상을 이용하여 우리에게 정보를 제공한다. 모니터와 프린터에서의 멀티미디어정보들을 표현하는 방법과 현실감 있는 가상현실을 구현하는 원리에 대해 이해할 필요가 있다.

4.1.1 LCD(Liquid Crystal Display) 모니터

액정은 고체와 액체의 중간 상태의 물질로서, 전압을 걸면 분자의 배열 방식이 변하는 성질을 가지고 있다. 액정 디스플레이(Liquid Crystal Display)는 이러한 액정의 성질을 이용해서 영상을 표시하는 모니터이다.

LCD 모니터는 그림 4-1과 같은 내부 구조를 가지고 있다.

- 커버유리(Cover Glass) : 가장 겉면의 유리이며, 액정을 보호하는 역할을 한다.
- 편광필터(Polarized Filter) : 편광판과 함께 원하는 빛만을 통과시키는 역할을 한다.
- 색상필터(RGB Color Filter) : 편광필터사이의 액정을 통해 빛의 통과 여부를 결정한다. LCD는 R, G, B 세 가지 컬러를 이용하여 색을 표현하므로 이 세 가지의 색상필터 구조가 하나로 뭉쳐 한 개의 모니터 픽셀을 담당한다.
- 액정(Liquid Crystal) : 안에 있는 소자가 편광판에 의해 걸러진 빛을 전송한다.
- 박막 트랜지스터(TFT : Thin Film Transistor) : 액정의 한 픽셀에 전압을 공급할지 말지를 결정하는 역할을 한다.
- 편광판(Polarizer) : 빛을 통과시키는 역할을 한다.
- 백라이트(Backlight Unit) : 형광램프를 이용한 백색광을 내는 장치이다.

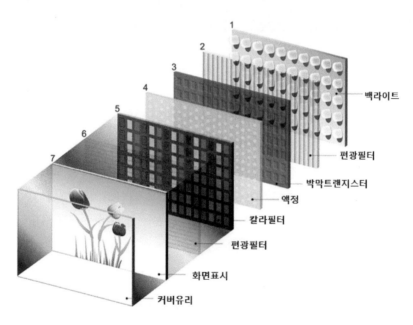

그림 4-1 LCD 모니터의 내부구조
참조 : artiencegroup.com

모니터에 비춰지는 영상은 매우 작은 점인 픽셀의 조합으로 표현된다. 그림 4-2와 같이 컬러 모니터의 한 픽셀은 R·G·B 3개의 서브픽셀(Sub Pixel)로 구성되어 있으며 각각의 R·G·B 서브픽셀에 1개씩 작은 전극이 배치되어 있다.

그림 4-2 R+G+B로 이루어진 한 픽셀

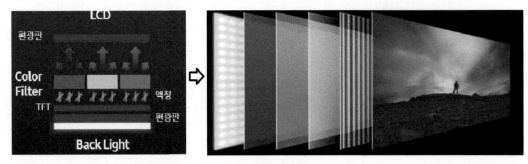

그림 4-3 LCD 디스플레이 원리

참조 : 삼성디스플레이

그림 4-3에서 나타난 것처럼 백라이트에서 방출된 빛은 편광판을 통하여 원하는 방향의 빛만 투과시킨다. 투과된 빛은 박막트랜지스터(TFT)에 전압을 걸어 액정의 구조를 변화시켜 투과되는 빛의 양을 조정할 수 있다. 액정 층에 전압을 걸면 액정의 분자배열을 부분적으로 변화시켜서, 카메라의 조리개처럼 백라이트 빛을 차단하거나 통과시킨다. 투과된 빛은 R, G, B 칼라 필터에 영향을 주고 화면에 비춰지는 빛의 명암을 조절하여 다양한 색채나 계조를 표현하게 된다.

4.1.2 LED(Liquid Emitting Display)와 OLED(Organic LED) 모니터

LED 방식의 모니터 역시 LCD 방식과 동일한 구조를 갖고 있지만 후면부의 백라이트를 CCFL(Cold Cathode Fluorescence)이라 불리는 형광램프를 사용해 오다 LED 모니터는 형광램프 대신 작은 조명인 "발광 다이오드(Light-Emitting Diode)"를 사용하게 되면서 백라이트를 변경한 모니터를 LED 모니터라 부른다. CCFL은 형광램프의 일종으로 필라멘트 가열 없이 저온에서 점등해 열 발생률이 매우 낮아 스마트폰, 모니터, TV 등에서 사용된다.

LED 모니터는 그림 4-4와 같이 백라이트를 구성할 때 모서리에 배치하고 분산시키는 엣지 (edge)형과 광원소자를 전체적으로 배치하는 다이렉트(Direct)형으로 구분한다. 엣지형은 가장자리를 따라 광원을 배치하기 때문에 두께가 얇은 디스플레이를 제작할 수 있고 생산 원가 또한 낮출 수 있다. 다이렉트형은 LCD와 유사하게 전체적으로 백라이팅을 해준다.

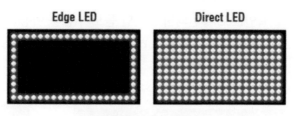

그림 4-4 LED 모니터 종류
출처 : 엘지스토어

OLED 모니터는 "유기발광 다이오드"를 의미하며 LCD나 LED 모니터처럼 백라이트가 없 으며 액정을 사용하지 않는다. 유기발광 다이오드의 의미처럼 각 픽셀들은 유기발광 다이 오드로 구성되며 각 픽셀은 자체 발광하게 된다. 따라서 상대적으로 색의 선명도가 좋고 디 스플레이 또한 얇게 만들 수 있고 액정을 사용하지 않기 때문에 플렉서블(Flecible)한 디스 플레이 제작도 가능하다. 그림 4-5는 OLED의 원리를 나타낸 것으로 백라이트가 없으며 박 막트랜지스터에 전압이 유도되면 각 R, G, B 다이오드는 자체 발광하여 빛을 내어 색상을 조합한다.

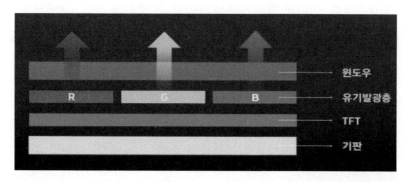

그림 4-5 OLED 원리
출처 : 삼성디스플레이

4.2 픽셀(Pixel)과 해상도(Resolution)

4.2.1 픽셀(Pixel)

모니터의 화면이나 이미지를 구성하는 기본 단위로서 'Picture Element'의 합성어이다. 우리가 보는 컴퓨터 이미지들은 아주 작은 픽셀들의 집합으로 구성되어 있다. 픽셀은 매우 작아 일반적으로 육안으로 확인되지 않지만 돋보기 등을 이용하여 모니터를 관찰하면 픽셀의 모양을 볼 수 있으며 포토샵과 같은 이미지 편집기를 사용하여 이미지를 확대하면 볼 수 있다.

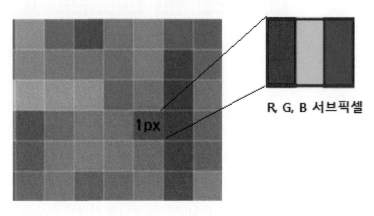

그림 4-6 R, G, B로 구성된 픽셀

그림 4-6은 포토샵(PhotoShop) 이미지 편집기에서 이미지를 확대했을 때 볼 수 있는 픽셀 한 개의 모습이다. 이미지 편집기에선 확인할 수 없지만 그림 4-6에서 보는 것처럼 컬러 모니터나 컬러 이미지의 한 픽셀은 물리적인 R, G, B의 서브픽셀의 조합으로 구성된다.

모니터를 구성하는 픽셀의 수를 알고 싶다면 바탕화면→ 마우스 오른쪽 버튼을 클릭→디스플레이 설정 클릭하면 그림 4-7과 같은 설정화면을 볼 수 있다. 1366×768(권장)은 현재 모니터의 가로픽셀 수 × 세로픽셀 수로 정보를 표현하는 것을 의미한다. 권장 픽셀 수는 물리적 픽셀 수이므로 이 이상으로 정보를 표현할 수는 없다. 그러나 이보다 낮은 픽셀 수로 정보를 표현할 수는 있다.

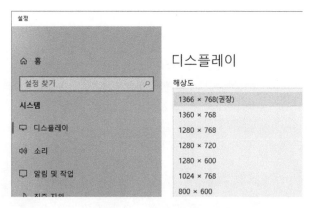

그림 4-7 디스플레이 설정 화면

물리적 화면의 픽셀수와 마찬가지로 이미지 역시 픽셀로 구성된다. 그림 4-8과 같이 이미지를 선택하고 세부 정보를 보면 이미지의 크기와 함께 포함된 가로×세로 픽셀 수를 알 수 있다.

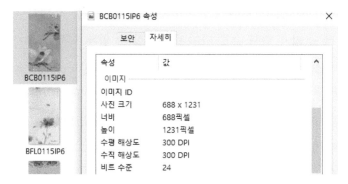

그림 4-8 이미지의 픽셀수 정보

4.2.2 해상도(Resolution)

해상도란 이미지나 화면의 디스플레이 정도 그리고 출력된 이미지의 섬세함 정도 등을 나타낸다. 해상도는 모니터와 같은 디스플레이장치나 프린터와 같은 물리적장치의 선명도를 나타내는 장치해상도와 모니터에 표현되는 이미지와 같은 소프트웨어의 선명도로 나눌 수 있다. 해상도의 단위로는 PPI(Pixel Per Inch)를 사용하며 1 인치당(2.54cm) 표현할 수 있는 픽셀의 수를 의미한다. 그림 4-9는 TV의 장치해상도를 나타내고 있다.

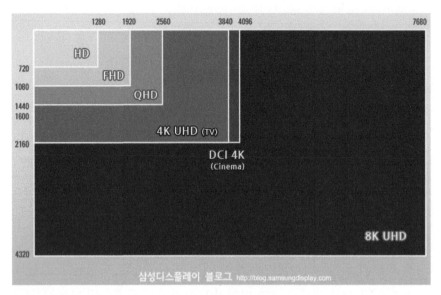

그림 4-9 TV 장치해상도

장치나 이미지 해상도는 모니터나 이미지의 크기가 크다고 해상도가 높다고 하지는 않는다. 단위면적 당 많은 픽셀 수를 가지면 표현할 수 있는 픽셀의 수가 많으므로 정교한 이미지나 그래픽으로 높은 해상도로 표현된다. 이미지 해상도(Image Resolution)는 이미지 편집프로그램 등을 통해 생성되는 이미지 자체의 해상도를 의미한다. 소프트웨어로 처리 가능하기 때문에 이미지의 해상도는 사용자가 마음대로 변화시킬 수 있다. 그림 4-10에서 보는 것처럼 이미지 해상도를 결정하는 것은 이미지의 가로와 세로의 크기 그리고 픽셀 당 할당된 비트 수이다.

그림 4-10 픽셀과 해상도

해상도가 단위면적 당 제공된 픽셀 수를 의미하기도 하지만 한 픽셀을 나타내기 위해 제공된 픽셀정보 역시 소프트웨어적인 해상도를 결정한다. 과거 문자만으로 정보를 나타냈던 흑백모니터는 단순하게 흑과 백의 두 가지 색상만으로 문자를 나타낼 수 있었다.

픽셀로 구성된 이미지는 이미지의 정보를 나타내는 비트맵(Bitmap) 방식으로 저장되며 하나의 픽셀을 몇 비트로 구성하는가에 따라 이미지의 색상과 해상도가 좌우된다. 한 픽셀을 표현하기 위하여 흑백은 1비트만 있으면 가능하고 그레이스케일 이미지는 8비트만 있으면 된다. 표 4-1은 일반적인 비트 수와 표현할 수 있는 색상의 관계를 나타낸 것으로 픽셀 당 비트의 수는 R, G, B를 포함하여 1~32까지 할당하게 된다. 인간의 시각이 둔감하다 하더라도 디자인이나 그림을 전공하는 사람들은 약 1천만 가지의 색상을 구분할 수 있다고 한다. 픽셀 당 24비트를 할당한 경우에 표현할 수 있는 색상의 수는 16,777,216(2^{24})가지로 시각이 좋은 사람 기준으로도 훨씬 많은 색상을 표현할 수 있다.

표 4-1 픽셀에 할당된 비트수와 색상 수의 관계

픽셀 당 비트 수	픽셀 당 색상의 수	비고
1	2 (2^1)	흑백
4~8	16~256($2^{4~8}$)	인덱스컬러
16	65,536(2^{16})	하이컬러(R:G:B=5:6:5)
24	16,777,216(2^{24})	트루컬러(R:G:B=8)
32	16,777,216+투명 알파(α)채널	트루컬러+α

컴퓨터는 색상의 값을 2진수 값으로 인식하기 때문에 한 픽셀에 할당된 비트의 수가 1이라면 1비트에 표현될 수 있는 가능의 수는 0과 1의 두 종류가 된다. 이미지의 경우이기 때문에 흑과 백의 형태로 나타나며 흑백이미지가 된다. 흑백이미지의 경우는 흑백의 경계가 확연히 나타나므로 해상도가 낮다면 사각형의 픽셀 모양이 두드러지게 나타난다.

컬러는 아니지만 회색계통으로만 표현된 흑백계통의 그레이스케일(gray scale) 이미지가 있으며 그레이스케일이란 의미는 회색계열이란 의미로 사용된다. 그림 4-11은 같은 그레이스케일 이미지라 하더라도 높은 해상도에서는 자연스럽게 흑에서 백으로 변하는 이미지를 구현할 수 있지만 낮은 해상도라면 불연속적으로 변화하는 모습을 볼 수 있다.

그림 4-11 해상도에 따른 그레이 스케일 이미지

그레이스케일 이미지의 경우는 픽셀 당 8비트를 사용하여 흑백계열의 색상을 256가지로 표현되며 높은 해상도를 제공된다. 색상 값이 0인 경우는 검정색, 127인 경우는 중간 색상인 회색 그리고 255는 흰색으로 표현한다. 이미지를 표현하는 것은 컴퓨터 메모리에 상당한 부담을 주게 된다. 그림 4-11에서 보는 것처럼 픽셀 당 8비트 이하를 사용하면 낮은 해상도로서 불연속적인 색상으로 나타난다. 과거 메모리 용량이 부족했던 경우에는 사용자가 원하는 색상만을 골라 사용함으로서 낮은 해상도이지만 메모리의 부하를 줄였다.

컬러이미지의 경우는 R, G, B로 각 픽셀을 나타내기 때문에 각각의 색상을 표현하기 위하여 R, G, B 각각에 대하여 8비트를 사용하여 표현하므로 픽셀 당 총 24비트를 사용한다. 따라서 현실세계의 1천 6백만 가지 이상의 색상을 표현 가능하다. 색상에 민감한 사람은 1천만 가지의 색상을 구분 가능하므로 현실적인 색상을 모두 표현 가능하다는 의미로 24비트를 사용한 색상을 트루컬러(True Color)라 부른다. 트루컬러 이전에 메모리의 부족을 해결하기 위한 방법으로 하이컬러를 사용하였다. 하이컬러(High Color)에서는 적색과 청색은 5비트를 할당하고 녹색은 6비트를 사용하여 16비트를 적용한 경우로서 그림 4-11에서와 같이 낮은 해상도로서 트루컬러보단 색상 표현에 한계를 갖는다. 픽셀 당 32비트를 할당한 트루컬러의 경우에는 각 색당 8비트 이외에도 투명색을 표현하기 위해 알파(α)채널을 포함한다. 일반적으로 이미지는 가로세로 크기를 갖는 사각형의 형태를 갖고 배경색이 포함된 형태로 표현된다. 알파채널은 배경색에 대한 투명도를 나타내어 사각형의 이미지가 아니라 자연스러운 이미지 형태를 표현할 수 있다. 그림 4-12에서 나타난 것처럼 컴퓨터 모니터의 바탕화면에 나타나는 아이콘(Icon)의 경우가 대표적인 알파채널이 포함된 이미지로서 사각형 형태가 아니지만 해당 아이콘에 마우스를 갖다 대면 사각형의 모습을 확인할 수 있다.

그림 4-12 알파(α)채널

화면의 디스플레이 정도나 프린터에서의 출력된 해상도는 장치해상도(Device Resolution)라 부르며 고정된 하드웨어를 기반으로 하기 때문에 해상도를 변화시킬 수는 없다. 모니터나 이미지의 경우 픽셀기반으로 나타내기 때문에 해상도를 PPI로 나타내지만 프린트의 경우 망점을 이용하여 인쇄하므로 1인치 당 찍을 수 있는 DPI(Dot Per Inch) 단위를 사용한다.

이미지 편집기에서 이미지를 편집 후에 프린트를 할 경우는 어떤 해상도로 프린트를 해야 할지 주의가 필요하다. 왜냐하면 300dpi를 갖는 증명사진을 72dpi 성능의 프린터로 출력하면 프린터는 물리적으로 72dpi 밖에 지원하지 못하기 때문에 300dpi 해당 이미지는 해상도가 떨어지게 프린트될 수밖에 없다. 같은 면적에 더욱 많은 픽셀을 표현할 수 있으므로 당연히 해상도가 높을수록 이미지의 해상도는 높아지며 이미지의 저장용량은 커지게 된다. 그림 4-13은 DPI에 따른 출력물의 크기를 나타내고 있다. 만약 같은 면적의 크기로 72 dpi 와 300dpi 이미지의 점(dot) 크기를 비교하면 72dpi의 점이 약 4배 정도 크게 나타난다. 72dpi의 출력물 사이즈는 가로 33.33, 세로 25 인치가 되고 300dpi의 경우는 가로 8, 세로 6 인치로 출력할 수 있다. 이미지 편집기에서 300dpi의 이미지와 72dpi 이미지를 같은 해상도로 크기를 비교해 보면 약 4배 크게 보인다. 왜냐하면 픽셀의 크기는 일정하기 때문에 단위면적당 300픽셀을 표현하려면 더욱 많은 면적이 필요하므로 해상도가 높을수록 이미지의 크기는 크게 보이게 된다. 같은 원리로 72dpi 해상도 이미지를 300 dpi로 인쇄를 하게 되면 면적은 1/4 작게 출력된다.

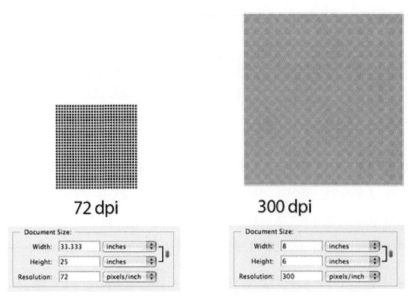

그림 4-13 DPI에 따른 해상도

4.3 색상으로 본 세상

4.3.1 가산혼합모델과 감산혼합모델

우리가 인지할 수 있는 가시광선의 영역 중 R, G, B 색상은 우리가 가장 민감하게 인지할 수 있다. 따라서 R, G, B 색상을 색상의 3원색이라 하며 디스플레이 장치의 한 픽셀을 구성하는 요소로 만들었다. 세 가지 색상을 혼합하면 가시광선 영역의 모든 색상을 표현할 수 있으며 3원색을 혼합할수록 빛과 같은 색인 흰색에 가까워지기 때문에 그림 4-14에 나타난 것처럼 RGB '가산 혼합'이라고 한다.

색상을 표현하기 위해 빛을 사용하여 이미지를 표현하는 모니터, TV, 프로젝터 매체들은 가산혼합모델을 사용한다. 이 모델은 일반적으로 이미지 편집 프로그램에서 사용하는 색상의 혼합 모델을 나타낸 것이다. 실제로 3원색을 적절히 혼합하면 현실세계의 모든 색상을 표현할 수 있다. 한 픽셀을 나타내기 위해 R, G, B 각각 8비트를 사용하는 트루컬러의 경우 적색은 R=255, G=0, B=0인 값을 갖게 된다. 만약 R=127, G=0, B=127 인 값을 갖게 된다면 파랑색으로 표현되며 R, G. B가 각각 255의 값을 갖게 된다면 흰색이다.

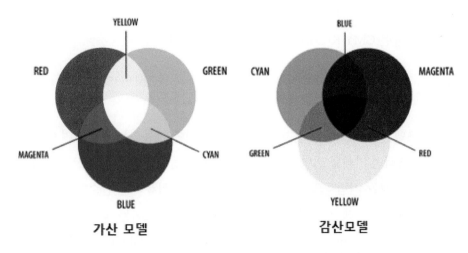

그림 4-14 색상 표현을 위한 빛의 가산모델과 감산모델

그림 4-14 가상모델의 특징 중 빨강과 파랑색만 혼합할 경우 보라색(Magenta)이 만들어지고 파랑과 초록색만 혼합하면 청녹색(Cyan) 그리고 초록과 빨강색만 혼합할 경우에는 노란색(Yellow)이 만들어진다. 이를 CMY 모델이라 하며 청녹색, 보라색, 노란색은 색의 3원색이 된다. RGB 모델은 서로 혼합하면 백색이 되지만 CMY 모델의 경우 색상을 모두 혼합하면 검정색(Black)으로 나타난다. 좀 더 직관적으로 말하자면 CMY 모델은 빛을 사용하지 않는 프린터와 같은 인쇄 장치에서 적용하는 모델로서 감산모델이라 부른다. CMY 모델의 특징은 다음 식과 같이 빛의 영향에 따라 RGB 모델과 상호 변환될 수 있다.

$$
\begin{bmatrix} C \\ M \\ Y \end{bmatrix} = \begin{bmatrix} W \\ W \\ W \end{bmatrix} - \begin{bmatrix} R \\ G \\ B \end{bmatrix}
$$

잉크를 사용하는 경우는 빛의 영향에 의해 색상을 표현하는 경우가 아니기 때문에 CMY 모델을 사용하고 각 색상을 혼합하면 검정색이 된다. 일반적으로 문서를 인쇄하는 프린터의 경우 검정색을 가장 많이 사용하기 때문에 CMY 모델을 그대로 적용한다면 C, M, Y 잉크의 소비가 너무 비효율적으로 이루어지게 된다. 따라서 검정색을 인쇄할 때는 CMY 잉크를 사용하는 것이 아니라 순수하게 검정색만을 이용하여 인쇄를 하게 된다. 따라서 CMY 모델은 CMY K(blacK)모델이라고도 부른다.

4.3.2 HSB(Hue, Saturation, Brightness) 모델

RGB 모델은 빛의 이용한 전자 디스플레이장치에 사용되는 모델이며 CMY 모델은 잉크와 같은 물리적인 인쇄를 위한 모델로서 각 픽셀 값들은 절대적인 값으로 결정되어 있다. 그러나 색상을 보는 사람들의 시각 차이는 다양하다. 컴퓨터는 단순히 색상 값에 의해 색상을 표현하지만 같은 색상이라도 바라보는 사람에 따라 느끼는 정도가 다르다. 즉 사람은 색상(Hue), 채도(Saturation) 그리고 명도(Brightness 혹은 Value)의 속성에 따라 색상을 인지하게 되며 이를 HSB 모델이라 한다. HSB 모델은 1930년대에 앨버트 헨리 먼셀(Albert H. Munsell)이 고안하였고 그림 4-15와 같다. 먼셀은 색상(Hue)을 나타내기 위하여 RGB 모델과 CMY모델에서의 색상 값들을 60° 간격으로 지그재그 방식으로 360° 공간에 배치하였다. 즉 빨강(R), 노랑(Yellow), 초록(Green), 청록(Blue-Green : Cyan), 파랑(Blue) 그리고

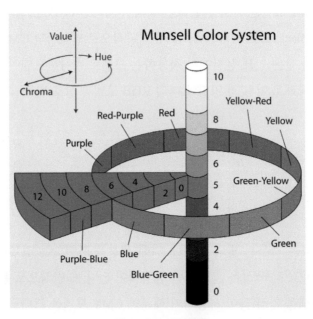

그림 4-15 HSB 모델
출처 : vanseo design

보라(Purple:Magenta)색 순으로 배치한다. 가운데 회전축은 명도(Brightness 혹은 Value)의 값을 0~10 단계로 나타내며 명도의 값이 클수록 백색에 가까워진다. 채도(Saturation : Chroma)는 0~12 단계로 중심축에 가까울수록 채도 값은 낮아지게 되어 흑백계열로 보이게 된다. 채도가 높을수록 색상은 명확해 진다.

이미지 편집 도구에는 RGB, CMY 그리고 HSB 색상 모델을 적용하여 이미지의 편집 목적에 따라 적절하게 사용할 수 있다. 그림 4-16에 그래픽 편집 도구에서의 다양한 색상 모델에 대한 편집 메뉴를 볼 수 있다.

① 색상에 대한 명도와 채도 색상들을 나타낸다. 가로축은 채도 값, 세로축은 명도 값을 나타내며 오른쪽과 위쪽으로 갈수록 명도와 채도 값은 높아지게 된다.

② RGB 모델과 CMY 모델의 색상에 대한 HSB 색상 값을 나타낸 것으로 스크롤 막대를 이용하여 색상 값을 선택할 수 있다.

③ HSB 모델에서 H 값을 0°로 선택하였기 때문에 맨 상단의 빨강색이 선택되었고 명도는 100%와 채도는 24%로 선택되어 흰색에 가까운 적색 계열 색상이 선택된다.

④ Lab은 Lightness(밝기), a(빨강과 초록의 정도), b(파랑과 노랑의 정도)로 색상을 표현하는 방법으로 L : 84, a : 22, b : 9 이다.

⑤ RGB 모델 값으로 선택된 Hue 값에 따라 R : 255, G:195, B:195가 적용되었다.

⑥ CMY 모델은 RGB 모델의 보색이기 때문에 C : 0%, M:29%, Y:13% 그리고 Black:0%로 선택되었다.

⑦ 16진수 핵사코드(Hexadecimal Code)를 사용하여 색상을 표현하는 방식이다. 십진수 255의 경우 16진수로 표현하면 ff 값이 된다. RGB 모델에서 빨강색의 16진수 표현 방식은 #ff0000으로 표현된다. G와 B 색상 값은 195(c3)로 #ffc3c3 값으로 나타난다.

⑧ Only Web Colors는 웹 문서상에 색상을 적용할 경우 선택하는 화면으로서 인덱스(index) 컬러처럼 많은 색상을 표현하지 못할 경우 사용한다. 해당 항목을 체크하면 웹에서 보여 지는 색상으로 불연속적인 색상으로 해상도가 떨어져서 보이게 된다.

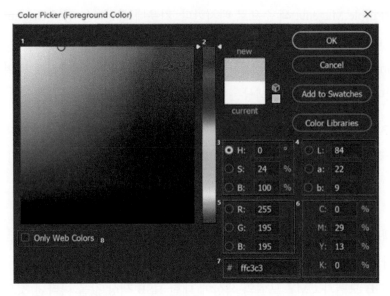

그림 4-16 이미지 편집 도구의 다양한 색상 모델

4.3.3 3차원 이미지의 개념과 색상 표현 방식

우리는 3차원의 아날로그 세상에서 살고 있지만 2차원의 모니터를 통해 정보를 얻는다. 2차원은 그림 4-17과 같이 가로 x축과 세로 y축의 크기만으로 나타난다. 2차원의 모니터에서 정보를 표현하기 위해서는 기준이 필요하므로 왼쪽상단의 모서리의 좌표는 x(0), y(0)이 된다.

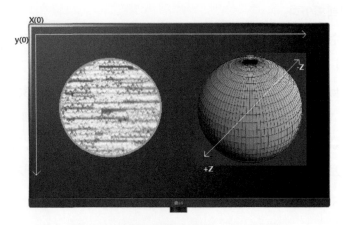

그림 4-17 2차원 그래픽과 3차원 그래픽의 표현

모니터의 해상도가 1204×768이라면 x의 좌표 값이 1203까지 변한 후 y의 값이 1로 변하면서 최종적으로 모니터 최하단의 값은 x(1203), y(767) 값이 된다. 2차원의 모니터에서 3차원 물체를 표현하기 위해서는 오른쪽 구 모양 같이 새로운 좌표 z가 필요하다. 3차원은 x, y, z 3개의 축이 필요하다.

물리적인 2차원의 모니터에서 3차원의 물체를 표현하기 위해서는 그림 4-18과 같이 가상의 3차원 z축을 만들어야 한다. 모니터에서는 왼쪽상단의 좌표가 x(0), y(0)인 값을 갖지만 3차원에서는 x,y,z(0,0,0)의 값은 모니터의 중앙이 된다. 그림 4-18은 2차원의 평면적 그림을 3차원의 시각적인 효과를 위하여 시계방향으로 회전을 하였다. 2차원의 모니터에서 3차원 물체를 표현하기 위해서는 가로(x), 세로(y)의 크기와 함께 부를 의미하는 z 값이 필요하다. 3차원 물체가 아닌 3차원 공간을 표현하기 위해서는 오른쪽 그림과 같이 원점을 기준으로 한 좌표가 필요하다.

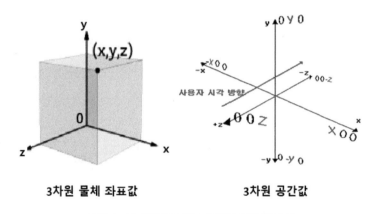

3차원 물체 좌표값   **3차원 공간값**

그림 4-18 3차원 물체와 공간에 대한 좌표 값

우리가 살고 있는 현실세계는 기준점이 없지만 3차원 물체를 표현하기 위해서는 원점을 기준으로 좌표 값으로 나타내야 한다. 물체는 크기만을 고려하기 때문에 음의 값이 없지만 3차원의 위치에 물체를 위치시키기 위해서는 공간좌표가 필요하다. 그림에서 3D 공간의 좌표는 항상 양과 음을 갖는 (x, y, z) 쌍으로 이루어지며 그림의 붉은색 문자처럼 첫 번째 값이 x, 두 번째 값은 y 그리고 마지막 값이 z축의 값이 된다. 그림에서 x, y, z축이 만나는 교차점의 좌표는 3차원의 중앙으로서 (x, y, z)의 값은 모두 0이다. 이를 기준으로 양의 값과 음의 값으로 결정된다. 2차원에서 x, y는 이미지의 크기를 나타내지만 3차원에서 z축은 원근감을 나타나내기 위한 축으로서 +z축의 값이 클수록 사용자와 근접하다. 그림 4-19는 같은 크기의 물체를 z축의 값에 따라 표현한 것이다. 보라색의 구는 z=0인 위치에 있어 z=5인 초록색 구보다 상대적으로 작게 보인다. 따라서 z의 값이 클수록 물체는 상대적으로 크게 보이게 된다.

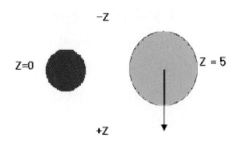

그림 4-19 z 값에 따른 물체의 이동

3차원 물체를 색상으로 나타내는 경우는 컴퓨터그래픽의 색상표현 방식과 동일하게 색의 3원색인 R, G, B의 조합으로 표현된다. 색상은 현실세계에서와 마찬가지로 빛의 특성에 의해 물체의 색상은 달라 보이게 된다. 즉, 물체의 색상은 빛을 어떻게 반사하느냐에 따라 같은 색상이라도 보이는 색상은 달라진다. 빛의 유무에 따라 밝은 색과 어두운 색으로 표현되므로 빛은 물체의 색상을 결정하는 시각적 특성이 된다.

우리가 느끼는 색상은 빛의 다양한 성분 중 가시광선이 물체에 반사된 색상이다. 빛의 특성을 정확히 이해하기 위해서 그림 4-20처럼 태양을 중심으로 물체의 부분에 따라 반사정도가 다르고 고유의 빨강색과 파랑색의 색상을 가진 두 개의 구가 양쪽에 있다고 가정하자. 빨강색 구와 같이 빛이 오른쪽 위에 있을 경우에는 구의 특성상 오른쪽 상단에서 빛을 전반사하여 매우 밝은 부분으로 나타나지만 빛의 반대편은 빛을 전혀 받지 못하게 되어 상대적으로 가장 어두운 색으로 나타나게 된다. 이와 유사하게 상대적으로 오른쪽에 있는 파란색의 구는 빛이 왼쪽 상단에 위치하여 반사되는 부분은 왼쪽 상단에 밝게 나타난다.

구와 같이 곡면을 가지는 물체는 반사 되는 빛이 물체의 일정 부분으로 확산되어 나타나며 이 부분을 컴퓨터 그래픽에선 빛의 확산(diffuse)이라 한다. 확산된 물체의 특징은 물체의 색상과 빛이 혼합되어 논리적 연산을 통해 색상으로 나타나게 된다. 상당히 미비하지만 물체의 색상에 영향을 주는 빛으로 주변광도 있다. 주변광이란 한 물체가 주변의 다른 물체로부터 반사된 빛에 의해 영향을 받는 빛을 의미한다. 이처럼 빛의 특성으로 물체에 영향을 주는 요소로는 발산(emissive), 확산(diffuse), 반사(specular), 주변(ambient) 광이 있으며 물체의 투명도(transparency)와 반사광 밝기 정도(shininess)를 나타내는 특성도 있다. 이들 각각에 대한 특성을 요약하면 다음과 같다.

- 발산 색상(emissiveColor) : 물체 고유의 색상으로 빛이 없어도 시각적으로 보이는 색상이다.
- 반사 색상(specularColor) : 빛이 수직으로 물체에 부딪혀 반사되는 색상이다. 일반적으로 곡면을 갖는 물체의 일부 표면에 가장 밝은 부분을 생성한다.
- 확산 색상(diffuseColor) : 반사광의 주변으로 일정부분 확산되는 색상이다. 빛의 입사 각도에 따라 확산광의 색상도 어느 정도 영향을 받는다. 확산광은 시각적으로 물체의 입체감을 느끼게 하는 특성이 있다.
- 주변 색상(ambientColor) : 여러 물체에서 반사된 빛에 의해 방향성을 상실한 색상으로 물체의 특정 부분에 적용되지 않고 물체 전체에 영향을 주게 된다.
- 반사 색상의 밝기(shininess) : 반사되는 정도를 나타냄으로 빛의 강도를 표현한다.
- 색상의 투명도(transparency) : 유리와 같이 물체의 투명도를 나타낸다.

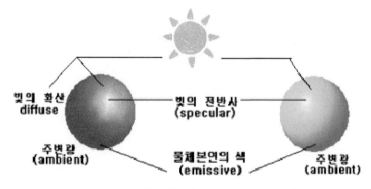

그림 4-20 빛의 특성에 따른 물체의 색상 표현

4.3.4 HMD 장비의 해상도

전 세계적으로 유명한 국내의 엘지와 삼성전자의 고화질 TV 개발은 국제 시장을 선도하고 있다. 그림 4-21에서 보듯이 8K TV는 상용화되어 일반 가정에서도 시청하고 있다. 8K TV 는 7680×4320의 크기로 약 3,300만 화소수로 영상을 재생한다. 이는 200백만 화소수를 가 진 풀 HD 2K보다 16배 높은 해상도를 제공하고 4K UHD(Ultra HD)보다 4배 높은 해상도 를 제공한다. 해상도가 높을수록 현실세계의 아날로그 이미지와 같은 형태를 재생할 수 있 다. 그러나 그림 4-22와 같이 아무리 830만 화소수를 가진 4K TV라 하더라도 화소수가 보 일정도로 거리가 너무 가까우면 영상 시청에 적합하지 않은 영역이 존재한다. 8K TV의 경 우는 TV 바로 앞 까지 가지만 않으면 영상이 현실처럼 느껴지는 최적의 시청 영역이 보다 넓게 존재한다. TV 크기에 따른 시청거리가 있다. TV가 30 인치 이하일 경우 일반적으로 1m이하의 거리에서 시청해야 하며 TV의 크기가 4인치 단위로 커질수록 거리는 0.1m 씩 멀어져야 TV 영상에 집중할 수 있다.

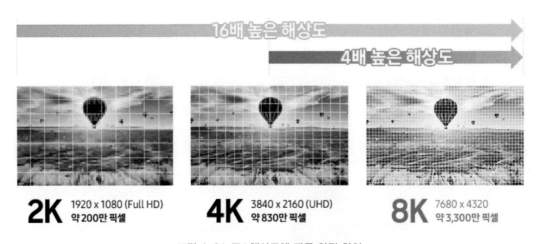

그림 4-21 TV 해상도에 따른 화질 차이
출처 : 삼성전자

TV나 컴퓨터의 모니터를 보면서 우리가 현실처럼 느끼기 위해서는 인간의 시야각에 대한 이해가 필요하다. 동물들은 위험을 빨리 인식하기 위해 두 눈이 앞면과 측면을 모두 볼 수 있도록 진화하였지만 인간은 앞만을 보도록 진화하였다. 그림 4-23에서 보는 것처럼 인간

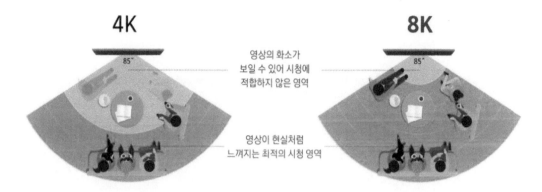

그림 4-22 TV 화질에 따른 시청 영역

출처 : 삼성전자

의 두 눈이 중점적으로 인식할 수 있는 범위는 30°에 불과하며 일반적으로 편안하게 볼 수 있는 시야각은 60°에 불과하다. 60°를 넘는 주변을 보기 위해선 눈을 좌우로 움직여서 약 120°까지의 영역을 볼 수 있다.

TV 화면은 약 2m의 거리에서 시청하고 스마트폰의 경우 약 20~30cm의 거리에서 자연스럽게 화면을 보게 된다. 최근 TV나 스마트폰의 해상도가 높아 가까이 보더라도 픽셀이 보이지 않지만 가상현실 콘텐츠를 체험하기 위한 HMD 장비의 경우엔 돋보기의 역할로 픽셀이 보이는 현상이 발생한다. 가상현실은 몰입감과 현장감을 제공하는 것이 가장 핵심적인 요소이지만 가상현실의 장면에서 픽셀들이 보이게 된다면 몰입감과 현장감은 떨어질 수밖에 없게 된다.

초기 개발된 HMD 장비의 해상도는 높지 않았으므로 이를 사용하여 가상현실 콘텐츠를 경험하면 콘텐츠와 사용자의 두 눈과의 거리는 채 5cm도 되지 않는데다 렌즈를 사용하기 때문에 그림 4-24에서 보는 것처럼 화면의 픽셀이 보이게 되는 스크린도어 효과(ScreenDoor Effect : SDE)가 나타나게 된다. SDE는 사용자가 가상현실을 통한 몰입감, 현실감을 방해하는 요소가 된다. SDE는 고급 기기보다 품질이 낮은 디스플레이에서 더 많이 발생하며 픽셀 밀도가 낮은 화면에서 더 잘 나타난다. 따라서 가상현실 콘텐츠의 경우는 현잠감과 몰입감을 높이기 위하여 물리적으로 HMD 화면의 해상도를 높이거나 SDE를 예방하기 위한 소프트웨어적인 기술이 요구된다.

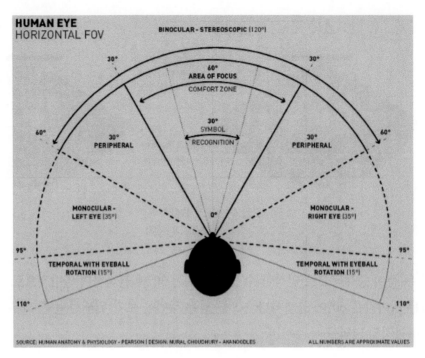

그림 4-23 인간의 시야각
출처 : Human Anatony&Physnology

그림 4-24 HMD를 통한 SDE와 해상도 증가를 통한 SDE 감소
출처 : Jordan Clarry's BA5 Contextual studies

스티브 잡스(Steve Jobs)는 인간의 망막이 화면의 픽셀을 구분하지 못할 정도의 해상도가 되려면 300ppi 정도가 되어야 한다고 생각하고 아이폰 4(Iphone 4)에서 레티나 디스플레이 (Retina Display)를 선보였다. 레티나 디스플레이는 사람의 특정한 시야거리에서 인간의 눈으로 화소를 구분할 수 없을 정도로 픽셀밀도를 갖도록 애플에서 만든 제품이다. 그러나 사람의

두 눈이 움직이며 볼 수 있는 해상도는 표 4-2와 같이 1억 1600만ppi 정도가 된다고 한다.

그림 4-25는 2010년 이후 개발된 삼성 스마트폰 S 시리즈의 디스플레이 성능을 보여주고 있다. 초기의 갤럭시 S의 디스플레이 성능은 480×800에 불과 했으나 2020년대 개발된 갤럭시 S9의 경우 2960×1440에 달하고 있다.

표 4-2 인간의 망막과 갤럭시 S7 비교

	가로픽셀수	세로픽셀수	전체화소수	PPI(S7 기준)
사람의 눈(12K)	10154	11424	1억 1600	17250
갤럭시 S7(3.7K)	2540	1440	370만	550

출처 : 가상현실 세상이 온다.

	갤럭시 S	갤럭시 S2	갤럭시 S3	갤럭시 S4	갤럭시 S5	갤럭시 S6
프로세서	1GHz 싱글코어	1.2GHz 듀얼코어	1.4GHz 쿼드코어	1.6GHz 옥타코어, 1.9GHz 쿼드코어	2.1GHz 옥타코어, 2.5GHz 쿼드코어	옥타코어 (2.1GHz+ 1.5GHz 쿼드코어)
디스플레이	4.0형 수퍼아몰레드 (480 × 800)	4.27형 수퍼아몰레드플러스 (480 × 800)	4.8형 HD 수퍼아몰레드 (720 × 1280)	5.0형 Full HD 수퍼아몰레드 (1920 × 1080)	5.1형 Full HD 수퍼아몰레드 (1920 × 1080)	5.1형 QHD 수퍼아몰레드 (2540 × 1440)

	갤럭시 S7	갤럭시 S7 엣지	갤럭시 S8	갤럭시 S8+	갤럭시 S9	갤럭시 S9+
프로세서	옥타코어 (2.3GHz +1.6GHz 쿼드코어), 쿼드코어 (2.15GHz +1.6GHz 듀얼코어)	옥타코어 (2.3GHz +1.6GHz 쿼드코어), 쿼드코어 (2.15GHz +1.6GHz 듀얼코어)	옥타코어 (2.3GHz 쿼드코어+1.7GHz 쿼드코어), 옥타코어 (2.35GHz 쿼드코어 +19.GHz 쿼드코어)	옥타코어 (2.3GHz 쿼드코어+1.7GHz 쿼드코어), 옥타코어 (2.35GHz 쿼드코어 +19.GHz 쿼드코어)	옥타코어 (2.3GHz 쿼드코어+1.7GHz 쿼드코어), 옥타코어 (2.35GHz 쿼드코어 +19.GHz 쿼드코어)	옥타코어 (2.3GHz 쿼드코어+1.7GHz 쿼드코어), 옥타코어 (2.35GHz 쿼드코어 +19.GHz 쿼드코어)
디스플레이	5.1형 QHD 수퍼아몰레드 (2540×1440)	5.5형 QHD 듀얼 엣지 수퍼아몰레드 (2540×1440)	5.8형 QHD+ 듀얼 엣지 수퍼아몰레드 (2960 × 1440)	6.2형 QHD+ 듀얼 엣지 수퍼아몰레드 (2960 × 1440)	5.8형 QHD+ 듀얼 엣지 수퍼아몰레드 (2960 × 1440)	6.2형 QHD+ 듀얼 엣지 수퍼아몰레드 (2960 × 1440)

그림 4-25 삼성스마트폰 S 시리즈의 디스플레이 성능 변화

HMD 장비는 가상현실을 체험하기 위해서는 필수적인 장비이지만 인간의 시각과 밀착된 광학렌즈의 특성상 멀미를 유도할 수 있는 심각한 문제가 있다. 광학렌즈를 통한 SDE는 화면의 해상도를 높이거나 소프트웨어적으로 해결할 수 있지만 3차원 가상공간의 특성상 연산장치의 과부하로 인한 심각한 발열문제도 포함하고 있다. 2014년 삼성전자는 오큘러스(Oculus) VR과 협업하여 기어 VR을 출시하였지만 2019년 오큘러스에서 삼성과의 VR 앱 개발을 중단하기로 결정하였으며 2020년에 들어서 삼성에서는 기어 VR을 더 이상 생산하고 있지 않다.

4.3.5 다중해상도 셰이딩(Multi-Res Shading)

HMD의 SDE와 같은 물리적인 하드웨어 문제는 화면의 해상도를 높여 해결할 수 있지만 고해상도에 따른 연산의 과부하 문제가 발생한다. 이러한 SDE 문제는 NVIDIA의 다중해상도 셰이딩 기술을 이용하여 소프트웨어적으로 해결할 수 있다. 인간은 망막은 어떤 물체를 인식할 때 한 곳에 집중하므로 해당물체 이외의 주변에 대해서는 해상도가 낮아져도 인지하지 못하는 경우가 대부분이다. 따라서 주변 환경에 대해서는 저해상도로 구현한다면 연산이나 정보의 양을 획기적으로 줄일 수 있다.

이러한 문제를 해결하기 위한 방법으로 NVIDIA에서는 그림 4-26과 같이 어떤 물체에 대해 여러 뷰포트로 랜더링 하는 다중 셰이딩 기술을 개발하였다. 일반적으로 모든 장면 형상을 여러 뷰포트에 복제하는 것은 엄청나게 많은 시간과 자원이 필요하므로 소프트웨어적인 문제와 함께 성능 좋은 GPU(Graphic Process Unit)와 같은 하드웨어적인 요소가 필요하다.

그림 4-26 다중해상도 셰이딩 개념
출처 : NVIDIA:multiresshading

다중 셰이딩 기술은 맥스웰(Maxwell) 구성으로 도입되었으며 VR 렌더링의 기능을 향상시키기 위해 개발되었다. HMD 장비를 이용한 가상현실 콘텐츠의 디스플레이는 일반 디스플레이와 약간 다르다. HMD는 왼쪽과 오른쪽 눈에 적용되는 2개의 광학렌즈를 통해 장면을 보게 된다. 그러나 광학 렌즈의 곡선 특성으로 인해 왜곡이 발생하게 되는데 이를 방지하기 위하여 그림 4-27의 첫 번째 이미지와 같이 이미지의 모서리부분을 미리 왜곡시킨다. 미리 왜곡된 이미지는 두 번째 그림과 같이 광학렌즈를 이용하여 보게 되면 마지막 그림과 같이 화면의 왜곡을 자연스럽게 만들어 사용자는 자연스러운 이미지를 보게 된다.

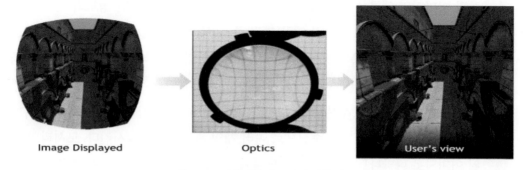

그림 4-27 광학렌즈의 특성에 의한 왜곡
출처 : NVIDIA:multiresshading

이와 같은 효과는 그림 4-28의 왼편과 같은 랜더링된 이미지는 HMD로 출력되기 전 오른편 그림처럼 이미지를 왜곡(Warp)시키게 된다. 이를 그래픽 파이프라인이라 하며 이것은 일반 직사각형의 이미지가 헤드셋에 출력되기 전 이미지를 왜곡하는 '워프(warp)'라는 전처리 단계이다.

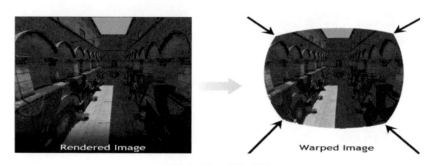

그림 4-28 그래픽 왜곡
출처 : NVIDIA:multiresshading

이미지의 왜곡과정은 그림 4-29와 같이 3×3 격자의 관점으로 콘텐츠를 9개의 영역으로 분류하는 것이다. 이미지의 중심(녹색)이 동일하게 유지되는 동안 이미지의 모서리 부분(적생 영역)이 압축되어 모서리가 거의 사라지는 것을 보게 된다. 만약 모서리를 중심과 같은 해상도로 일반적으로 표시할 경우 결과적으로 불필요한 모서리를 오버-셰이딩(over-shading)한 의미가 되어 왜곡된 이미지를 보게 된다. 그러나 VR로 렌더링 할 경우에는 모서리 이미지의 왜곡을 통해 해당영역을 저해상도로 구현한다면 정보의 양과 연산의 측면에서 매우 효과적이다. 랜더링 왜곡 과정 중 모서리는 1/4 압축된 정보로 표현하고 상하좌우의 이미지는 1/2 압축된 정보로 이미지를 표현한다. 다중해상도 셰이딩 개념의 핵심은 이미지를 여러 개의 관점(viewport)로 분할하는 것이다. 그림 4-29에서 보이는 것처럼 3×3 영역으로 분류하고 중앙 부분은 그대로 유지하지만 나머지 가장자리 부분들은 지형적인 요소를 사용자가 보는 격자를 중심으로 여러 개의 관점으로 분류시킨다. 모서리의 경우 왜곡된 이미지로 나타나므로 적은 수의 픽셀 수로 처리하더라도 사용자는 화질의 저하를 느끼지 못하고 빠른 렌더링 처리로 실감 있는 영상을 보게 된다.

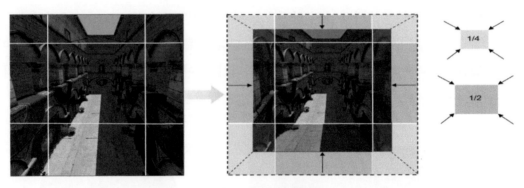

그림 4-29 렌더링 왜곡 과정
출처 : NVIDIA:multiresshading

4.3.6 GPU(Graphic Process Unit)

CPU는 전체시스템을 제어하고 연산처리를 하지만 그림 4-30과 같은 GPU는 컴퓨터 시스템에서 그래픽 연산을 빠르게 처리하여 결과 값을 모니터에 출력하는 연산장치로서 CPU의 부하를 줄이는 용도로 개발되었다. GPU는 여러 커널에 걸쳐 작업을 동시에 처리할 수 있는 더 작고 더 특화된 커널로 구성된 프로세서로, 서버에 강력한 이미지처리 및 병렬처리 성능을 제공하며 원래 게임용으로 개발됐지만, 이제는 AI, 고성능 서버 등 다른 분야에서도 그 기능이 더욱 폭넓게 활용되고 있다.

GPU라는 용어는 1999년 NVIDA에서 지포스(GForce) 256을 '세계 최초의 GPU'로 판매하면서 널리 알려졌으며 그래픽과 관련된 연산을 할 때에 CPU의 부담을 크게 줄일 수 있다. GPU에는 그래픽 렌더링에 흔히 쓰이는 특별한 수학명령을 포함하는 맞춤식 마이크로칩을 갖추고 있어 그래픽 가속에 사용된다. 최신 그래픽 처리장치들은 픽셀 셰이더, 버텍스 셰이더, 수퍼샘플링, 색 공간 변환 등의 복잡하고 다양한 명령을 지원하며, 디지털 영상의 재생을 가속하는 기능도 포함하고 있다.

그림 4-30 GPU
출처 : theelec

4.4 컴퓨터 비전

4.4.1 이미지 디지털화

이미지를 컴퓨터에서 처리하기 위해서는 이미지 획득 과정을 거쳐 편집, 가공 그리고 유지보수하는 과정이 필요하다. 이미지는 자연계에 존재하는 아날로그 이미지와 우리의 창작 활동을 통해 만들어지는 그래픽이 있다. 그래픽은 컴퓨터의 작업으로 만들어지기 때문에 디지털 형태이지만 외부에서 획득된 이미지들은 컴퓨터에서 사용하기 위해서는 디지털로 변환되어야 한다. 이미지가 디지털화되기 위해서는 표본화→양자화→부호화 과정이 이루어져야 한다.

(1) 표본화(Sampling)

지금은 거의 볼 수 없지만 과거에는 광학카메라를 이용하여 획득한 이미지를 아날로그 이미지라 하였으며 컴퓨터를 이용하여 저장하거나 처리하기 위해서는 이미지를 디지털로 변경하는 작업이 필요했다. 아날로그 이미지는 정보의 양이 무한대이기 때문에 컴퓨터에 저장할 수 없다. 따라서 일정양의 정보를 갖는 데이터로 변환이 되어야 한다. 이미지의 특징은 그림 4-31의 첫 번째 그림과 같이 x, y의 크기를 갖는 2차원 요소이다. 컴퓨터에서 이미지를 처리하기 위해서는 기준점이 필요하며 이미지의 왼쪽 최상단의 좌표는 f(x,y)=0,0이 된다. 컴퓨터에서 이미지를 해석할 때는 가로축(x)의 픽셀정보를 순차적으로 읽고 세로축(y)축의 픽셀 정보를 순차적으로 읽어나가며 화면에 표시하게 된다.

표본화 단계는 아날로그 영상에서 공간적으로 연속되는 밝기강도(Intensity)의 주시선을 따라 얻어진 정보에 대해 일정한 주기(T)를 따라 크기 값을 결정한다. 이미지의 해상도는 표본화에서 표본의 수에 따라 차이가 발생한다. 주기가 짧을수록 해상도는 증가하지만 디지털 데이터의 양이 많아지고, 계산의 복잡도가 증가한다. 일정주기 T는 이미지의 가로×세로 크기를 갖는 이미지의 크기가 된다. 즉 256×256 혹은 1024×768의 크기로 아날로그 이미지를 샘플링 하는 것이다. 디지털영상을 생성하는 과정에서 표본화는 연속적인 공간을 불연속적인 공간으로 변환하는 공간 해상도를 결정한다.

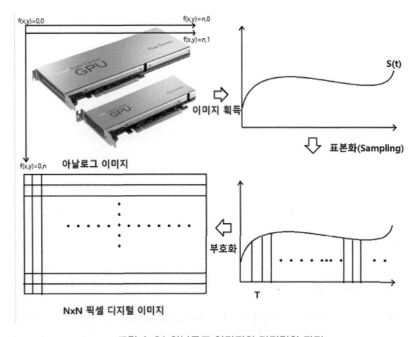

그림 4-31 아날로그 이미지의 디지털화 과정

(2) 양자화(Quantization)

표본화된 이미지는 컴퓨터가 이해할 수 있는 픽셀의 값으로 변화되며 각 픽셀은 색상의 깊이(color-depth)에 의해 이미지의 해상도가 결정된다. 양자화란 표본화한 이미지에 특정한 정수 값으로 변환하는 것을 말한다. 샘플링한 위치의 값을 정수로 변경 할 경우 샘플링 된 값이 반드시 정수 값이 된다는 보장이 없다. 만약 트루컬러를 적용한다면 RGB의 값은 각각 0~255의 정수 값을 가져야 한다. 만약 샘플링 값이 126.4와 같은 소수 값을 갖는다면 반올림하여 126의 값으로 변환된다.

그림 4-32는 각 픽셀에 할당된 비트에 따른 이미지의 화질을 나타낸 것이다. 24비트가 할당된 컬러이미지의 경우 화질의 저하가 없지만 256색만을 표현하는 8비트 이미지와 16색을 적용한 이미지의 경우 경계선에서 색상의 변화가 심하며 화질의 저하가 뚜렷함을 알 수 있다.

1비트만을 사용한 경우는 흑과 백의 두 가지 색상으로만 표현된다.

양자화 과정에서 이처럼 원본과 다소 다른 값을 갖게 되는 것을 양자화잡음(Quantization Error)라고 한다. 양자화잡음을 줄이기 위해서는 색상의 깊이를 더욱 세분화하면 되지만 이는 정보의 양이 커지므로 양자화잡음과 정보의 양 사이에 효율적인 면을 적용해야 한다. 이처럼 소수점 이하의 값을 버리더라도 인간의 시각은 둔감함으로 이를 구별할 수 없으므로 이미지의 해상도에는 영향이 없다. 이러한 양자화잡음은 이미지를 압축하더라도 인간의 둔감한 감각은 이를 인지하지 못하는 특징이 있다.

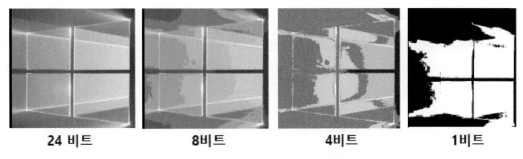

24 비트　　　　**8비트**　　　　**4비트**　　　　**1비트**

그림 4-32 양자화에 따른 이미지 화질

(3) 부호화(Encode)

부호화 단계는 1차원 신호와 마찬가지로 양자화 된 픽셀의 밝기나 색 데이터를 2진수로 표현하는 과정이다. 디지털 이미지의 데이터양은 굉장히 많기 때문에 일반적으로 압축을 하여 파일의 크기를 줄인다. 그림 4-33은 컬러 이미지의 R, G, B에 각각 8비트를 할당하고 이에 따른 0~255의 부호화 값을 나타낸 것이다.

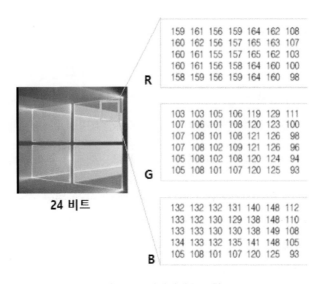

그림 4-33 이미지의 부호화

4.4.2 이미지 편집

(1) 윤곽선 추출(edge detection)

우리는 이미지를 색상으로 인식하지만 컴퓨터는 이미지를 R, G, B에 할당된 8비트 숫자로 인식한다. 숫자로 이루어진 디지털 이미지의 가장 큰 장점은 이미지가 갖는 특징으로 편집이 용이하다.

이미지와 그래픽을 직관적으로 본다면 이미지는 아날로그 요소를 가진 자연스럽지만 복잡한 특징을 갖고 있으며 그래픽은 인간의 창작활동에 의해 창조된 단순한 색상과 모양을 갖는 특징이 있다. 일반적으로 이웃한 픽셀들은 유사한 값을 가질 확률이 전체적으로 높다. 그러나 그림 4-34과 같이 검정색 계열의 픽셀 값이 특정한 픽셀의 위치에서 급격한 변화를

나타낸다. 급격한 픽셀 값의 변화는 인간의 시각적인 면에서 한 물체에서 다른 물체의 경계
선에 해당하게 된다. 이처럼 컴퓨터 그래픽에선 픽셀 값의 변화를 이용하여 이미지의 윤곽
선을 추출할 수 있다. 일반적으로 이웃한 픽셀 그룹의 평균값을 이용하는데 각 그룹의 평균
값이 차이가 큰 그룹들은 이미지안의 윤곽선으로 추정할 수 있으며 이를 이미지의 공간적
유사성을 갖는다고 말한다.

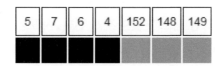

그림 4-34 픽셀 값의 공간적 특성

윤곽선 추출 알고리즘으로는 소벨(Sobel)과 키르흐(Kirsch)알고리즘 등이 있다. 소벨 알고
리즘은 3x3크기의 행렬을 사용하여 연산을 하였을 경우 중심을 기준으로 각방향의 앞뒤의
값을 비교하여 변화량을 검출하는 알고리즘으로서 그림 4-35는 소벨 알고리즘을 이용한
이미지 윤곽선을 획득한 결과를 보여준다.

그림 4-35 소벨 알고리즘에 의한 윤곽선 추출

(2) 밝기조절 필터(Brightness Filter)

이미지의 색상들은 0~255의 값들로 구성되며 중심 값 127을 기준으로 127보다 작을수록
어두운 색상으로 나타나고 127보다 클수록 밝은 색상으로 나타난다. 밝기조절 필터는 이미
지를 구성하고 있는 픽셀 값들에 대한 분포에 대해 각 픽셀 값들을 127 보다 크게 조절하면

이미지는 밝아지고 127보다 작게 조절하면 어두워지게 된다.

(3) 히스토그램 필터(Histogram filter)

히스토그램이란 영상의 픽셀 값들에 대한 분포를 나타내는 그래프로 이미지 처리에 있어서 이미지의 색상이나 픽셀 값들을 평준화하기 위해 사용한다. 컬러 이미지의 경우 픽셀 값들은 R, G, B의 3 채널로 0~255의 값으로 분포한다. R, G, B 색상은 127보다 크면 채도가 높아지고 127보다 작으면 채도가 낮아지게 된다. 채도가 0에 가까울수록 그레이스케일 이미지로 나타난다. 이미지의 픽셀들에 대한 히스토그램 분포를 알면 이미지의 명도, 채도 등을 원하는 형태로 변경가능하다. 특히 컬러이미지의 경우는 R, G, B의 3원색으로 이루어져 있기 때문에 각 채널의 색상 값 분포를 조절하여 이미지의 채도 등을 변경하는데 유용하다.

(4) 블러링 필터(Blurring Filter)

이미지에 물방울이 묻었을 때 물방울에 의해 이미지의 선명도가 맞지 않고 퍼져 보이는 현상을 블러링이라 하며 블러링 필터란 이미지를 선명도를 낮추고 부드럽게 만드는 필터이다.

블러링 필터는 픽셀의 변화가 심한 영상을 부드럽게 만들거나 사진에 존재하는 잡티 등을 제거할 경우 사용된다.

블러링을 적용하는 가장 쉽고 단순한 방법은 평균값필터를 사용하는 것이다. 평균값필터는 이미지의 특정 픽셀 값과 그 주변 픽셀 값들에 대한 평균값을 해당 픽셀에 적용하는 것이다.

그림 4-36은 3×3 평균값 필터를 적용한 것으로 3×3 픽셀의 가운데 값은 주변 9개 픽셀들에 대한 평균값을 적용한다. 평균값을 적용한 결과로 뚜렷한 경계는 흐릿한 경계로 나타나며 주변 픽셀 값의 분산이 큰 경우는 상대적으로 분산이 작은 값으로 나타나게 되어 부드러운 이미지로 나타나거나 잡티의 경우는 사라지게 된다.

$$(p1+p2+p3+p4+p5+p6+p7+p8+p9) \times 1/9 = 평균\ 값$$

123	125	123	126	124
123	145	154	154	178
147	159	159	181	165
140	156	172	176	155
156	170	176	178	177

그림 4-36 3×3 평균값 필터

(5) 가우시안 필터(Gausian Filter)

가우시안 필터는 가우시안 분포함수를 적용하여 블러링 필터와 유사하게 이미지에 포함된 잡티와 같은 노이즈를 제거하기 위해 사용하며 이미지가 흐려지는 효과가 나타난다. 가우시안 분포는 평균을 중심으로 좌우 대칭의 종 모양을 갖는 확률 분포이다. 이미지의 경우 해당 픽셀을 중심은 큰 값을 가지고 주변 픽셀 값들에 대해서는 0을 적용하므로 가우시안 필터를 적용하게 되면 전체 이미지는 흐려지는 효과가 있다.

4.4.3 파일압축 기술

하드웨어 기술의 발전과 함께 CPU의 연산속도는 빨라지고 저장용량은 증가하였으나 4차 산업혁명 시대에 요구되는 다양한 멀티미디어 요소들의 용량 역시 기하급수적으로 증가하였다. 특히 가상현실 데이터나 AI, 빅 데이터 등에 요구되는 파일의 양은 테라바이트(Tera Byte)가 요구된다.

영문자 1자를 저장하기 위해서는 1바이트가 필요하고 한글은 2바이트, 그리고 전 세계의 문자를 표현하기 위한 유니코드(Unicode)의 경우 4바이트가 필요하다. 그러나 소리, 이미지, 동영상 데이터를 저장하기 위해서는 단순 문자와 달리 매우 큰 저장공간이 필요하다.

R, G, B와 α채널이 포함된 4가지 색상을 사용하는 500×400 크기의 트루컬러 이미지의 경우 필요한 저장공간은 500×400×32/8(bit) = 800,000 바이트가 필요하다. 이는 영문자로 저장할 경우 8십 만자 이상을 저장할 수 있는 매우 큰 데이터 용량이다. 심지어 이미지로 구성된 동영상의 경우는 재생시간에 따라 파일의 용량은 기하급수적으로 늘어나게 된다. 데이터용량의 증가는 저장공간의 문제뿐만 아니라 인터넷을 통한 데이터전송에 더 큰 문제를

초래한다.

따라서 데이터의 용량을 줄이기 위한 JPEG과 MPEG과 같은 파일압축 기술과 GIF나 PNG와 같은 파일 형식이 요구된다.

(1) JPEG(Joint Photographic Experts Group)

JPEG은 1992년 국제표준기구 산하그룹인 정지화상 전문가 그룹에서 만든 이미지에 대한 압축기법이다. JPEG을 이용하여 압축한 이미지의 파일 확장자는 .jpg, .jpeg, .jpe를 사용하며 파일용량이 작아 현재 인터넷 등에서 사용되는 이미지들은 대다수 JPEG을 이용한 손실 압축 이미지들이다. JPEG은 본래 손실(lossy) 압축 기술을 제공하기 위하여 만들어 졌으며 압축률에 따라 이미지의 화질이 달라진다. 병원에서 사용하는 X-ray나 CT 사진 등 원본에 손실이 있어서는 안 되는 경우는 압축률을 낮게 하여 이미지의 화질을 유지한다.

JPEG을 이용한 파일의 압축방법은 이미지의 색상의 중복성, 공간적 중복성 등을 제거하고 이주파수 영역에서 양자화와 엔트로피 코딩을 수행한다.

■ 1단계 : 색공간의 변환

일반적으로 인간의 시각은 색상보다는 밝기에 더 민감하기 때문에 그림 4-37과 같이 RGB 컬러 이미지를 YC_BC_R 모델로 변환하여 색 공간을 변환한다. 여기서 Y는 밝기 정보인 휘도를 나타내며 C_BC_R 색상의 채도를 나타내는 요소로서 C_B는 휘도와 B와 차이 값을 나타내며. C_R은 휘도와 R과의 차이 값을 나타낸다.

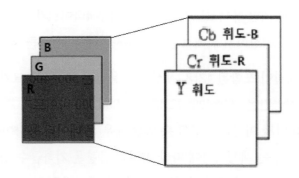

그림 4-37 RGB이미지의 색공간으로의 변환

■ 2단계 : 서브 샘플링(Sub sampling)과 매크로 블록화

YC_BC_R로 변환된 이미지는 그림 4-38과 같이 16×16 픽셀크기의 블록으로 분할하며 이를 매크로 블록화라 부른다. 밝기정보를 가지는 Y의 요소에 대해 더 정교하게 압축을 하고 색상정보를 가지는 C_BC_R의 정보는 샘플링을 줄이기 위하여 8×8 픽셀크기로 서브샘플링 (Subsampling)하여 다운 샘플링을 하게 된다. 인간의 시각은 밝기에 더 민감하므로 서브샘플링을 통해 C_BC_R 의 정보를 1/2 줄이는 것이다. 만약 흑백이미지라면 Y의 요소만으로 압축이 진행되며 경우에 따라서 YC_BC_R로 변환하는 과정은 생략한다.

각각의 채널을 8×8 픽셀크기로 분할하여 압축을 수행한다. 따라서 Y 매크로 블록은 4개의 블록단위, CrCb 블록은 하나씩 생성된다. 만약 256×256 이미지라면 Y의 블록은 32×32개, CrCb 블록은 16×16개가 만들어진다.

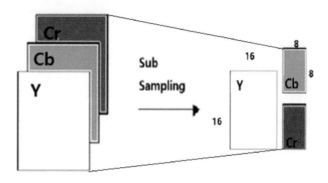

그림 4-38 YC_BC_R 모델의 서브 샘플링

■ 3단계 : DCT(Discrete Cosine Transformation) 변환

각각의 8×8 블록은 다음과 같은 DCT 공식을 이용하여 주파수 영역으로 변환된다.

$$G_{u,v} = \frac{1}{4}\alpha(u)\alpha(v)\sum_{x=0}^{7}\sum_{y=0}^{7}g_{x,y}\cos\left[\frac{(2x+1)u\pi}{16}\right]\cos\left[\frac{(2y+1)v\pi}{16}\right]$$

단, u는 수평(x) 공간 주파수이며 $0 \leq u \leq 7$ 의 정수

v는 수직(y) 공간 주파수이며 $0 \leq v \leq 7$ 의 정수

$$\alpha(u) = \begin{cases} \frac{1}{\sqrt{2}}, & \text{if } u = 0 \\ 1, & \text{otherwise} \end{cases}$$

이미지의 픽셀 값은 0~255의 분포로 공간적으로 표현되지만 이 값들을 주파수영역으로 변환하게 되면 이미지에 있어서 가로와 세로축의 변화정도를 표현할 수 있게 된다. 이미지의 변화정도를 표현한다는 의미는 변환하고자 하는 이미지의 픽셀 값 분포도를 분석하여 어느 정도의 변화도를 갖고 있는지 확인할 수 있다. 만약 이미지를 구성하는 픽셀 값들이 유사한 값들로 구성되어 있고 이것을 DCT 변환을 수행하면 변환된 값들은 전체 이미지의 평균값과 유사한 값들로 구성된다. 반대로 복잡한 이미지의 경우는 전체 이미지의 평균값과 다른 매우 다양한 값들로 변환하게 된다. 그림 4-39는 8×8 블럭을 DCT 주파수 영역으로 변환되었을 경우 나타나는 결과이다. DCT 계수 중 가장 처음의 계수는 주파수 특성이 없는 8×8 블록 픽셀들의 평균값을 의미하는 DC(Direct Current) 계수라 부르며 나머지 63개는 AC(Alternate Current) 계수라 부른다. 그림에서 오른쪽 블록은 수직 공간주파수를 아래쪽의 블록은 수평 공간주파수를 나타낸다. 즉 수직 공간주파수는 왼쪽 블록과 오른쪽 블록의 변화정도를 나타내며 수평 공간주파수는 위쪽 블록과 아래쪽 블록의 변화정도를 나타낸다. 오른쪽과 하단방향으로 갈수록 변화의 정도가 심하게 된다.

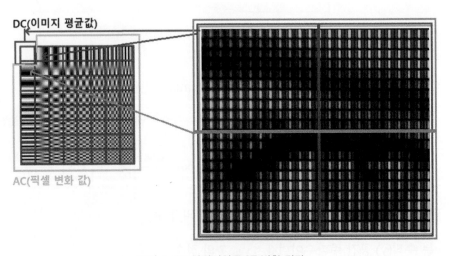

그림 4-39 이미지의 DCT 변환 결과

이미지를 DCT 변환하게 되면 저주파 영역과 고주파의 영역으로 분할되며 공간영역에서 원본 이미지의 변화 정도를 나타낸다. 사람의 시각은 고주파영역을 잘 구분하지 못하므로 고주파 영역을 제외하거나 많은 손실을 가하더라도 우리는 다른 이미지에서 차이점을 크게 인지하지 못하고 같은 이미지로 인식한다. 수백 가지의 유사한 색상의 차이를 알지 못하는 것과 유사하다. 따라서 압축률을 높이고자 할 때는 고주파영역에 상대적으로 높은 압축을 하거나 심지어 제거 시킨다.

■ 4단계 : 양자화(Quantization) 과정

우리의 시각은 고주파 영역에서의 밝기 변화에도 상대적으로 구별하지 못한다. 이러한 점을 이용하여 DCT 변환을 통해 결정된 계수들은 그림 4-40과 같이 고주파영역이 큰 값으로 정의된 상수로 나누어 나온 값들에 대해 정수 값으로 변환한다. 양자화를 수행하면 저주파의 영역은 매우 작은 양과 음의 정수로 나오며 고주파영역의 대부분은 0의 값으로 나타나 적은 수의 비트 수로 표현 가능하며 압축효율을 매우 높일 수 있다. 소수점 값들을 정수 값으로 변환하는 과정에서 양자화 과정이 수행된다.

$$
Q = \begin{bmatrix}
16 & 11 & 10 & 16 & 24 & 40 & 51 & 61 \\
12 & 12 & 14 & 19 & 26 & 58 & 60 & 55 \\
14 & 13 & 16 & 24 & 40 & 57 & 69 & 56 \\
14 & 17 & 22 & 29 & 51 & 87 & 80 & 62 \\
18 & 22 & 37 & 56 & 68 & 109 & 103 & 77 \\
24 & 35 & 55 & 64 & 81 & 104 & 113 & 92 \\
49 & 64 & 78 & 87 & 103 & 121 & 120 & 101 \\
72 & 92 & 95 & 98 & 112 & 100 & 103 & 99
\end{bmatrix}
\Rightarrow
B = \begin{bmatrix}
-26 & -3 & -6 & 2 & 2 & -1 & 0 & 0 \\
0 & -2 & -4 & 1 & 1 & 0 & 0 & 0 \\
-3 & 1 & 5 & -1 & -1 & 0 & 0 & 0 \\
-3 & 1 & 2 & -1 & 0 & 0 & 0 & 0 \\
1 & 0 & 0 & 0 & 0 & 0 & 0 & 0 \\
0 & 0 & 0 & 0 & 0 & 0 & 0 & 0 \\
0 & 0 & 0 & 0 & 0 & 0 & 0 & 0 \\
0 & 0 & 0 & 0 & 0 & 0 & 0 & 0
\end{bmatrix}
$$

그림 4-40 고주파 영역을 제거하기 위한 양자화 과정

■ 5단계 : 지그재그 스캐닝(Zig-Zag Scanning)

양자화 된 DCT 계수는 이미지를 표현하기 위해 부호화과정이 필요하다. 컴퓨터에서 이미지를 표시할 때는 가로 x축을 먼저 순차적으로 디스플레이하고 다음 줄의 세로 y축을 따라 순차적으로 이루어진다. 그러나 양자화 된 DCT 계수의 중요성을 따진다면 이미지의 평균값을 나타내는 DC계수가 가장 중요하고 DC 계수와 가까운 AC 계수들의 중요성이 그 다음

을 따른다. 만약 DC계수가 삭제되거나 틀린 값을 갖는다면 전체 이미지는 틀린 정보를 갖게 된다. 따라서 양자화 된 DCT 계수를 저장하기 위해서는 그림 4-41과 같이 DC계수를 가장 먼저 읽고 이로부터 이와 가까운 영역을 지그재그(ZigZag) 방식으로 데이터를 읽게 된다.

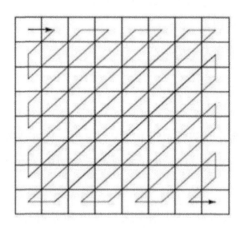

그림 4-41 DCT 계수 지그재그 스캔

■ 6단계 : 엔트로피 코딩(Entropy Coding)

엔트로피 코딩은 압축알고리즘의 마지막 단계로 지그재그 스캔을 통해 정렬시킨 DCT 계수를 무 손실압축을 수행하기 위하여 허프만코딩(Huffman Coding)과 RLE(Run-Length Encoding) 방식을 이용한다. 허프만코딩방식은 출현빈도가 높은 값은 상대적으로 짧은 길이의 비트를 할당하고 출현 빈도가 낮은 값은 긴 길이의 비트를 할당하는 방식이다.(예 : A:0, B:11, C:01001) 양자화 된 계수의 경우 0이 가장 많은 빈도수를 가지므로 가장 짧은 길이의 부호를 갖게 될 것이다.

■ 7단계 : 복호화(Dequantization)

JPEG을 이용하여 이미지를 압축하는 과정 중에 사용한 DCT 변환과정을 순방향 DCT 변환이라 하며 반대로 복호화를 수행할 경우는 역방향 DCT 변환이라 부른다. 부호화된 JPEG 파일은 압축과정의 역 방향으로 복호화 되어 이미지를 표시한다.

압축률이 3:1이 되지 않을 경우는 거의 원본과 유사하게 보이며 압축 비율이 15:1 정도 되더라도 인간의 시각은 큰 차이를 느끼지 못한다. 따라서 일반적인 JPEG을 이용하여 인터넷 전송을 위한 이미지들은 15배 정도의 압축률로 저장된다. 압축률이 20:1 넘어 간다면 비로소 화질이 저하됨을 알 수 있다. 이미지의 화질과 압축률은 응용정도에 따라 효율적으로 선택하여야 한다.

(2) GIF(Graphics Interchange Format) 파일형식

GIF는 1987년 컴퓨서브가 개발한 그래픽 파일형식으로 이웃한 픽셀들은 같은 값을 가질 확률이 높다는 점에 착안하여 인터넷에서 가장 널리 사용되는 파일포맷이다. 여러 환경에서 쉽게 쓸 수 있는 까닭에 다중프레임 애니메이션을 이용한 배너광고 등에 널리 쓰인다. 최대 256 색까지 저장할 수 있는 비 손실압축형식이지만 한때 로열티가 존재하여 유료로 사용되었으나 현재는 거의 무료로 사용가능하다. GIF는 색상에 대한 제한과 유사한 방식의 무료로 사용할 수 있는 PNG 이미지 파일로 대체되고 있다.

GIF는 1978년에 렘펠(Lempel)과 지브(Ziv)가 공개한 LZ78 알고리즘을 1984년에 웰치(Welch)가 개선하여 공개한 LZW(Lempel-Ziv-Welch) 알고리즘을 사용한다. LZW 알고리즘의 핵심은 사전(Dictionary) 테이블을 이용하여 읽어 들인 파일에 포함된 중복된 문자를 이용하여 파일을 압축하게 되며 연속적으로 반복된 문자의 수가 많을수록 압축률이 상승한다.

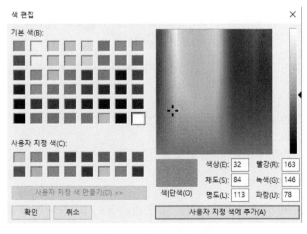

그림 4-42 인덱스 칼라

가장 빈번하게 사용되는 문자열을 사전에 저장하면서, 저장된 것과 동일한 입력 데이터의 문자열을 해당 사전 인덱스(index)로 대체한다. 그림 4-42는 8비트를 지원하는 256 색상을 지원하는 인덱스컬러를 나타낸다. 따라서 GIF 방식은 컬러이미지보다는 그래픽이나 단순한 로고에 더 적합하며 압축효율이 높다.

⑶ PNG(Portable Network Graphics) 파일 형식

PNG는 웹에서 최상의 비트맵 이미지를 구현하기 위해 W3C(World Wide Web consortium)에서 제정한 파일포맷으로 GIF보다 더 효율적으로 압축률을 제공하며 8비트만 사용하였던 GIF와 달리 PNG는 트루컬러와 투명도까지 제공하여 지금까지 웹상의 표준 이미지 파일포맷인 GIF의 대안으로 개발되었다. PNG-24는 24비트의 이미지를 처리하면서 작은 용량으로 이미지 표현이 가능하고 알파채널(alpha channel)을 포함하여 투명색을 지원한다. 따라서 그림 4-43과 같이 배경이 투명한 이미지에 그림자 효과를 추가하는 경우나 온라인에 게시하고자 하는 이미지에 그라디언트(Gradient)가 요구될 경우 많이 사용된다.

그림 4-43 투명한 배경의 PNG 파일

PNG와 GIF는 다음과 같은 차이점이 있다.

- GIF는 애니메이션 이미지를 기본적으로 지원하지만 PNG는 비공식 확장을 통해서만 애니메이션을 지원한다.
- 작은 이미지의 경우 PNG는 GIF 보다 압축률이 더 작지만 작은이미지를 제외한 대부분의 이미지는 PNG 파일은 GIF 이미지 보다 파일 용량이 작다.

- PNG는 알파채널 투명도를 포함하여 GIF 보다 광범위한 투명도 옵션을 제공한다.
- PNG는 24비트 트루컬러를 포함하고 광범위한 색상심도를 제공하여 높은 색상정밀도, 부드러운 페이드 등을 허용하지만 GIF는 8비트 인덱스 색상으로 제한된다.

⑷ MPEG(Moving Picture Experts Group)

MPEG은 오디오와 비디오 파일 압축을 위한 국제표준 전문가그룹의 명칭으로 1988년 설립되었으며 파일형식은 .mpg와 .mpeg으로 사용된다. 이미지 파일은 컬러 색상의 깊이를 가지므로 파일의 용량이 커서 JPEG, GIF, PNG과 같은 압축알고리즘을 사용하여 파일의 크기를 줄일 필요성이 있었다. 동영상은 정지화상 파일들이 시간의 흐름에 따라 나열되기 때문에 이미지와 비교할 수 없을 정도로 파일의 용량은 커지게 된다. 동영상의 경우 초당 24~30장의 정지된 영상을 재생시켜야만 현실에서 보는 것과 같이 자연스럽게 재생이 가능하며 동영상에서는 정지된 영상 하나하나를 프레임(frame)이라 구분지어 부른다. 그림 4-44는 1초에 24 프레임의 정지영상이 1분 동안 재생할 경우 요구되는 동영상의 크기를 나타낸 것이다. 1시간 분량의 동영상일 경우는 MPEG을 이용하여 압축한다 하더라도 2GB가 넘는다.

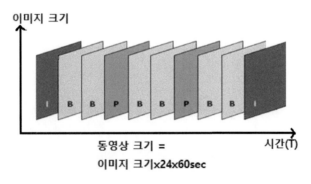

그림 4-44 동영상 파일의 크기

JPEG은 정지화상이 이웃한 픽셀은 유사한 값을 갖는 다는 특성을 이용하여 공간적으로 중복된 특성(Spatial Redundancy)을 제거함으로서 압축하는 방식이었다. MPEG은 정지화상을 시간적으로 나열한 것이기 때문에 공간적으로 중복된 특성을 포함하고 있으며 또한 시간적으로 중복된 특성(Temporal Redundancy)을 갖고 있다. 공간적 중복성이 한 화면의 이웃한 픽셀들이 유사한 값을 갖는 것이라면 시간적 중복성은 이웃한 화면은 서로 유사하다는 것을 의미하며 이 두 가지 중복된 특성을 제거함으로서 압축 비율을 높일 수 있다. 시간적으로 중복된 특성의 의미는 이웃한 이미지들 사이에서는 다른 장면으로 전환되는 경우가 아니라면 이웃한 이미지들은 전체 이미지가 바뀌는 것이 아니라 배경이미지는 거의 동일하고 움직이는 물체만 약간 옆으로 이동하게 된다.

MPEG에서는 시간적, 공간적으로 중복된 특성을 제거하기 위해 정지화면에 GOP(Group Of Pictures) 구조를 사용하고 있다. 비디오 압축 기술을 위한 영상프레임의 집합을 의미하는 GOP 구조를 그림 4-45에 나타내었다. GOP 구조는 각 정지화상을 I(Intra-coded frame), P(Predictive-coded frame), 그리고 B(Bidirectional-coded frame) 프레임으로 구분하고 I 프레임으로부터 다음 I 프레임 이전 까지를 하나의 GOP 구조로 만든다. I 프레임은 GOP 구조에서 기준이 되는 프레임이며 P프레임은 이웃한 프레임간의 유사도를 이용한 예측프레임이다. B 프레임은 이웃한 프레임의 차이만을 저장한 프레임이 된다. GOP는 3~15 프레임 구조를 가지며 I 프레임으로부터 P 프레임 혹은 P프레임과 P프레임 사이의 간격을 예측 간격이라고도 부른다. GOP의 순서는 IBBPBBP....I의 순으로 정렬되지만 프레임의 처리 순서는 I, P 프레임을 먼저처리한 후 B프레임을 처리한다. GOP의 특징은 이미지의 랜덤 접근 또는 가공, 편집의 단위가 된다.

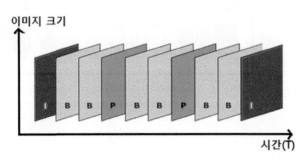

그림 4-45 GOP(Group Of Picturer)

- ■ I-프레임(Intra-coded frame)

GOP 구조의 기본이 되는 프레임으로 다른 이미지들의 참조 없이 스스로 압축과 복원이 이루어진다. I-프레임의 압축 방법은 JPEG 기술을 이용하지만, JPEG과는 달리 MPEG에서는 실시간으로 압축이 이루어지며 부호화 복호화 중 데이터 스트림의 어느 위치에도 올 수 있으며 데이터의 임의 접근이 가능하다. 가장 낮은 압축률을 보이기 때문에 비교적 용량이 큰 편이다.

■ P-프레임(Predictive-coded frame)

P-프레임은 시간적으로 중복된 특성을 이용한 것으로 연속되는 이미지들 사이에서는 전체 이미지가 변경되는 것이 아니라 이미지의 특정 블록만 이동하게 된다. 대부분의 화면에서 급속한 변화가 없다면 배경과 같은 장면은 거의 변화가 없으며 움직임이 있는 물체라 하더라도 앞 화면에 있는 물체 자체의 모양에는 큰 변화 없이 이동하는 경우가 대부분이다. 따라서 이전의 화면과 현재의 화면의 차이가 매우 적은 것을 이용하여 차이 값만을 부호화 해서 압축을 하게 된다. 따라서 이전의 I-프레임 정보와 이전의 P-프레임의 정보를 사용하여 부호화와 복호화를 수행한다.

■ B-프레임(Bidirectional-coded frame)

B-프레임은 이전 이후의 양 방향에 있는 I-프레임과 P-프레임 모두를 사용하여 부호화와 복호화를 수행한다. I-프레임, P-프레임의 차이값 만을 이용하여 압축을 수행하므로 B-프레임은 I, P-프레임에 비해 높은 압축률을 가진다. B-프레임을 많이 사용할수록 압축률이 높아져 데이터의 용량이 작아지게 된다.

참고 자료

1. 4차 산업혁명 시대의 IT개론, 박경배, 21세기사

2. https://www.artiencegroup.com/kr/products/colorfilter/fpd/about_fpd.html, LCD

3. https://www.samsungdisplay.com/kor/tech/lcd-display.jsp, LCD

4. https://www.lg.com/global/business/indoor-led-signage, LED

5. https://www.lgdisplay.com/kor/technology/oled, OLED

6. https://news.samsungdisplay.com/17667, 모니터 장치해상도

7. http://www.ktword.co.kr/test/view/view.php?m_temp1=3147, 색상모델

8. https://vanseodesign.com/web-design/color-systems-2/, HSB 모델

9. https://www.samsung.com/sec/glossary/tvs/resolution, 해상도

10. https://www.dpreview.com/forums/post/65509381, 인간의 시야각

11. https://jtcba5cs.blogspot.com/2015/01/resolution-limits.html, HMD SDE

12. https://developer.nvidia.com/vrworks/graphics/multiresshading

13. https://www.thelec.kr/news/articleView.html?idxno=17835, GPU

14. http://ki-it.com/xml/26855/26855.pdf, 윤곽선 추출, Journal of KIIT

15. https://eiec.kdi.re.kr/policy/callDownload.do?num=126976&filenum=1, JPEG

16. https://ko.wikipedia.org/wiki/GIF

17. https://ko.wikipedia.org/wiki/PNG

4.1 LCD 모니터의 구조에 대해 설명하시오.

4.2 픽셀과 해상도에 대해 설명하시오.

4.3 픽셀에 할당된 비트수와 색상 수의 관계에 대해 설명하시오.

4.4 해상도가 300dpi 이미지와 72dpi 이미지를 프린트할 경우 고려해야 할 사항에 대해 설명하시오.

4.5 R, G, B와 C, M, Y 그리고 HSB 색상표현 방식의 차이점에 대해 설명하시오.

4.6 2차원의 모니터에서 3차원의 물체를 표현하기 위한 방법에 대해 설명하시오.

4.7 3차원 물체의 입체감을 표현하기 위해서 빛의 영향에 대해 설명하시오.

4.8 NVIDIA의 다중해상도 셰이딩에 대해 설명하시오.

4.9 이미지의 디지털로 변경하는 과정을 설명하시오.

4.10 이미지를 편집하기 위한 알고리즘의 종류에 대해 열거하고 윤곽선 추출, 밝기조절 필터의 알고리즘에 대해 설명하시오.

4.11 JPEG 압축 알고리즘의 특징은 무엇인지 설명하시오.

4.12 MPEG 압축 알고리즘의 특징에 대해 설명하시오.

5

사물인터넷 세상™

5.1 인터넷(Internet)과 사물인터넷(IoT : Internet of Things)

5.1.1 인터넷의 개념

인터넷은 전 세계의 컴퓨터가 서로 연결돼 정보를 교환할 수 있는 하나의 거대한 컴퓨터 통신망을 말한다. 컴퓨터 간에 통신하기 위해서는 통신프로토콜(Communication Protocol)이 필요하며 인터넷은 TCP/IP 통신모델을 근간으로 한다. 인터넷을 통해 정보를 공유하기 위해서는 정보를 저장하고 제공하는 서버(Server)가 필요하며 사용자가 서버에 접속하여 정보를 얻기 위해서는 서버의 위치를 알려주는 인터넷주소(IP : Internet Protocol)가 있어야 한다. 사용자들이 인터넷문서 형태로 이루어진 정보를 얻기 위해서는 크롬과 같은 웹브라우저(Browser)를 이용해야 한다.

컴퓨터간의 통신은 TCP/IP 모델을 적용하여 데이터를 주고받으며 최종 사용자는 구글의 크롬(Chrome)이나 MS사의 에지(Edge), 애플(Apple)의 사파리와 같은 브라우저를 사용하여 인터넷 문서들에 대한 정보를 얻을 수 있다. 웹브라우저에 정보를 표시하고 정보를 얻기 위해서는 특정한 형식의 문서로 작성되어야 한다. 인터넷 문서는 HTML(HyperText Markup Language)의 형식을 이용하여 만들어지고 서버에 저장되며 클라이언트가 해당 문서를 요청하면 서버는 요청된 문서 또는 정보를 제공하는 서비스를 하고 있다.

서버는 HTML로 이루어진 웹 문서를 통하여 클라이언트의 웹브라우저에 정보를 제공한다.

웹 문서의 정보교환을 위한 프로토콜을 HTTP(Hyper Text Transfer Protocol)이라 하며 통신 프로토콜과 인터넷 주소를 총칭하여 URL(Uniform Resouce Location)이라 부른다.

인터넷의 동작원리를 이해하기 위해서는 다음과 같은 관련된 용어에 대한 이해가 필요하다.

- 서버(Server) : 정보를 제공하는 컴퓨터 또는 장치로서 자신의 위치에 대한 유일한 주소 URL(Uniform Resource Location)을 가진다.
- 클라이언트(Client) : 서버의 정보를 이용하는 일반 사용자의 컴퓨터, 스마트폰, 단말기 또는 일반 장치이다.
- IP 주소(Internet Protocol Address) : 컴퓨터나 장치의 유일한 주소로서 과거 IPv4를 사

용하였지만 현재는 IPv6를 사용한다. IP는 현실세계의 주소와 같은 개념으로서 우편물 배송을 위해서 반드시 주소가 필요하듯이 서버가 클라이언트에 정보를 제공하기 위해서 는 서버와 클라이언트는 반드시 자신만의 IP 주소가 있어야 한다.

- IPv4 형식 : 124.107.35.12와 같이 8비트를 할당하여 0~255 사이의 숫자로 나타내며 4개 의 부분으로 분리된다. 주소표현을 위해 32비트를 할당하였으나 서버와 클라이언트의 증가로 주소가 부족해지자 IPv6를 사용하여 주소의 부족 문제를 해결하였다.

- IPv6 형식 : 2001:0db8:85a3:08d3:1319:8a2e:0370:7334 형식으로 주소표현을 위해 128 비트를 사용하고 있다. 통신장치들의 증가에도 주소 부족문제는 해결할 수 있다.

- 도메인(Domain) : 숫자로 이루어진 IP 주소 형식의 숫자는 우리가 인식하기 어렵다. 즉 숫 자로만 이루어진 주소를 보고 해당 서버나 클라이언트가 어떤 종류의 서버인지 클라이 언트인지 이해하기 어렵다. 이러한 문제를 해결하기 위해 주소를 사람이 인식하기 쉬운 문자로 변환된 형태의 주소를 도메인이라 부른다. (예 : https://naver.com)

- HTTP(HyperText Transform Protocol) : 인터넷 문서를 전송하는 통신규약으로 프로토콜 (Protocol)은 컴퓨터 간에 데이터를 주고받기 위한 통신규약을 말한다.

- HTML(HyperText Markup Language) : 인터넷문서를 만들기 위한 프로그래밍 언어로서 문서간 하이퍼링크(Hyper Link)를 제공하고 HTTP를 사용하여 서버에서 클라이언트에 전송되는 문서이다.

- URL : 프로토콜://도메인/html문서로 이루어진 구조를 URL이라한다. 즉 유일하게 문서 또는 자원이 위치하고 있는 주소의 문서이다. 예)http://swyit.dothome.co.kr/index.html

- 호스팅(hosting) : 도메인을 인터넷문서로 구조화하여 서비스하는 작업을 말한다.

인터넷을 통해 클라이언트가 서버의 정보를 얻는 과정은 그림 5-1과 같은 절차로 이루어진다.

① 클라이언트가 도메인주소(https://www.w3c.org)를 http 프로토콜을 통하여 서버에 정 보요구를 한다. 이를 https Request(요구)라 하며 http 프로토콜에 s를 붙여 https라 하는 것은 보안(Security)이 설정된 웹사이트에 정보를 요구하는 것임을 나타낸다.

② https Request를 받은 서버는 클라이언트가 요구한 문서가 있는지 찾아본다. 클라이언 트가 서버에게 정보를 요구할 때 index.html 문서명은 생략되었으나 서버는 기본 첫 페

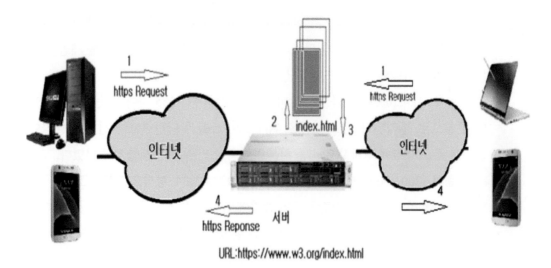

그림 5-1 인터넷 동작 절차

이지로서 index.html 문서가 자신의 데이터베이스에 있는지 찾아본다.

③ 서버는 클라이언트가 요구한 문서 index.html이 있다면 이를 https Response로 클라이언트에게 보내준다.

④ 서버로부터 전송받은 index.html 문서가 클라이언트의 웹브라우저에 나타난다. 만약 서버로부터 요구된 문서를 받지 못한다면 클라이언트의 웹브라우저에는 error.html 문서가 나타나며 요청한 문서를 찾을 수 없다는 메시지가 화면에 나타난다.

5.1.2 사물인터넷

인터넷은 컴퓨터나 휴대전화가 유무선 통신을 이용하여 서로 연결되어 구성되었지만 사물인터넷 IoT는 모든 장치에 센서와 통신기능을 내장하여 인터넷에 연결하고 각종 사물들이 유무선 통신을 사용하여 서로 간에 데이터를 교환할 수 있는 기술을 의미한다. 일반적으로 정보의 서비스 주체는 사람들로서 정보를 생성, 전달, 저장 그리고 서비스를 한다. 그러나 사물인터넷은 그림 5-2에서 보는 것처럼 컴퓨터, 스마트폰, 자동차, 비행기, 가정에서 사용하는 다양한 전자장치, 웨어러블(wareable) 디바이스, 시계 등 우리가 일상생활에서 사용하는 모든 사물들이 정보의 생성, 전달, 저장 그리고 서비스에 반영하게 된다.

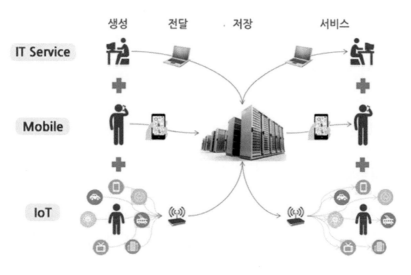

그림 5-2 사물인터넷 개념
출처 : LG CNS

사물인터넷이라는 개념은 기계와 기계간에 스스로 알아서 통신한단 의미의 M2M(machine to machine) 기술로서 1999년 MIT대학에서 개발한 기술이다. 이 기술을 미국의 P&G라는 회사에서 사용하여 비누, 삼푸 등의 생활 제품에 RFID(Radio Frequency Identification) 태그를 부착하고 전자기기로 이루어진 리더기(reader device)를 이용하여 제품에 대한 정보를 획득하였다. 이후 다양한 제품에 RFID 태그를 부착하고 상품 정보를 효율적으로 획득할 수 있었으며 세상의 모든 사물이 연결될 수 있을 것이라 생각하였다. RFID란 전자태그라 부르며 주파수를 이용해 대상 ID를 식별하는 방식으로 RFID 뿐만 아니라 다양한 센서 및 무선통신 기술들과 결합하면서 사물인터넷 기술의 기반이 되었다.

사물인터넷 기술은 1968년 미국 국방성(DoD:Department of Defence)에서 개발한 알파넷(ARPANET)기술이 효시라 할 수 있다.

정보통신 기술의 시대에는 IPv6 등의 개발로 인터넷을 통한 컴퓨터와 스마트폰 등 다양한 기기들이 인터넷 연결이 되었고 4차 산업혁명시대에 들어서면서 5G 이동통신기술의 상업화와 다양한 센서 기술의 발달로 세상에 존재하는 모든 사물이 서로 연결되어 정보를 주고받을 수 있게 되었다.

사물인터넷에 대한 개념을 이해하기 위해서는 사물간의 연결을 위한 인터넷기술, 5G 무선 통신기술, 데이터 수집을 위한 다양한 센서 기술 그리고 방대한 데이터를 처리하기 위한 빅데이터 기술 등이 필요하며 이를 활용하기 위한 클라우드 기술에 대한 이해가 필요하다.

5.2 컴퓨터 네트워크

5.2.1 네트워크의 분류

컴퓨터를 비롯한 통신장비는 컴퓨터 네트워크를 통하여 다양한 장치가 서로 데이터를 공유하며 작업을 수행한다. 컴퓨터 네트워크의 접속형태에 따라 인터넷, 인트라넷(Intranet), 엑스트라넷(Extranet)으로 분류하고 있으며 구성된 네트워크의 규모에 따라 그림 5-3과 같이 LAN(Local Area Network), MAN(Metropolitan Area Network) 그리고 WAN(Wide Area Network)로 분류한다.

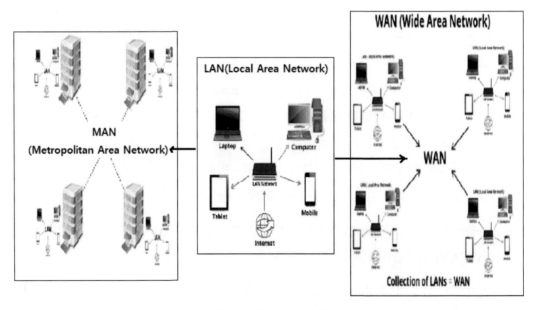

그림 5-3 LAN, MAN, WAN
참조 : Digitalworld839.com

⑴ 근거리 통신망(LAN)

네트워크의 규모에 따른 분류에서 가장 작은형태의 네트워크로서 근거리 통신망이라 부른다. 비교적 가까운 거리에 위치한 소수의 장치들을 서로 연결한 네트워크 구조이다. 제한된 영역인 회사, 학교 등과 같이 한 구역 내의 네트워크 구성으로 적은 비용으로 고속의 네트워크 구성이 가능하다는 특징이 있다.

⑵ 도시지역 통신망(MAN)

MAN은 여러 개의 LAN을 확장한 개념으로 여러 개의 LAN을 상호 접속하여 도시 크기 규모의 네트워크로서 근처에 위치한 여러 건물이나 한 도시에서의 네트워크 연결로 구성한다. 다수의 LAN을 연결하기 위해서는 브릿지(Bridge), 라우터(Router)와 같은 연결 장비들이 필요하며 속도는 LAN보다는 느리다는 특징이 있다.

⑶ 원거리 통신망(WAN)

가장 큰 규모의 네트워크로서 MAN을 확장하여 도시와 국가 그리고 국가와 국가를 연결한 네트워크이다. 서로 다른 국가 단위의 방대한 네트워크를 연결하기 위해서는 통신방식을 결정하기 위한 통신규약(Protocol)이 필요하다. 통신규약에는 컴퓨터의 주소를 결정하기 위한 IP(Internet Protocol)과 데이터전송을 위한 TCP(Transfer Control Protocol)가 사용되며 넓은 지역으로 인한 느린 속도를 개선하기 위한 네트워크 레이아웃 설계 등이 요구된다.

⑷ 인트라넷(Intra network)

인트라넷은 폐쇄적인 네트워크로 기업체, 연구소 등 조직내부의 각종업무를 인터넷과 같은 손쉬운 방법으로 처리할 수 있도록 인가된 회원들만 통신이 가능한 네트워크이다. 회사의 경우 보안성이 뛰어나 인트라넷을 이용하여 업무를 추진한다. 인트라넷의 가장 큰 특징은 폐쇄적인 망을 사용하기 때문에 외부로의 정보유출을 방지하기 용이하다.

⑸ 엑스트라넷(Extra network)

인트라넷이 인가된 회원들만을 위한 네트워크라면 인트라넷의 확장개념으로 고객 및 협력

업체와의 관계 증진을 위해 기업의 내부 통신시스템인 인트라넷에 고객들을 포함시킨 네트워크 구조이다. 회사의 경우 내부직원들과 외부의 인원이 같이 공동 작업할 경우가 필요하며 경우에 따라서 고객들을 지원하기 위한 서버를 운용한다.

5.2.2 통신 프로토콜

국가와 국가 사이의 네트워크를 구성하는 원거리 통신망을 구성하는 경우 서로 다른 장치들 간의 통신을 위해선 서로 약속된 공통된 언어인 프로토콜이 있어야 한다. 프로토콜이란 서로 다른 이기종 장치 간에 통신을 하기 위한 약속된 언어이자 절차이다. 프로토콜에 대한 쉬운 예로서 나라마다 년도 표기방식이 다르다. 우리나라에선 날짜표기를 년/월/일/시간으로 하지만 외국의 경우는 월/일/년/시간 순으로 년도를 뒤에 둔다. 따라서 서로 약속된 표기를 사용하지 않는다면 다른 나라와의 의사소통에 당연히 문제가 생길 것이다.

프로토콜을 우리말로는 통신규약이라 하며 통신규약의 내용에는 시스템간의 연결 방법, 송수신 주소설정 방법, 데이터전송을 위한 신호의 전달방법, 인증방식, 오류감지기능 등이 포함된다. 통신규약의 종류에는 TCP(Transfer Control Protocol), IP(Internet Protocol), HTTP (Hyper Text Transfer Protocol) 등이 있다. 통신규약은 대부분이 끝 부분이 Protocol을 의미하는 P로 끝남을 알 수 있다.

(1) TCP/IP 모델

TCP/IP 모델은 그림 5-4와 같이 4개의 계층으로 이루어져 있으며 통신시스템 간의 데이터 전송을 위해 사용되는 모델이다. 최상위 계층에는 사용자가 직접 접하는 메일, 파일전송(FTP : File Transfer Protocol), 웹브라우저 등의 응용프로그램이 해당되는 응용계층(Application Layer)이다. 최하단의 데이터 링크계층(Data Link Layer)은 기기의 물리적인 전기 신호의 연결을 담당하며 연결방법으로 이더넷(Ehternet), 토큰 버스(Token Bus), 토큰 링(Token Ring) 등이 있다.

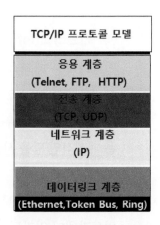

그림 5-4 TCP/IP 모델

TCP(Transmission Control Protocol)은 응용계층에서 보낸

정보 데이터를 신뢰성 있게 목적지 주소에 전송을 보장하는 프로토콜로서 통신 시스템 사이에서 1:1 연결을 목적으로 하는 점 대 점(point to point) 연결을 목적으로 한다.

점 대 점 연결의 특징은 한 개의 송신측과 한 개의 수신측이 통신하는 1:1 통신으로 신뢰성 있는 데이터 전송을 보장한다. TCP는 데이터 전송과정에서 네트워크의 혼잡제어와 흐름제어를 수행하며 쌍방향 통신으로 송수신측이 각각 데이터를 주고받을 수 있다. 송신측과 수신측이 데이터를 교환하기 직전 연결확정을 위한 핸드 쉐이킹(handshaking)을 한다.

TCP 계층을 통과한 정보는 패킷(packet) 단위로 분할되어 네트워크 계층인 IP 계층으로 전달된다. IP는 인터넷 프로토콜의 약어로서 인터넷주소를 설정하기 위한 규약을 의미한다. IP는 현실세계의 우편 주소와 같다. 우체부가 편지를 전달하기 위해서는 주소를 포함한 우편번호가 필요하듯이 컴퓨터간의 통신을 위해선 체계적인 주소체계가 요구된다.

전 세계적으로 널리 퍼진 컴퓨터에 정확한 정보를 송수신하기 위해서는 각 컴퓨터는 고유한 자신만의 주소를 가지고 있어야 한다.

(2) IPv4와 IPv6

2010년대 초반 까지도 전 세계의 컴퓨터는 컴퓨터의 주소를 설정하기 위하여 32비트를 사용한 IPv4를 사용하였다. 그림 5-5는 IPv4의 헤더(header) 구조를 나타낸 것으로 32비트의 송신지주소(Source Address)와 수신지주소(Destination Address)는 클래스 별로 8비트 씩 할당하여 A.B.C.D와 같은 주소를 사용한다. IPv4의 헤더의 마지막 부분에는 512~1024 바이트의 정보가 포함되며 이것을 정보전달 단위인 패킷(Packet)이라 한다. IPv4는 컴퓨터의 주소를 할당하기 위해서 국가단위, 지역단위, 기관단위 그리고 개별단위로 규모를 분류하고 각각 A, B, C, D 클래스로 분류하였으며 각 클래스는 8비트를 사용하여 0~255 사이의 숫자로 해당 컴퓨터의 주소를 할당한다. 네트워크의 주소를 확인하는 방법은 도스 명령창 (cmd)에서 ipconfig을 입력하면 그림 5-6과 같이 192.168.219.106 주소를 확인할 수 있다. IPv4를 통해 물리적으로 연결 가능한 컴퓨터의 수는 256^4 로서 약 42억대 이다. 그러나 정보통신기술 시대에 접어들면서 새로운 컴퓨터는 기하급수적으로 증가하였으며 더 이상 컴퓨터에 주소를 할당하는 것이 어렵게 되었다.

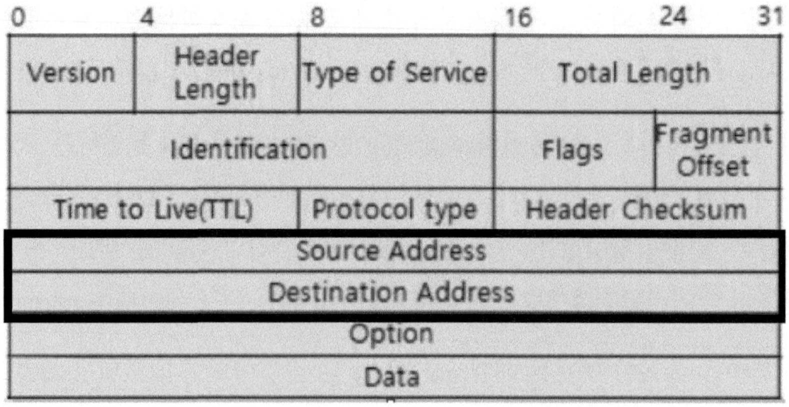

| 0 | 4 | 8 | 16 | 24 | 31 |

Version	Header Length	Type of Service	Total Length		
Identification			Flags	Fragment Offset	
Time to Live(TTL)		Protocol type	Header Checksum		
Source Address					
Destination Address					
Option					
Data					

그림 5-5 IPv4 헤더

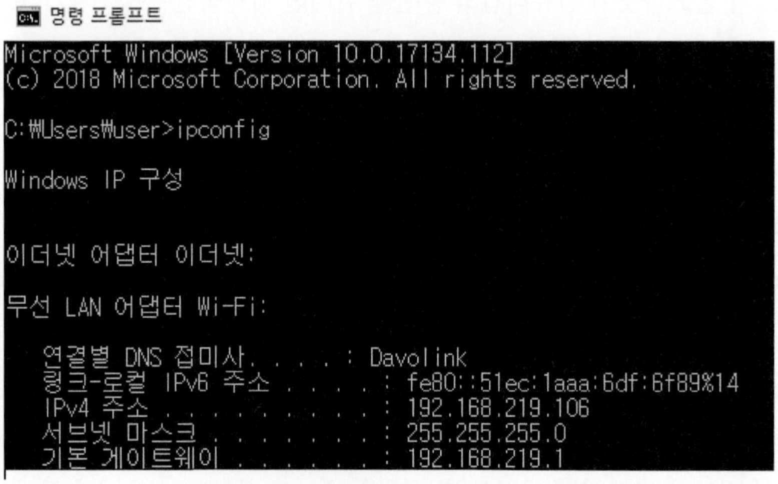

```
Microsoft Windows [Version 10.0.17134.112]
(c) 2018 Microsoft Corporation. All rights reserved.

C:\Users\user>ipconfig

Windows IP 구성


이더넷 어댑터 이더넷:

무선 LAN 어댑터 Wi-Fi:

   연결별 DNS 접미사. . . . . : Davolink
   링크-로컬 IPv6 주소 . . . . . : fe80::51ec:1aaa:6df:6f89%14
   IPv4 주소 . . . . . . . . . : 192.168.219.106
   서브넷 마스크 . . . . . . . : 255.255.255.0
   기본 게이트웨이 . . . . . . : 192.168.219.1
```

그림 5-6 ipconfig를 통한 네트워크 주소 확인

IPv4의 주소부족 문제를 해결하기 위해 제안된 주소할당 체계를 IPv6라 한다. IPv6는 IPv4에서 주소배정을 위하여 32비트로 할당했던 것을 128비트로 증가시켜 컴퓨터의 주소를 할당하는 방식이다. 4배의 비트수의 증가는 2^{128}으로 지구상에 존재하는 모든 장비에 주소를 할당하고도 여유가 충분한 양이다. 128비트의 주소할당은 IPv4에서 부족한 주소문제를 해결하였으며 모든 사물에 주소를 할당하고 기기 간 연결하는 사물인터넷을 구현의 기술이 되었다.

그림 5-7은 IPV6의 헤더를 나타낸 것으로 IPv6 기본헤더는 40바이트로 구성되어 있으며 IPv6 확장헤더 그리고 상위계층 데이터로 65,536 바이트를 사용하고 있는 것을 볼 수 있다. IPv6는 IPv4의 복잡한 헤더를 간단히 구성하였고 IPv4의 주소를 여러 계층으로 나누어 다양한 방법으로 사용가능하게 하였다. 또한 보안 기능을 추가하여 인증절차, 데이터 무결성 보호, 선택적인 메시지 발신자 확인기능을 지원하였다.

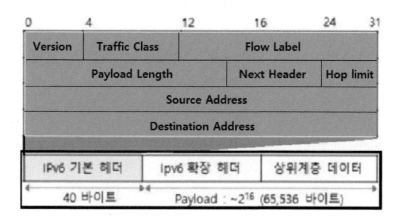

그림 5-7 IPv6

5.3 컴퓨터 보안

5.3.1 정보보호와 위협

IPv6를 이용한 모든 사물들은 통신으로 연결되고 언제 어디서나 정보를 주고받을 수 있다. 컴퓨터를 포함한 모든 장치의 정보들은 사물간의 통신뿐만 아니라 저장장치 내에서도 보호돼야 한다. 컴퓨터와 인터넷 그리고 통신기술의 발전으로 언제 어디서나 정보공유를 통해 삶은 편리해졌다. 그러나 누군가 의도적으로 정보를 변조하거나 악의적으로 사용한다면 사회적 혹은 개인적으로 큰 피해가 발생할 수 있다. 정보통신기술의 발전에 따라 삶이 편리해졌으나 정보관리에 대한 중요성을 인식하지 못한다면 공공기관이나 은행의 업무가 무력화 될 수 있으며 개인정보가 유출되는 해킹의 위협에 직면할 수 있다.

악의적인 해킹의 위협으로부터 정보를 보호해야 할 목표에는 비밀성(Confidentiality)과 무결성(Integrity) 그리고 가용성(Availability)이 있다. 비밀성은 정보에 대한 접근을 제한하여 인가된 사람들에게만 정보를 공개하고 설사 정보가 노출이 되더라도 암호화 등을 적용하여 정보 접근을 어렵게 만드는 것이다. 정보의 무결성은 허가받지 않은 사람이 임의적으로 정보를 수정 및 변조를 하지 못하도록 하여 정보의 신뢰성을 보장하는 것이다. 가용성이란 정보 접근이 가능한 인가된 사용자가 정보를 언제든지 사용이 가능하도록 제공하는 것이다.

정보의 비밀성, 무결성 그리고 가용성을 보장하기 위해서는 다음과 같은 보안 서비스가 요구된다.

- 인증(Authentication) : 정보를 이용하려는 사용자가 인가된 사용자인지를 확인한다. 인증 방법으로는 공인인증서, 공동인증서, 지문인식 그리고 아이디와 패스워드(Password)를 사용한다. 정보를 제공 받는 측에서는 인증을 통하여 신원을 확인할 수 있다.
- 접근 제어(Access Control) : 인증을 통하여 신원이 확인된 경우에만 접근을 허락한다.
- 부인방지(Non-Reputation) : 송수신자가 각각 송수신에 대하여 부인하는 것을 방지한다.

정보보안의 위협요소는 항시 존재하기 때문에 정보보호 서비스는 반드시 필요하다. 송신자와 수신자 사이의 일반적인 정보전송은 먼저 송신자가 수신자에게 정보전송요청 신호를 보내고 이 신호를 받은 수신자는 정보를 송신자에게 보내게 된다. 그러나 만약 중간에 공격

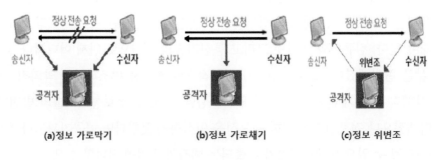

그림 5-8 정보 보안 위협

자가 있다면 송신자의 정보전송요청을 가로막거나 수신자의 정보전송을 막음으로서 송수신자의 정보전송에 제한을 주게 된다.

악의적으로 전송된 정보를 유출하기 위한 방법으로 그림 5-8과 같이 정보 가로막기(Interruption), 정보 가로채기(Interception), 정보수정(Modification)과 정보위조(Fabrication)가 있다.

- **정보 가로막기** : 그림 5-8(a)에서처럼 송수신자 사이의 정상적으로 전송되는 정보의 송수신을 중간에서 방해함으로써 정보의 전송을 방해하고 차단하는 것이다. 공격자는 송신자에게는 자신이 수신자인 것처럼 위장하고 수신자에게는 송신자인 것처럼 위장한다. 이는 정보의 목표 중 가용성을 제한하는 것으로 인가된 정보 접근자가 해당 정보에 대한 송수신을 못하도록 하는 모든 방법을 의미한다.
- **정보 가로채기** : 그림 5-8(b)는 송수신자 사이의 정보를 가로채기를 나타낸 것으로 수신자는 서로 정상적으로 정보를 전송한 것으로 인식하지만 실질적으로는 공격자가 정보를 도청한 것이 된다. 이것은 정보의 비밀성을 위배시키는 방법으로 정보의 비밀성은 인가된 사용자만이 정보를 전송하거나 수신할 수 있지만 인가받지 않은 제3의 공격자가 중간에서 정보를 가로채는 방법이다.
- **정보 위변조** : 그림 5-8(c)에서 보는 것처럼 정보의 위변조는 정보의 가로막기나 가로채기 수준을 넘어서 송수신자가 주고받는 정보를 가공 편집하여 송수신자에게 보냄으로서 정보의 무결성을 위배시키는 행위이다. 송신자의 정상적인 정보에 대해 공격자는 이를 가로채서 정보를 가공 편집하여 위변조 된 내용을 수신자에게 전달하거나 수신자의 정보를 위변조하여 송신자에게 전달한다.

5.3.2 해킹(Hacking)

정보공유의 편리성과 함께 정당한 접근권한 없이 공공의 네트워크에 침입하여 정보를 도청, 위조 , 변조 혹은 서버를 다운시키려는 일련의 행위들을 해킹이라 부르며 이들을 해커(Hacker)라 부른다. 해커와 유사한 크래킹(Craking)은 컴퓨터 네트워크에 불법적 접근을 통해 다른 사람의 컴퓨터 시스템이나 통신망을 파괴하는 행위를 말한다.

사물인터넷으로 전 세계의 모든 사물들이 정보를 공유함으로서 한 국가의 정보전산망 역시 해킹의 위험으로부터 안전하게 지켜야 한다. 해킹의 위협은 국가적으로도 매우 중요한 사항이며 전 세계의 국방부에서도 비공식적으로 해커들을 양성하고 있다. 해커들은 적국가의 국방 네트워크를 해킹하여 국가 방공망을 무력화 시키거나 타 국가의 정보를 유출시키거나 적국의 해킹으로부터 자국의 네트워크를 보호하고 있다. 북한의 경우 김수키라는 해킹 단체를 이용하여 국내 중요정보를 취득하거나 비트코인을 불법적으로 가로채고 있는 것으로 알려져 있으며 국제적으로 유명한 어나니머스(Anonymous)라는 해킹단체도 있다. 이들 해커들이 해킹을 위해 사용하는 방법들은 해당 네트워크의 자원을 고갈시켜 불능상태로 만들거나 네트워크의 도청 및 정보의 유출 등이다.

(1) DoS(Denial of Service)

DoS란 서버시스템에 과부하를 주어 서비스를 할 수 없는 상태로 만드는 것이다. 해커는 그림 5-9와 같이 서버시스템이 수용할 수 있는 능력 이상의 정보를 끊임없이 전송하여 정상적인 서비스를 방해한다. 과도한 트래픽을 해당 네트워크나 서버에 보내 네트워크 용량을 초과시켜 정상적인 동작을 하지 못하게 하는 서비스거부 공격으로 "Ping of Death"라고도 부른다. DoS 공격을 받게 되면 서버는 CPU, 메모리, 디스크의 자원이 고갈되어 심지어 네트워크가 마비된다.

그림 5-9 Dos 해킹

컴퓨터 네트워크에서 일정한 시간에 데이터가 지날 수 있는 양을 대역폭(bandwidth)이라 하며 일정시간에 데이터가 전송될 수 있는 양을 결정한다. 데이터는 TCP에서 만들어진 패킷단위로 전송되는데 네트워크마다 최대로 전송이 가능한 패킷의 길이가 다르다. 대역폭에 따라 패킷의 크기는 달라지며 대역폭이 작은 네트워크에서는 패킷은 더욱 작게 분할된다. 분할된 패킷은 네트워크 중간에 다시 합쳐지지 않고, 최종 목적지에 도착해야 합쳐진다. 해커가 이러한 패킷을 서버에 지속적으로 전송하게 되면 서버는 작게 잘려진 패킷을 다시 합치는 작업을 수행하느라 자신의 가용자원을 낭비하게 된다. DoS 공격에 대한 대비 방법으로는 서버가 반복적으로 일정 수 이상의 패킷이 들어오면 이를 무시하도록 보안 설정을 한다.

(2) DDoS(Distributed Denial of Service)

서버의 서비스를 거부하는 DoS와 유사하게 그림 5-10에서 보는 것처럼 DDoS는 분산 서비스 공격이라 하며 해커는 다수의 클라이언트 컴퓨터를 좀비(Zombi) 컴퓨터로 만들어 특정한 서버에 집중적으로 접속하게 함으로써 정상적인 사용자들이 해당 서버에 접속하지 못하도록 하는 방식이다. 좀비 컴퓨터란 내 명령대로 움직이는 컴퓨터를 말하며 좀비 컴퓨터를 만드는 방법은 악성 바이러스가 포함된 메일을 특정 다수의 컴퓨터로 보내고 해당 메일을 사용자가 열어보는 순간 악성 바이러스가 해당 컴퓨터에 설치되어 해커가 마음대로 조정할 수 있게 한다. 대표적인 악성프로그램으로는 멀웨어(Malware)가 있으며 보안 취약점을 악용해 악의적으로 컴퓨터와 디바이스를 감염시키고 제어하게 된다. 감염된 컴퓨터를 '봇' 또는 '좀비' 컴퓨터라 부르며 이들은 멀웨어를 더욱 확신시키고 명령에 따라 DDos 공격에 참여하게 된다. 이러한 대역폭과 접속 허용자수를 이용한 공격방법이 DDoS로서 서버의 서비스거부 효과는 DoS와 유사하다.

메일을 이용하여 멀웨어를 설치하도록 하여 좀비 컴퓨터로 만드는 방법도 있지만 인증되지 않은 유해한 사이트를 방문할 경우 해당 사이트에서는 사용자 모르게 Active X 방식의 프로그램을 통하여 접속한 컴퓨터를 좀비 컴퓨터로 만들 수 있다. 또한 유효한 프로그램으로 위장한 프로그램을 설치할 경우에도 사용자가 모르게 악성 프로그램이 설치될 수도 있다. 이에 대한 예방방법으로 인증되지 않은 사이트의 프로그램은 설치하면 안 되고 익명의 메일이나 모르는 프로그램을 함부로 설치해서 악성 프로그램에 노출되지 않도록 하는 것이 중요하다.

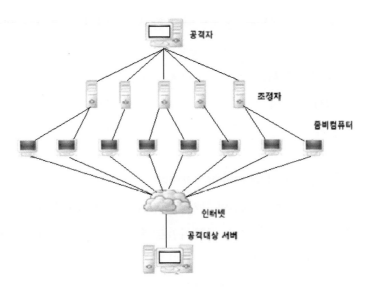

그림 5-10 DDos 해킹 공격

- 스푸핑(Spoofing) : 스푸핑이란 용어는 '속이다'라는 의미로 사용자를 위장 사이트, 메일 등을 이용하여 속이는 해킹이다. 스푸핑의 대상은 URL, IP, MAC 주소 그리고 이메일 등이다. MAC 주소란 컴퓨터의 하드웨어 네트워크인 물리적인 주소를 의미하며 실제적으로 정보가 전달되는 주소이다.

- ARP(Address Resolution Protocol) 스푸핑 : 통신을 통해 정보를 송수신자에 전달하기 위해선 설정된 IP 주소를 네트워크 장치주소인 MAC 주소로 변환시켜야 한다. ARP는 IP 주소를 MAC 주소로 변환시키는 프로토콜로서 ARP가 전달하는 MAC 주소를 위조하여

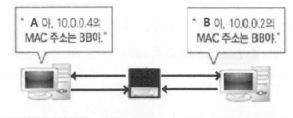

그림 5-11 ARP 스푸핑

접속하는 방식이다. 해킹 방법으로 그림 5-11과 같이 동일 네트워크에 존재하는 IP 주소에 대해 다른 MAC 주소를 알려줌으로서 다른 컴퓨터들이 IP 주소와 MAC 주소를 잘못 알도록 한다.

- IP 스푸핑 : IP 스푸핑은 해커가 자신의 IP를 변조하여 공격대상의 사이트나 시스템에 접속하는 방식이다. 변조대상의 IP 주소를 변조한 후 인가된 사용자인 것처럼 위장하여 시스템에 접속함으로써 추후 IP 주소에 대한 추적을 회피할 수 있다.

- DNS(Domain Name System) 스푸핑 : DNS는 인터넷 도메인 주소(http://naver.com)를 실제 IP주소(125.209.222.141)로 대응시키는 시스템으로서 DNS 스푸핑은 해커가 사용자에게 잘못된 IP 주소를 알려주어 잘못된 웹사이트에 접속하도록 유인한다. DNS 스푸핑은 정부기관이나 은행과 같은 가짜사이트를 만들고 사용자가 해당 사이트의 IP주소를 물어볼 때 미리 만들어 둔 IP 주소를 알려줌으로써 사용자를 유인하고 해당 은행의 ID, 패스워드 그리고 금융개인정보 등을 얻기 위해 많이 사용하는 방식이다. 위조된 사이트를 낚시한다는 의미로 파밍(Pharming) 또는 낚시 의미의 피싱(Fishing) 사이트라 한다.

⑶ 스니핑(Sniffing)

스니핑은 네트워크의 신호를 지속적으로 도청 또는 감청하여 인터넷의 정보를 획득하는 해킹 방법으로 전자메일을 훔쳐보거나 SNS를 통한 채팅과 관련된 내용을 모니터링 하다가 개인정보, 금융정보 그리고 민감한 정보를 획득한다. 스니핑의 손쉬운 방법으로 사용자의 쿠키(Cookie) 정보를 획득하여 해당 사이트에 아이디나 패스워드를 입력하지 않고도 접

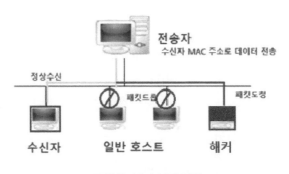

그림 5-12 스니핑 도청

속하여 정보를 획득할 수 있다. 그림 5-12와 같이 전송자가 수신자의 MAC 주소로 데이터를 전송한 경우 해커는 수신자의 MAC 주소로 위장하고 감청하게 된다. MAC 주소가 일치하는 수신자는 데이터를 전송받고 일반호스트는 패킷을 버리지만 해커는 전송자의 패킷을 수신하여 도청하게 된다.

5.4 바이러스와 보안기술

우리는 감기와 같은 바이러스에 감염되었을 경우 치료가 될 때 까지는 정상적인 생활을 하지 못하며 빠른 치유를 위해 약을 복용하여야 한다. 우리의 신경망처럼 사물인터넷 시대는 모든 사물들이 신경망처럼 연결되어 있다. 컴퓨터 바이러스는 생물학적인 바이러스처럼 컴퓨터의 정보나 시스템을 성능을 저하시키거나 사용하지 못하도록 만든 악성 코드를 의미한다. 컴퓨터 바이러스에 감염되는 경우는 해커가 의도적으로 만든 불법 소프트웨어를 설치하거나 특정 사이트에 접속하여 악성프로그램을 설치하는 경우 사용자 모르게 설치되는 경우가 있다.

5.4.1 바이러스의 종류

과거 웜(worm) 바이러스는 대표적인 악성 프로그램으로 서버의 주소를 찾아주는 DNS를 감염시켜 사용자들이 서버사이트에 접속하지 못하도록 함으로서 사회적인 큰 이슈를 불러 일으켰다. 트로이목마(Trojan Horse) 파일감염 바이러스는 과거 그리스의 트로이목마에서 유래되어 평상시 숨어 있다가 특정 파일을 실행시키거나 특정 날짜만 되면 바이러스가 활동하여 파일을 사용하지 못하도록 한다. 파일의 확장자가 .exe는 execution의 파일로서 실행 파일이다. 파일 바이러스는 .exe 파일을 감염시켜 파일을 실행하면 전체 파일시스템을 비정상적으로 만드는 바이러스이다. 부트 바이러스는 부트 영역에 기생하며 컴퓨터가 부팅될 때마다 바이러스가 작동하여 정상적으로 부팅이 되지 못하도록 하였다.

새로운 바이러스가 생길 때마다 바이러스를 치료하는 백신프로그램이 생겨났으며 초기형태의 바이러스는 백신의 등장으로 더 이상 그 명맥을 유지하지 못하였다. 그러나 해커들은 더욱 진보된 형태의 암호형, 은폐형, 갑옷형 그리고 매크로 바이러스 등을 개발하여 사용자의 컴퓨터를 지속적으로 감염시키려 하고 있으며 이를 막기 위한 윈도우 디펜더(Defender), V3, 알약과 같은 백신프로그램 등을 사용하여 바이러스로부터 사용자의 컴퓨터를 안전하게 지키고 있다.

(1) 웜(Worm) 바이러스

과거 통신네트워크를 무력화 시켰던 웜 바이러스는 네트워크를 통해 자신을 복제하고 전파하여 네트워크를 무력화 시키는 바이러스이다. 컴퓨터 바이러스는 컴퓨터에 기생하여 실행되지만 웜 바이러스는 한 마리의 벌레가 사과를 갉아 먹듯이 스스로 복제하고 독자적으로 실행 가능하므로 컴퓨터 자체 보다는 네트워크 전체를 마비시킬 정도로 파급력은 매우 대단하였으며 바이러스에 대한 경각심을 불러 일으켰다. 웜과 다른 바이러스의 차이점은 감염대상이 있는가에 따라 구분된다. 일반 바이러스는 감염대상을 가지고 바이러스를 퍼트리지만, 웜은 감염대상 없이 자기 자신을 복제함으로써 네트워크나 시스템을 무력화시키며 한국에서 발견된 대표적인 웜에는 Ⅰ-Worm/Happy99, Ⅰ-Worm/ExploreZip, I-Worm/PrettyPark 등이 있다.

(2) 트로이목마(trojan horse) 바이러스

트로이목마 바이러스는 자기복제 능력이 없으면서 파일시스템에 전혀 문제를 일으키지 않을 것처럼 숨겨져 있다. 그러나 트로이목마라는 이름에서처럼 악의적인 목적으로 특정 컴퓨터에 넣어 놓았다가 특정한 날짜가 되거나 이벤트가 발생하면 컴퓨터시스템을 파괴하거나 해당 컴퓨터내의 자료를 몰래 훔쳐내는데 사용된다.

(3) 스파이웨어(Spyware)

스파이웨어는 광고 등에 주로 사용되기 때문에 애드웨어(Adware)라고도 불린다. 특정 회사의 광고, 제품 등이 인터넷을 검색할 때마다 광고 창을 사용자의 동의없이 설치되어 사용자의 정상적인 인터넷 활동에 지장을 주고 있다. 백신프로그램을 통해서 주기적으로 제거하지 않는다면 정상적인 인터넷검색이 불가능하며 사용가능한 메모리의 양은 점차 줄어들어 컴퓨터의 처리 속도를 저해하는 요인이 된다.

(4) 랜섬웨어(RansumWare)

컴퓨터 바이러스 중 가장 악성 적이며 악의적인 바이러스 프로그램이다. 랜섬웨어에 감염된 컴퓨터는 시스템자체에 접근하지 못하거나, 저장한 파일 사진 등을 열 수 없게 된다. 랜섬웨어가 악의적이며 악명이 높은 이유는 이름에서 알 수 있듯이 몸값(Ransum)을 요구하기 때문이다. 시스템에 접근하지 못하도록 만들거나 시스템 내의 파일들을 암호화시켜 사용하지 못하도록 만든 뒤에 이에 대한 해결책으로 몸값을 요구한다. 랜섬웨어는 공공기관, 기업들에게는 매우 치명적인 바이러스이며 대부분의 백신 소프트웨어에서 가장 위험한 바이러스로 취급하고 있다.

5.4.2 보안 기술

(1) 백신 소프트웨어

백신 소프트웨어는 네트워크에서 비정상적으로 접근하는 프로그램을 실시간으로 차단하거나 컴퓨터 내의 악성 소프트웨어를 찾아서 제거한다. 우리나라에서는 현재 알약 소프트웨어와 안랩(AhnLab.)에서 개발한 V3가 가장 대표적인 백신 소프트웨어이며 윈도우 자체적으로 보안 프로그램 Window Defense를 지원하고 있다. 그림 5-13은 알약 소프트웨어를 나타낸 것으로 외부 침입에 대해 실시간으로 감시하고 있으며 시스템 내의 바이러스 감지

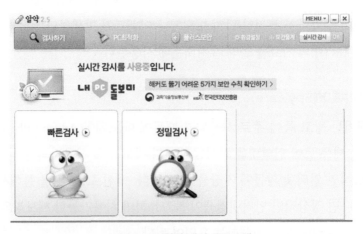

그림 5-13 알약 백신 프로그램

여부를 "빠른 검사"와 "정밀 검사" 모드를 통하여 지원하며 감염된 파일에 대해 제거하거나 정상적인 파일로 치료를 수행한다.

백신 소프트웨어가 악성 바이러스코드를 탐지하고 제거하기 위해서는 첫 번째로 현재 알려진 바이러스를 수집하여 데이터베이스로 저장하고 일치하는 바이러스를 확인하기 위해 저장된 파일의 내용들을 검사한다. 두 번째는 감염으로 표시될 가능성이 있는 프로그램에서 의심스러운 행동을 탐지한다. 예를 들어 바이러스 데이터베이스에는 수집된 바이러스의 특징에 관련된 정보가 있고 이 정보와 유사한 특정 위치에 있는 특정 명령어를 비교하여 바이러스 감염여부를 파악하게 된다. 또는 현재파일의 상태를 기록해 두었다가 바이러스 검사 시 파일의 변형여부를 비교하여 바이러스를 감지하기도 한다.

(2) 방화벽(Firewall)

방화벽이란 화재가 발생 했을 경우 화재가 더 이상 번지지 못하도록 불의 확산을 막는 문 역할을 한다. 이와 유사하게 인터넷의 방화벽은 그림 5-14와 같이 네트워크를 통해 들어오는 데이터를 검사하여 수상한 패킷들을 못 들어오도록 막는 역할을 한다. 가장 간단한 형태의 보안 방법으로 서버나 컴퓨터의 시스템을 보호하기 위해서 네트워크의 입구에 문을 만들어 두고 인증되지 않은 데이터의 유입을 차단한다. 즉 송신지의 IP 주소를 확인하여 허가된 곳에서 보내온 패킷은 들어올 수 있으나 허가받지 않은 IP 주소에서 보내는 데이터는 출

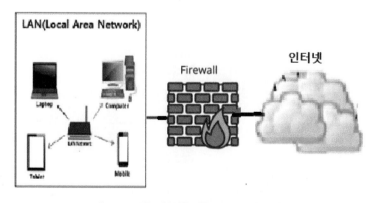

그림 5-14 외부 침입을 방지하기 위한 방화벽

입이 금지된다.

방화벽은 인증되지 않은 데이터의 유입만 방지하는 것이 아니고 내부 정부가 밖으로 전송되어 유출되는 것을 막는 역할도 한다. 방화벽은 네트워크의 포트(Port)와 VPN(Virtual Private Network)과 같은 통신포트를 제어하는 방법과 특정 ID와 암호를 이용하여 제어하는 방법이 있다. 방화벽은 가장 기본적인 방어시스템으로 1차 저지선으로 강력한 방어시스템이 아니므로 해커들은 우회를 하거나 메일 시스템 등을 이용하여 침입할 수 있다.

(3) 침입탐지 시스템(IDS : Intrusion Detection System)

침입탐지 시스템은 네트워크를 모니터링 하여 실시간으로 침입여부를 탐지하는 기능을 갖고 있으며 그림 5-15에서와 같이 방화벽을 통하여 침입을 탐지 하지 못하는 모든 종류의 네트워크 해킹은 IDS를 통하여 네트워크 트래픽 및 컴퓨터 침입을 방지할 수 있다. 그러나 실시간으로 계속해서 탐지한다는 것은 시스템에 부하를 주어 속도를 저하시키는 요인이기도 한다.

침입탐지 시스템은 대부분의 네트워크 기반으로 패킷을 감시한다. 그러나 정보의 기반에 따라 호스트, 어플리케이션 그리고 하이브리드 형태의 침입탐지 시스템으로 구성하기도 한다. 호스트 기반은 시스템에 직접 설치하여 운영체제를 통하여 의심 가는 작업을 모니터링하고 수집하는 작업과 시스템로그 감시를 통해 침입여부를 감지한다. 애플리케이션 기반은 사용자의 암호된 패킷이 복호화 되는 과정에서 패킷을 모니터링 하여 감지한다.

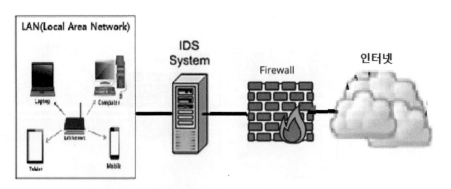

그림 5-15 침입방지 시스템

호스트, 네트워크 그리고 어플리케이션 방법들을 조합하여 하이브리드 형태의 탐지 시스템을 구성하기도 한다.

5.5 무선이동통신 기술과 5G(Generation)

5.5.1 세대별 무선이동통신

Ipv6를 통해 모든 사물에 데이터를 송수신할 수 있는 주소체계를 마련하였으며 무선이동통신 기술 및 시스템을 사용하여 언제 어디서나 정보를 송수신이 가능하게 되었다. 사물뿐만 아니라 사용자의 입장에서도 스마트폰이나 노트북과 같은 단말기를 통해 시간과 장소에 구애받지 않고 자유롭게 이동하면서 통화를 할 수 있고 데이터를 전송할 수 있다.

초기의 무선이동통신은 그림 5-16에서 보는 것처럼 1980년대에 1세대 통신 기술로 시작하였으며 데이터 전송이 아닌 아날로그 방식의 음성 통화만 가능하였다. 이후 약 10년간의 간격으로 2세대에서 5세대까지 발전하였으며 현재 사물인터넷의 근간이 된 무선이동통신은 2019년 5G 무선이동통신을 기반으로 하고 있다. 사물인터넷의 특징은 초연결성, 초지연성

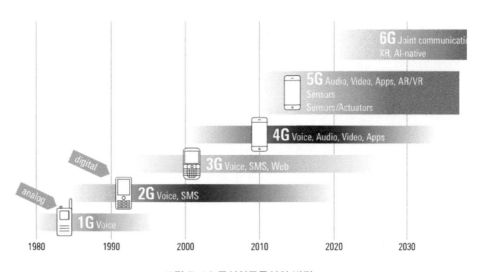

그림 5-16 무선이동통신의 발전
출처 : www.rohde-schwarz.com/

에 있으므로 5G 기술이 반드시 접목되어야만 하다. 5G는 제너레이션(Generation)을 의미하는 G를 붙여 5 세대 무선이동통신 기술을 의미한다.

1G 무선이동통신은 1984년 SK 텔레콤의 전신인 한국이동통신이 AMPS(Advanced Mobile Phone System)을 통하여 아날로그 음성통신을 위한 이동통신서비스가 개시되었으며 이를 1G 이동통신이라 한다. 아날로그 방식의 통신은 잡음과 혼선이 심했으며 지역에 따라 서비스가 이루어지지 않는 문제점이 있었으며 무거운 무게와 값비싼 금액 때문에 대중화는 이루지 못했다.

2G 이동통신은 1990년대 중반 정보통신 기술의 발전으로 아날로그 통화방식이 디지털 방식으로 전환되면서 시작되었다. 디지털 방식으로 전환되면서 음성통화뿐만 아니라 문자메시지, 이메일 등의 데이터전송을 가능하게 되었다. 2G에서는 CDMA(Code Division Multiple Access), GSM(Global System for Mobile communication) 등의 기술을 적용하였고 1996년 세계 최초로 국내에서 CDMA를 상용화 하였다. 2G의 주파수 대역은 800 MHz를 사용했으며, 채널당 데이터 전송속도는 9.6 Kbps/64 Kbps였다.

3G 이동통신은 애플의 아이폰의 등장과 함께 삼성의 갤럭시 스마트폰이 대중화 대면서 영상통화, 인터넷의 이동통신이 가능해지면서 시작되었다. 3G의 특징은 회선정보를 저장할 수 있는 유심 칩을 통해 여유만 된다면 자유로운 기기교체가 가능하였으며 고음질의 음성통화 및 영상통화, 다양한 스마트폰 어플리케이션 등을 사용할 수 있게 되었다. 이와 관련한 통신기반 산업들이 폭발적인 성장을 했으며 다양한 스마트폰 어플리케이션들이 등장하였다. 이전까진 글로벌 이동통신사들은 각자의 규격에 맞추어 이동통신 시스템을 개발하였으나 3G 부터는 국제표준인 'IMT-2000'을 제정하였다.

그림 5-17은 초기 국내의 PCS 디지털이동전화와 IMT-2000의 특징을 비교한 것이다. IMT-2000은 범세계적 로밍을 위해 ITU에서 배정한 전 세계 공통의 주파수대역인 2$_{GHz}$대역을 사용하였다. 데이터 전송속도를 결정짓는 채널당 주파수대역폭은 국내의 경우 디지털이동전화와 PCS가 1.23$_{MHz}$인데 반해 IMT-2000에서는 멀티미디어 서비스 제공을 위해 5$_{MHz}$에서 20$_{MHz}$까지의 광대역을 채택하였다. 이에 따라 2세대 시스템들이 데이터 전송속도가 9.6 또는 14.4Kbps 정도인데 비해 IMT-2000은 최고 2Mbps로서 음성, 데이터는 물론 동화상까지

그림 5-17 디지털 이동전화와 IMT-2000 비교

도 전송이 가능하다.

4G 이동통신은 통신의 속도에 문제가 대두되면서 등장하였다. 스마트폰과 모바일기기의 보급 증가로 인해 늘어난 데이터전송량을 기존의 3G로는 감당할 수 없게 되었다. 이러한 흐름에 발맞추어 2008년 빠른 이동 속에서도 더 빠른 전송속도를 자랑하는 4G가 등장하였으며 최대 1Gbps의 전송속도가 가능해졌다. 4G는 무선데이터 패킷통신규격인 LTE(Long Term Evolution)를 적용하였으며 정지 상태 에서는 무려 1 Gbps, 60km 이상의 전송과 고속이동 중에는 100 Mbps의 전송량을 보여준다. 이는 정지 상태 기준으로 영화 1편을 5.6초 가량 정도에 다운로드할 수 있는 속도이다. 이후 빠른 전송속도로 다양한 멀티미디어 서비스가 본격적으로 시작되었다.

그림 5-18에 LTE 기술의 발전에 따른 로고의 변화를 나타내었으며 LTE보다 2배 빠른 성능을 자랑하는 LTE-A(Advanced)와 5G의 전 단계인 LTE-A pro가 국제 표준으로 사용되었다.

그림 5-18 LTE 로고

2019년 5G는 4차 산업혁명의 기반이 될 필수적인 기술이라고 할 수 있으며 5G는 현재 상용화 되어있는 4G LTE의 속도보다 약 20배 정도 초고속 속도로 2GB의 영화를 1초 만에 받을 수 있는 속도를 가졌다. 5G의 전송량과 전송속도가 급격히 증가하면서 우리의 일상생활을 변화시킬 수 있게 되었다. 5G는 LTE 대비 20배 빠른 초고속의 속도와 10분의 1수준의 초저지연성과 초연결성으로 4차 산업혁명의 핵심기술인 인공지능, 자율주행, 빅 데이터, 가상현실 그리고 사물인터넷이 가능하게 되었으며 첨단기술과 결합되어 원격의료나 무인 택배배송, 스마트시티와 같이 다양한 분야에서 사회 전반적인 변화를 일으키고 있다. 5G를 이용하면 사물인터넷의 경우 1Km²이내에 백만개 이상을 연결할 수 있으며 연결 시간도 10^{-3}sec에 이른다.

표 5-1은 이동통신의 1G에서 5G까지의 세대별 특징을 접속방식, 전송속도, 전송형태 그리고 다운로드 속도에 따른 특징을 나타낸 것이다.

표 5-1 이동통신의 세대별 특징

	1G	2G	3G	4G	5G
접속방식	아날로그	GSM/CDMA	WCDMA CDMA 2000 와이브로	LTE/LTE-A 와이브로-에볼루션	5G
전송속도	-	14.4~64kbps	144kbps~2Mbps	100Mbps~1Gbps	100Mbps~20Gbps
전송형태	음성	음성/문자	음성/문자/동영상	음성/문자/동영상	사물인터넷, 3D
다운로드 속도 (800MB 동영상)	-	약 6시간	약 10분	약 85초~6초	LTE보다 최대 20배

출처 : 용어로 보는 IT

5.5.2 5G와 6G 이동통신

5G는 4차 산업혁명의 핵심 요소로 방대한 데이터를 아주 빠르게(초고속, LTE 대비 20배) 전송하고 실시간(초저지연, LTE 대비 10분의 1)으로 모든 것을 연결(초연결, LTE 대비 10배)한다. 5G가 다양한 산업 분야와 융합하면서 2026년 주요 전후방산업에서 총 1,161조원 규모의 신시장이 창출될 전망이며 공공·사회 전반의 혁신적 변화를 이끌 원동력으로 국민 삶의 질을 높이고, 국가 인프라 고도화 등에도 크게 기여할 것으로 기대되고 있다.

국내 통신업계 KT, SK 그리고 LG U+는 전국 5G망 구축에 지속적으로 투자를 진행하여 2021년 말 5G 가입자는 2천만명을 돌파하였으며 그림 5-19와 같이 정부는 5G+ 특화망 구축을 통하여 5대 핵심 서비스와 10대 핵심 산업을 운영하기 위한 가이드라인을 발표하였다.

[5G+전략 10대 핵심산업 및 5대 핵심서비스]

▲출처: 5G 특화망 구축·운영을 위한 가이드라인, 과학기술정보통신부·한국방송통신전파진흥원▲

그림 5-19 5G+전략 5대핵심 서비스와 10대 핵심 산업

정부에서 추진하는 5G+ 5대 핵심서비스는 자율 주행차, 스마트공장, 실감콘텐츠, 디지털 헬스케어, 스마트시티이며 이와 관련한 10대 핵심 산업에 집중 투자하여 국가 경쟁력을 높이려하고 있다. 국내 통신업계 또한 해당 핵심 서비스를 중심으로 5G 융합 서비스를 하고

있으며 5G 기술을 통해 ABC(AI, Big Data, Cloud)를 핵심으로 하는 10대 핵심 산업에 진출하고 있다.

5대 핵심서비스의 활성화를 통한 10대 핵심기반 산업의 조성을 위해서 정부는 '공공 선도 투자'와 '민간투자 확대'를 유도하고 산업기반을 조성할 계획이다. 공공 선도투자는 실감 콘텐츠·스마트공장·자율주행차 등 민간과 관련된 수익모델에 대한 발굴을 지원하여 이를 2025년까지 보급·확산하는 사업이다. 민간투자 확대사업은 5G 전국망 조기구축을 유도하고, 다양한 5G 단말·장비, 5G 차량통신(V2X), 5G 드론, 엣지 컴퓨팅 등 5대 핵심 산업 분야의 인프라 구축사업을 추진한다. 이를 활용하여 스마트공장·조선·해운항만·에너지 등 주력산업에 5G를 적용해 생산성의 혁신도 추구한다. 산업기반을 조성하기 위해서 초실감·경량 VR·AR 기기, 5G 기반 웨어러블, 클라우드 로봇기술 등의 핵심 산업분야의 연구개발에 투자를 적극 유도한다.

정부는 전략의 실효적 추진을 위해 5G 전국망을 2022년까지 조기 구축하고 민간과의 협력을 통해 30조원 이상을 투자할 계획이다.

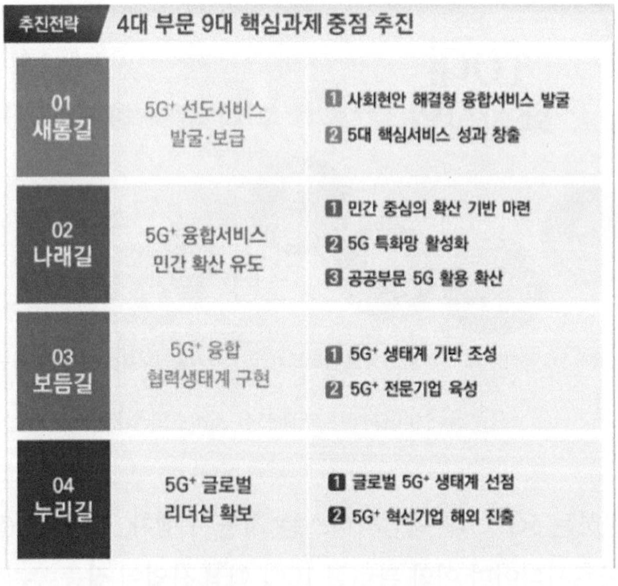

그림 5-20 5G+ 실현을 위한 핵심과제
출처 : 과학기술정보통신부

과학 기술정보통신부에서는 5G+ 실현을 위해 그림 5-20과 같이 세계 최초 5G를 넘어 세계 최고 5G+ 강국으로 도약하기 위해 융합 신서비스의 '새롬길'과 실증+민간 확산의 '나래길'을 만들고, 함께 성장하는 '보듬길'과 해외까지 개척하는 '누리길'에 대해 동시에 9대 핵심 과제로 중점 추진하기로 했다.

6G는 5G 기술을 넘어 2030년이면 상용화 될 것으로 예상하고 있다. 이미 학계나 산업계에서는 기초기술 등의 실험이 이루어지고 있는 상태로 알려지고 있으며 6G에 대한 연구논문 등이 등장하고 있다. 6G 이동통신의 특징은 사물인터넷 기술을 더욱 고도화 하고 인공지능 AI와의 통신시스템과 연결을 통해 5G 보다 초고속, 초지연 그리고 초연결로 더욱 많은 데이터의 생성 및 처리하게 될 것이다. 그림 5-21은 6G 기술 목표와 R&D 투자를 나타내고 있으며 삼성전자는 5G를 넘어 향후 6G 기술의 큰 흐름을 다음과 같이 제시하고 있다.

첫째, 사물이 주요 사용자가 될 것으로 예측하고 있다. 5G 통신까지는 인간을 위한 서비스가 주가 되어 왔지만, 6G에서는 인간과 사물, 사물과 사물통신을 위한 요구사항들이 대거 반영되어야 한다.

둘째, 현재는 컴퓨팅 파워와 메모리 등의 제약으로 인해 AI를 무선 통신네트워크에 적용하는 데 어려움이 있지만, 6G에서는 인간생활에 필요한 수천억 개의 사물로부터 발생하는 막대한 양의 데이터를 수집하고 처리 하는데 AI를 이용해야 한다.

셋째, CPU와 GPU의 연산능력이 크게 향상되어 네트워크 관련 개발기간이 단축되고, 네트워크 전송속도의 단축이 가속화된다.

넷째, 이동통신이 사회기간망으로 중요한 역할을 담당함에 따라 정부와 국제기구는 6G가 기후변화, 기아, 교육 불평등과 같은 사회적 이슈들을 개선하는데 중추적인 역할을 할 것으로 기대하고 있다.(출처 : 한국방송통신전파진흥원 Vol.76)

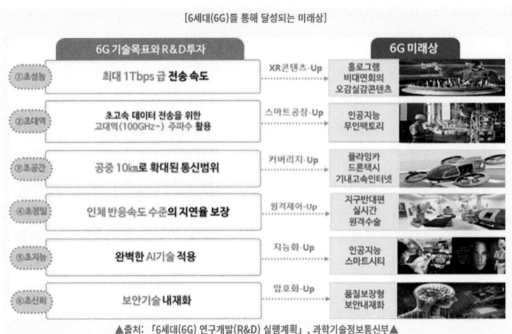

그림 5-21 6G 기술 목표와 R&D 투자

5.6 사물인터넷(IoT : Internet of Things)

5.6.1 사물인터넷 기술

사물인터넷은 사물을 식별하기 위한 인터넷의 IPv6, 다양한 장치를 통해 데이터를 획득하기 위한 다양한 센서기술, 사물간의 대화를 가능하게 하는 5G 무선통신기술 그리고 방대한 데이터를 수집하고 처리하기 위한 빅데이터 기술 등이 서로 융합하여 만들어진 4차 산업혁명의 핵심 분야이다.

사물인터넷의 핵심기술은 집안에서와 같이 근접한 거리에 있는 다양한 장치들 간의 유선통신 방식에서 무선근거리(WLAN : Wireless Local Area Network) 통신의 전환이라 할 수 있다. 무선근거리 통신의 종류에는 RFID, NFC(Near Field Communication), 와이파이(Wifi) 그리고 블루투스(BlueTooth) 기술이 있다. 무선근거리 통신기술이 나오기까지 무선

통신 관련 기술의 표준화 및 관련된 소자의 소형화 그리고 장치의 저 전력화 등의 기술이 필요하였다. 그림 5-22는 표준화가 완료된 근거리 무선통신 기술들을 나타내고 있으며 사물인터넷을 통하여 지속적으로 발전이 가능할 것으로 예상된다.

그림 5-22 표준화가 완료된 무선 근거리 통신기술

사물인터넷을 활용되기 위해서는 먼저 장치 간에 센서를 이용하여 데이터의 생성이 이루어 진후 근거리 무선통신기술을 이용하여 데이터가 전달되어야 한다. 수집된 데이터는 빅데이터나 인공지능기술을 적용하여 가공 및 처리가 이루어지고 다양한 방법으로 서비스 및 활용 단계를 거친다.

(1) 데이터생성 장치

■ 다양한 센서

센서는 물리적인 온도, 압력, 속도 등의 값을 전기적 장치로 감지하는 장치로서 정보데이터를 생성하기 위해서는 센서 관련 기술이 필수적이다. 온도와 습도와 같은 간단한 센서는 독립적으로 사용되기도 하지만 사물인터넷을 통하여 온도와 습도의 정보를 이용하여 실내의 환경을 조절할 수 있다. 우리가 필수적으로 사용하는 스마트폰에도 그림 5-23에서 보는 것처럼 다양한 센서들이 내장되어 있다. 스마트폰의 대표적인 센서에는 색상, 기압, 온도, 습도, 가속도, 자이로, 근접, 제스처 그리고 터치 센서 등이 내장되어 있으며 자동차, 항공기, 드론 등은 더욱 정교하고 다양한 센서들이 내장되어 있다. 색상 센서의 경우 주변의 밝기 등을 감지하여 화면의 밝기를 조절함으로서 사용자의 눈 피로도를 경감시킬 수 있다. 이처럼 다양한 센서들은 주변으로부터 다양한 정보를 감지하여 유용한 정보를 생성하여 사물인터넷에서 다양하게 활용된다.

그림 5-23 스마트폰에 활용된 다양한 센서
출처 : 매일경제

■ 음성인식을 통한 데이터생성

우리의 음성은 스마트폰의 음성인식이나 홈(home) 네트워크를 구성하기 위한 데이터로 사용되며 음성인식 센서를 통한 음성 인식기술이 적용된다. 음성인식기술은 그림 5-24와 같이 사용자의 아날로그 음향신호를 추출한 후 잡음을 제거하는 작업을 거쳐 디지털 신호로 변화하게 된다. 사람의 음성에는 지문과 같이 독특한 특징이 있으며 이 음성신호의 특징을 추출하여 저장되어 있는 음성 데이터베이스와 비교하여 음성인식을 하게 된다. 음성인식기가 음성신호를 분석하는 주요 기준으로는 언어모델과 음향모델이 있다. 언어모델은 음성정보의 문법성을 확률적으로 변환한 모델이고, 음향모델은 어떤 단어가 어떤 소리로 나는지를 확률적으로 변환한 모델로서 음성 데이터베이스에는 두 가지 모델이 모두 저장된다. 사용자의 음성을 분석하기 위해 딥러닝(Deep Learning) 기술을 사용한다. 딥러닝 기술이란 사물이나 데이터를 군집화하거나 분류하는 데 사용하는 기술로, 많은 데이터를 컴퓨터에 입력하고 비슷한 것끼리 분류하도록 하는 '기계학습' 알고리즘이다. 음성인식기술은 인공지능과 빅데이터와 관련하여 현재 많은 사물에서 음성인식기술이 폭넓게 적용되고 있다.

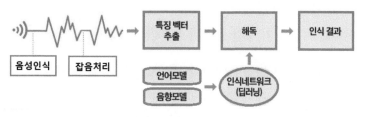

그림 5-24 음성인식기술

(2) 데이터 전달

다양한 센서와 음성인식을 통해 생성된 데이터는 인터넷 또는 다양한 근거리 무선통신기술들을 통해 주변 사물들에 전달된다.

■ IPv6

인터넷을 사용하는 무선 디바이스들은 저 전력 무선통신 기술을 적용하고 IPv6 패킷을 수용하기 위한 기술을 개발하였다. IPv6 헤더 가운데 여러 패킷들이 공동으로 사용하는 필드인 Version, Traffic, Class, Flow Label은 고정된 값이므로 전송할 필요가 없으며 네트워크 안에서 복수개의 장치 이동(hop)을 통한 IP 라우팅이 일어날 경우 기본적으로 40바이트의 IPv6헤드는 7 바이트로 압축 가능하다.

■ 와이파이(Wi-Fi)와 RFID

와이파이는 근거리 무선통신의 대표적인 통신방법으로 집, 회사, 공공장소 심지어 대중교통 수단인 버스, 지하철에도 설치되어 활용하고 있으며 2.4GHz 대역을 사용한다.

RFID는 리더기가 전자태그에 근접하면 태그는 수신한 신호를 이용하여 칩에 저장된 데이터를 리더기로 관련된 정보를 반환하여 전달한다.

■ NFC와 블루투스(Bluetooth)

NFC는 RFID 기술을 발전시킨 것으로 비접촉식 양방향 근접 통신기술이다. 스마트폰 내부에도 NFC가 있으며 코일 형태로 만들어진 루프 안테나가 들어가 있다. 스마트폰이 코일형태로 된 결제 단말기의 안테나에 가까워지면 두 안테나 사이에 자기장이 형성이 되며 이때 발생한 전류를 이용해 기기 간 통신이 이루어지게 된다.

블루투스는 가까운 거리에서 데이터, 음성, 영상 등을 교환할 때 사용하는 무선기술(2.4 GHz)로 1994년 에릭슨이 개발하였으며, 스마트폰, 노트북, PC 주변장치, 이어폰 등에 널리 이용되고 있는 NFC와 비교했을 때 높은 전력을 요구하는 기술이다.

NFC와 블루투스의 특성은 그림 5-25와 같다. 기기간의 통신거리는 NFC가 10㎝ 정도이며 블루투스는 약 10m이다. 이와 같은 이유로 결제 등과 같은 보안이 중요한 데이터를 송수신 하기 위해서는 블루투스 보다는 NFC 기술이 적합하다. 설정시간은 블루투스는 단말기끼리 정보교환을 위해 별도의 공유승인이 필요하며, 페어링에 시간이 다소 소요된다. 하지만 NFC는 안테나를 활성화하고 단말기에 대기만 하면 0.1초 이내에 빠른 인식이 이루어진다.

NFC vs 블루투스

	NFC	블루투스
사용주파수	13.56MHz	2.4GHz
연결범위	10cm 내외(근거리)	10m 내
설정 시간	< 0.1초	< 6초
보안성	암호화 적용	암호화 미적용
전력	저전력	고전력

그림 5-25 NFC와 블루투스 특징 비교
출처 : 삼성반도체

⑶ 데이터 처리

인터넷과 무선통신기술을 통해 전달받은 데이터는 사람과 사물, 사물과 사물 간에 상호 연결되어 사물들에 대한 제어방법과 수집한 데이터를 이용하여 지능적인 서비스를 제공하기 위한 플랫폼 기술이 제공되어야 한다. 데이터 처리에 있어서 대표적으로 요구되는 기능들은 디바이스 관리, 디스커버리, 로케이션, 등록 등, 사물인터넷 디바이스들을 관리하고 찾아주고 등록하기이다.

데이터 처리를 위한 구현은 오픈소스 하드웨어, 소프트웨어, 아두이노(Arduino) 그리고 라즈베리파이(Raspberry Pi)와 같은 하드웨어로 구현한다. 오픈소스 하드웨어의 특징은 일반적인 소프트웨어의 GUI 선언과 마찬가지로 하드웨어 회로도, PCB 도면을 무료로 공개함으로써 여러 사람들에게 공유되고 발전해 나가는 방식이다.

라즈베리파이는 영국의 라즈베리파이 재단이 학교와 개발도상국에서 기초 컴퓨터 과학교육 목적으로 개발한 초소형 크기의 싱글보드 컴퓨터이다. 초소형의 라즈베리파이 보드에

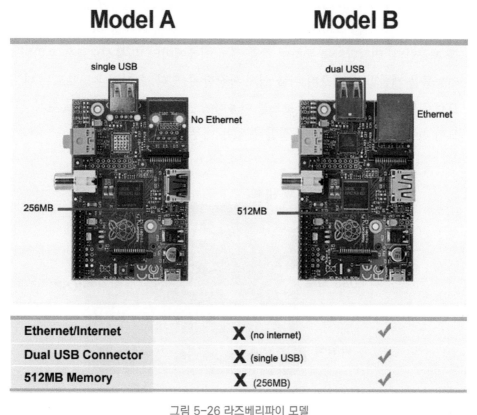

그림 5-26 라즈베리파이 모델
출처 : leocom.kr/RaspberryPi/rasp_faq.aspx

키보드, 마우스, 모니터만 연결하면 작은 컴퓨터가 된다. 운영체제는 Linux OS를 기반으로 하며 학교 교육의 목적으로 개발된 만큼 초보 프로그래머도 쉽게 사용할 수 있으며 동영상 카메라나 다른 장치들을 쉽게 연결하여 사용할 수 있다.

그림 5-26은 라즈베리파이 모델 A와 B를 비교한 것이며 모델 B는 듀얼 USB 포트 그리고 이더넷이 지원되며 512MB 메모리를 사용한다. 라즈베리파이를 사용하여 개발할 수 있는 응용 프로그램에는 스마트폰의 다양한 기능, 오디오/비디오, 카메라 그리고 게임기 등 분야가 매우 다양하다.

아두이노는 공학도가 아닌 일반인들도 쉽게 결과물을 만들어 낼 수 있는 쉬운 하드웨어와 소프트웨어를 기반으로 하는 오픈소스 전자플랫폼이다. 아두이노 보드는 다양한 센서의 정보, SNS 메시지 등의 입력을 받아 이를 출력으로 변환하여 모터를 활성 시키거나, LED를 켜고, 온라인에 정보를 게시할 수 있다. 사물인터넷 개발을 위한 그림 5-27과 같은 아두이노 우노(UNO)는 초기 개발보드로서 아날로그 6개, 디지털 14개로 총 20개의 연결단자를 제공한다. 연결단자를 통하여 각종 센서/엑츄에이터 및 통신모듈을 포함한 다양한 호환 기능들을 개발할 수 있으며 이를 쉽게 확장할 수 있다. 초기의 우노보드는 나노, 마이크로, 프로로 발전하였으며 이러한 보드를 이용하여 만든 디바이스로는 가속도계, 두발 로봇, RC 모형 자동차 등 일상생활에서 접할 수 있는 대부분의 장치들이다.

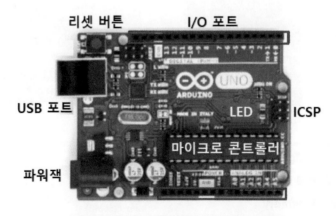

그림 5-27 아두이노 UNO 보드와 명칭
출처 : 아두이노

(4) 사물인터넷의 활용

■ 액추에이터(Actuator)

센서는 물리적인 상태를 감지하여 전기적신호로 변환하여 데이터를 생성하지만 액추에이터는 센서와 같은 전기적인 신호에 반응하여 물리적인 상태로 변환해 준다. 액추에이터는 시스템을 움직이거나 제어하는데 쓰이는 기계 장치이다. 예를 들어 전자식 도어장치의 경우 사용자의 생체정보를 저장하고 있다가 사용자가 비밀번호를 입력하거나 지문을 인식한 결과로 문을 열어주게 된다. 또한 드론에 사용되는 모터는 사용자의 조정기 입력에 따라 프로펠러의 회전수를 조절하여 드론을 제어하게 된다. 액추에이터는 로봇의 팔, 다리 움직임을 만드는데 필수적인 요소로서 그림 5-28에서처럼 로봇은 주변의 상태나 사용자의 동작 등을 감지하고 이에 반응하는 액추에이터 제품이라 할 수 있다.

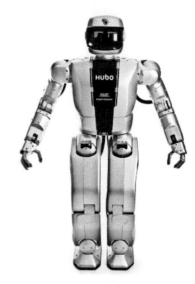

그림 5-28 액추에이터 적용 로봇
출처 : 레인보우 로보틱스

■ 클라우딩(Clouding)과 기기관리 서비스

사물인터넷의 서비스 활용을 위해서 그림 5-29와 같은 클라우딩 서비스가 필요하다. 클라우딩 서비스는 인터넷연결이 가능하다면 언제 어디서나 시간과 장소에 구분 없이 인터넷을 통한 모든 일이 가능한 서비스이다. 과거에는 컴퓨터를 이용하여 개인의 컴퓨터 자원만을 이용하였다면 클라우딩은 컴퓨터의 모든 자원이 인터넷 클라우드에 존재하게 된다. 각종 관리기능을 서비스 제공자가 제공하기 때문에 관리하기도 쉬우며 웹서비스 운영 환경을 구축할 경우 사용자 수에 따라 사용할 리소스를 쉽게 조정할 수 있으므로 확장성이 뛰어난 장점을 갖고 있다.

그림 5-29 클라우딩 서비스

출처 : 국립중앙과학관

모든 기기들은 네트워크에 의존하기 때문에 일반적으로 복수표준을 수용하고 각 장치들 사이에 연동될 수 있는 인터페이스를 정의해야 한다. 사물인터넷 국제표준인 oneM2M에서도 기기관리 표준으로서 유선 네트워크 네트워크에서 사용하는 OMA DM 등을 채택하고 있다. 그림 5-30에서는 다양한 사물들이 어떠한 유무선 네트워크에 접속하더라도 클라우딩 서비스의 관리를 통해 데이터가 적절하게 입출력 되는 것을 나타내었다.

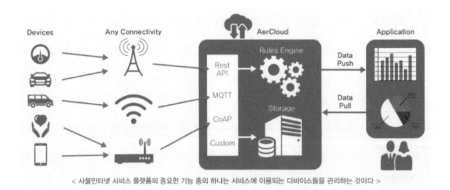

그림 5-30 사물인터넷 기기 관리기술

출처 : smart.science.go.kr/upload_data/subject/iot/pdf/I_E_32.pdf

■ 사물인터넷 보안기술

모든 사물이 시간과 장소에 구애받지 않고 연결되므로 장치나 네트워크의 보안 취약점을 이용하여 장치의 동작이나 각종 서비스를 방해하는 다양한 해킹이 시도될 수 있다. 이와 관련된 해킹에 대처하지 못한다면 심각한 사회적 문제가 발생할 수 있으며 사물인터넷 발전에 저해되는 요소로 작용한다. 따라서 악의적인 해킹에 대처하기 위한 보안기술이 반드시 필요하다.

보안 위협에 해당되는 요소로서 장치/센서 부분, 네트워크 부분 그리고 서비스 부분 등이 있으며 IoT 보안 얼라이언스(Alliance)는 다음과 같은 공통 보안 요소들을 권장하고 있다.

① 정보보호와 프라이버시 강화를 고려한 IoT 제품 서비스 설계
② 안전한 소프트웨어 및 하드웨어 개발 기술 적용 및 검증
③ 안전한 초기 보안설정 방안 제공
④ 안전한 설치를 위한 보안 프로토콜 준수 및 안전한 파라미터 설정
⑤ IoT 제품 서비스의 취약점 보안패치 및 업데이트 지속 이행
⑥ 안전한 운영 관리를 위한 정보보호 및 프라이버시 관리체계 마련
⑦ IoT 침해사고 대응체계 및 책임 추적성 확보 방안 마련

보안위협으로부터 자유로워진다면 4차 산업혁명 관련된 인공지능, 가상현실과 증강현실, 3D 프린팅 그리고 암호화 기술 등의 서비스 분야는 우리의 일상생활 어떠한 영역에서도 가능해지며 삶의 편익을 추구할 수 있다.

참고자료

1. 4차 산업혁명 시대의 IT개론과 실습, 박경배, 21세기사

2. https://developer.mozilla.org/ko/docs/Learn/Common_questions/Web_mechanics/How_does_the_Internet_work, 인터넷의 동작원리

3. https://www.ibm.com/docs/ko/cics-ts/6.1?topic=programs-tcpip-protocols, TCP/IP

4. https://www.boannews.com/media/view.asp?idx=81529, 사물인터넷, 행정안전부

5. https://www.lgcns.com/blog/it-trend/23781/, 사물인터넷, LG CNS

6. https://www.techtarget.com/iotagenda/definition/machine-to-machine-M2M

7. https://digitalworld839.com/differences-between-lan-man-wan/

8. https://learn.microsoft.com/ko-kr/dotnet/fundamentals/networking/ipv6-overview, IPv4, IPv6

9. https://www.ibm.com/kr-ko/topics/information-security, 정보보안과 위협

10. https://www.bbc.com/korean/news-65785623, 김수키

11. https://www.fortinet.com/kr/resources/cyberglossary/dos-vs-ddos

12, https://support.microsoft.com/ko-kr/topic/, 바이러스종류와 예방

13. https://www.ibm.com/kr-ko/topics/intrusion-detection-system

14. https://www.rohde-schwarz.com/kr/about/magazine/brief-history-1g-to-6g/brief-history-1g-to-6g_256390.html, 무선이동통신의 역사

15. https://www.rohde-schwarz.com/kr/products/test-and-measurement/digital-standards, LTE, LTE Advanced

16. 211029_5G 특화망 가이드라인.pdf, KCA 한국 전파통신 연구진흥원

17. https://www.msit.go.kr/bbs/view.do?sCode=user&mId=86&mPid=83&bbsSeqNo=68&nttSeqNo=2029380, 5G+, 과학기술정보통신기술부

18. https://www.msit.go.kr/bbs/view.do?sCode=user&mId=113&mPid=112&bbsSeqNo=94&nttSeqNo=3015098, 6G 계획, 과학기술정보통신기술부

19. https://www.koreaittimes.com/news/articleView.html?idxno=125022,무선근거리통신

20. https://www.mk.co.kr/news/business/5510205, 사물인터넷센서

21. https://news.samsungsemiconductor.com/kr/세상을-바꾸는-무선통신기술-제-2탄-무선주파수기술/, NFC와 블루투스, 삼성반도체

22. https://www.leocom.kr/RaspberryPi/rasp_faq.aspx, 라즈베리파이

23. https://www.devicemart.co.kr/goods/view?no=34404, 아두이노 UNO

24. https://www.rainbow-robotics.com/?_l=ko

25. smart.science.go.kr/upload_data/subject/iot/pdf/I_E_32.pdf, 사물인터넷관리기술

26. https://ko.ioxtalliance.org/, IoT 보안 얼라이언스

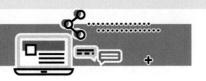

5.1 인터넷의 동작원리에 대해 설명하시오.

5.2 TCP/IP 모델에 대해 설명하시오.

5.3 컴퓨터 네트워크 구성을 거리에 따라 분류하고 특징을 설명하시오.

5.4 IPv4와 IPv6에 대해 설명하시오.

5.5 정보를 유출하기 위한 3가지 방법을 설명하시오.

5.6 해킹의 종류와 특징에 대해 설명하시오.

5.7 컴퓨터를 감염시키는 바이러스의 종류와 특징에 대해 설명하시오.

5.8 컴퓨터 보안기술과 백신 소프트웨어에 대해 설명하시오.

5.9 무선이동통신의 역사에 대하여 간략하게 요약 설명하시오.

5.10 5G 이동통신의 특징은 무엇인가?

5.11 사물인터넷이 가능하게 된 근거리 통신기술에는 무엇이 있는지 설명하시오.

5.12 스마트폰에 적용된 다양한 센서들에 설명하시오.

5.13 사물인터넷을 장치간의 데이터를 전달과정에 대해 설명하시오.

CHAPTER

6

빅 데이터와 인공지능 세상™

6.1 빅 데이터

사물인터넷을 이용한 정보기기간의 데이터의 교환으로 유의미한 데이터가 조 단위의 방대한 양으로 생성된다. 정보는 우리가 다룰 수 있도록 정형화 되어야만 의미 있는 정보로 취급할 수 있지만 사물인터넷을 통해 생성된 데이터들은 문자, 이미지, 동영상 등 데이터의 종류도 다양하고 너무 방대하다. 이처럼 비정형화된 방대한 데이터를 의미 있는 정보로 만들어주는 분야가 빅 데이터 기술이다. 빅 데이터는 특히 기업의 새로운 성장 동력의 발굴 및 생산성을 향상시키기 위해 반드시 필요한 분야로서 여러 산업분야에서 활용되며, 예측 분석, 통계적 모델링, 패턴인식, 비즈니스 등 다양한 분야에서 가치를 창출하고 있다.

빅 데이터는 인공지능과 상호보완적인 긴밀한 관계를 갖고 있다. 인공지능이 성장하기 위해서는 데이터를 기반으로 학습을 하며 제공되는 유용한 정보의 양이 많을수록 많은 학습을 할 수 있다. 빅 데이터는 이러한 훈련 데이터를 제공하여 인공지능 모델이 현실세계에서 잘 작동하도록 훈련을 돕는다. 이와 유사하게 인공지능 서비스는 빅 데이터 처리와 분석을 위해 구축되며 인공지능 플랫폼은 대규모의 데이터를 처리하고 인공지능 모델을 효과적으로 학습시킬 수 있도록 설계되어진다.

6.1.1 정보와 빅 데이터 특성

단순히 숫자나 문자로 이루어진 다양한 데이터가 우리가 사용할 수 있는 유용한 정보로 취급되기 위해서는 다음과 같은 조건이 되어야 한다.

① **유용성** : 정보는 특정한 목적을 달성하는데 도움이 되어야 하고 정보는 결정을 지원하거나 문제를 해결하기 위한 기반을 제공하는 등 유용한 목적을 가져야 한다.
② **정확성** : 정보는 현실과 일치하는 정확한 내용을 담고 있어야 하며, 오류나 왜곡이 최소화되어야 한다.
③ **전달 가능성** : 정보는 목표 대상에게 명확하게 전달되고 이해될 수 있도록 구성되어야하고 효과적으로 전달될 수 있어야 한다.
④ **조직화** : 정보는 일정한 구조와 형식을 가져야 한다. 데이터가 무질서하게 나열되어 있으

면 정보로서의 가치가 크게 감소하므로, 적절한 체계적인 조직이 필요하다.

⑤ 의미 : 정보는 특정한 의미를 내포하고 있어야 하며 어떤 의미를 전달하고자 하는 목적이 있어야 한다.

우리가 데이터를 유용한 정보로 취급하기 위해서는 다양한 데이터베이스 관리도구가 필요하지만 빅 데이터는 기존 데이터베이스 관리도구로는 처리하기 어려운, 규모가 방대하고 다양한 대량의 데이터를 생성한다. 일반적으로 빅 데이터는 그림 6-1과 같이 규모, 다양성, 속도의 세 가지 3V 특성이 있다.

① 규모의 양(Volume) : 빅 데이터는 테라바이트(TeraByte)부터 페타바이트(PetaByte) 이상의 규모로 나타날 수 있다. 대용량의 데이터를 다루는데 기존 데이터 처리 시스템보다 더 강력하고 효율적인 방법이 요구된다.

② 다양성(Variety) : 빅 데이터는 다양한 종류의 데이터를 포함한다. 구조화된 데이터, 반 구조화된 데이터, 비 구조화된 데이터(예 : 멀티미디어 데이터) 등 여러 형태의 데이터가 다양하게 존재한다.

③ 속도(Velocity) : 빅 데이터는 거의 실시간으로 생성되고 처리되는 경우가 많다. 센서 데이터, 소셜 미디어의 스트리밍 데이터, 온라인 트랜잭션 로그 등의 데이터는 실시간으로 생성되고 빠르게 처리된다.

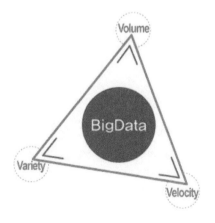

그림 6-1 빅 데이터
출처 : 국립중앙과학관

빅 데이터는 대량, 다양성 그리고 속도의 특성을 고려하여 적절한 기술과 도구를 사용하여 수집, 저장, 처리, 분석되어야 한다. 일반적으로 빅 데이터 처리를 위해 분산시스템, 병렬처리, 클라우딩 컴퓨팅, 그리고 특화된 빅 데이터도구와 기술이 사용된다.

6.1.2 빅 데이터 역사

빅 데이터 기술의 발전은 컴퓨터와 인터넷의 발전에 따라 함께 기술의 진화를 거쳤다. 빅 데이터의 역사는 정확히 분류할 순 없지만 그림 6-2와 같이 지속적인 기술적 발전과 비즈니스의 요구에 따라 진화해 왔다. 현재는 인공지능, 기계학습, 딥러닝과의 통합 등 다양한 기술과의 결합이 이루어지며 빅 데이터 분야는 계속 발전하고 있다.

그림 6-2 빅데이터 역사적 발전 배경

1990년대 존 메쉬(Jone Mesh)에 의해 빅 데이터란 용어가 사용되었으며 기업과 연구기관에서 데이터베이스 시스템을 사용하면서 대규모 데이터의 처리가 시작되었다. 데이터 웨어하우스(Data Warehouse)가 등장하여 기업이 대량의 데이터를 중앙에서 저장하고 분석할 수 있게 된 시기이다.

2000년대 초반 인터넷의 확산과 함께 대량의 데이터가 온라인에서 생성되기 시작하였다. 넷스케이프(Netscape), 야후(Yahoo) 등의 초기 검색엔진 기술의 발전과 구글의 등장은 대량의 웹 데이터를 효과적으로 색인화하고 검색하는 방법을 개선하기 시작하였다.

2000년대 중반 기존 데이터 처리도구로는 다루기 어려운 대용량의 데이터에 대한 새로운 접근 방식이 요구되었으며 2006년 대규모 데이터를 분산저장하고 처리할 수 있는 아파치 하둡(Apache Hadoop)이 개발되었다.

2010년대 초반에는 대기업들이 빅 데이터를 활용한 데이터분석에 대한 관심이 높아지면서 다양한 빅 데이터 기술과 도구가 등장하였다. Apache Spark, NoSQL 데이터베이스, 실시간 데이터 스트리밍기술 등이 활발하게 발전하였다.

2010년대 중반에 사물인터넷 기술의 급부상으로 클라우드 컴퓨팅 개념이 등장하였으며 클라우딩의 발전은 대규모 데이터를 저장하고 처리하는데 필요한 자원을 빠르게 확장하고 효율적으로 활용하는데 도움을 주었다. 다양한 클라우드 기반 빅 데이터 서비스가 제공되며, 기업들은 클라우드와 인공지능을 지능을 통해 빅 데이터와 상호관계를 이루며 발전하고 있다.

6.1.3 빅 데이터 기술

빅 데이터를 다루기 위한 다양한 기술과 도구들은 그림 6-3와 같이 데이터 수집 저장, 처리분석, 데이터의 시각화 그리고 보안 및 관리 단계로 분류할 수 있다.

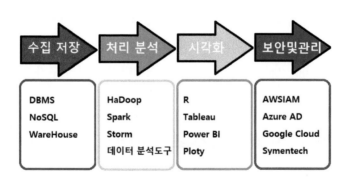

그림 6-3 빅 데이터 처리과정과 도구

(1) 데이터 수집 및 저장

- DBMS(DataBase Management System) : 데이터 관리시스템으로서 MySQL, Postgre SQL, Oracle 등아 있다.
- NoSQL 데이터베이스 : 특정 데이터모델에 대해 특정 목적에 맞추어 구축되는 데이터베이스로서 현대적인 애플리케이션 구축을 위한 유연한 스키마를 갖추고 있다. 전통적인 관

계형 데이터베이스 시스템보다 더 유연하게 대규모 및 다양한 형식의 데이터를 저장할
수 있는 NoSQL 데이터베이스 시스템이다. MongoDB, Cassandra, Couchbase 등이 대표
적인 NoSQL 데이터베이스이다.

- 데이터 웨어하우스(DW) : 다양한 소스에서 얻은 대량의 데이터를 연결, 통합하는 디지털
스토리지 시스템이다.

(2) 데이터 처리 분석 기술

- 하둡(Hadoop) : 아파치 하둡은 대규모 데이터를 분산저장하고 처리하기 위한 오픈소스
프레임워크이다. 하둡은 하둡 분산 파일시스템(HDFS, Hadoop distributed file system)
프레임워크를 위해 자바언어로 작성된 분산 확장 파일시스템이다. HDFS은 여러 서버에
중복하여 대용량 파일들을 나누어 저장함으로서 데이터 안정성을 얻을 수 있다.
MapReduce 프로그래밍 모델을 통해 분산 처리를 수행한다.

- 스파크(Spark) : 아파치 스파크는 빅 데이터 처리를 위한 빠르고 효율적인 오픈소스 클러
스터 컴퓨팅 프레임워크이다. 스파크는 다양한 언어를 지원하며, 머신러닝, 그래프 처리,
스트리밍 처리 등 다양한 작업을 수행할 수 있는 API를 제공한다.

- 빅 데이터 분석도구 : 빅 데이터를 효과적으로 분석하기 위해 다양한 분석도구들이 사용되
며 Apache Flink, Apache Storm과 같은 스트리밍 분석 도구가 있다.

(3) 시각화 도구

- Tableau : 데이터 시각화 및 비즈니스 인텔리전스 도구로, 다양한 그래픽 요소를 사용하
여 대시보드를 만들고 데이터를 시각적으로 분석할 수 있다.

- Power BI : Microsoft의 비즈니스 인텔리전스 도구로, 대화형 대시보드 및 보고서를 생
성하고 데이터를 시각적으로 표현할 수 있다.

- R : 빅 데이터 분석도구인 R은 가장 포괄적인 통계 분석패키지 중 하나이다. 오픈소스,
무료, 다중 패러다임 및 동적 소프트웨어 환경이다. C, Fortran 및 R 프로그래밍 언어로
작성되었다. 통계학자와 데이터 마이너가 널리 사용하며 데이터분석, 데이터조작, 계산
및 그래픽으로 표시된다.

⑷ 보안 및 관리도구

- **클라우드 컴퓨팅 보안도구** : 대규모의 빅 데이터를 저장하고 처리하기 위해 클라우드 서비스를 활용한다. AWS IAM,, Azure AD, Google Cloud Platform IAM과 같은 클라우드 제공업체는 빅 데이터에 특화된 서비스를 제공하며, 필요에 따라 리소스를 확장할 수 있는 유연성을 제공한다.
- **데이터 마스킹 및 암호화 도구** : HashiCorp Vault, Symantec Data Loss Prevention 등이 있다.

이 밖에도 머신러닝 및 딥러닝 프레임워크, 실시간 데이터처리 그리고 데이터 품질관리 도구 등이 있다.

- **머신러닝 및 딥러닝 프레임워크** : 대량의 데이터를 기반으로 한 예측 분석 및 패턴 인식에 머신러닝과 딥러닝이 적용되고 있다. TensorFlow, PyTorch, scikit-learn 등의 프레임워크는 빅 데이터에서 머신러닝 알고리즘을 구현하고 실행하는 데 사용된다.

6.1.4 빅 데이터 활용 분야

빅데이터는 기업을 중심으로 다양한 산업과 분야에서 활용되고 있으며, 이를 통해 데이터 기반의 의사결정과 혁신이 이뤄지고 있다.

그림 6-4는 미래창조과학부에서 빅 데이터 활용을 원하는 중소기업을 위한 빅 데이터 IT 솔루션을 나타내고 있다. 빅 데이터 솔루션은 제품 및 서비스 기획단계서부터 제품의 개발과 생산 그리고 홍보 마케팅까지 지원한다. 빅 데이터를 이용하여 제품 기획단계에서는 상권과 SNS 소셜을 분석하고 제품의 개발 및 생산단계에서는 제품공정을 분석하여 최종적으로 상품의 홍보 및 마케팅을 지원한다. 이 밖에도 사회전반의 모든 분야에서 빅 데이터의 활용은 계속해서 확대되고 있으며, 이는 기업 및 기관이 데이터를 활용하여 혁신적인 아이디어를 찾고 비즈니스 프로세스를 최적화하는 데 큰 영향을 미치고 있다.

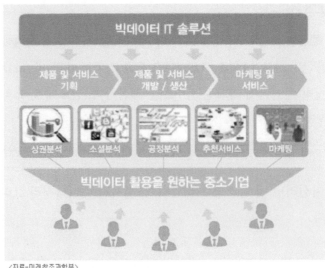

그림 6-4 빅 데이터 활용분야

(1) 의료 및 생명과학

다양한 데이터에서 추출한 대규모의 정보를 분석하고 활용함으로써 진단, 치료, 예방 등 다양한 측면에서 혜택을 가져올 수 있다. 환자의 의료기록, 유전자 정보, 생화학적 지표 등 다양한 데이터를 통합하여 질병을 더 정확하게 진단하고 예측하는 데 도움을 준다. 의료 이미징 데이터를 분석하여 병변의 크기, 위치 등을 정확하게 파악하고 개인화된 치료방법을 제안하는 데 활용되며 환자의 유전자 데이터를 기반으로 특정 치료에 민감한 유전자를 식별하고 이를 고려한 맞춤형 치료 방법을 제시한다.

생물학적, 유전학적 데이터를 기반으로 새로운 치료제 및 의약품 개발에 활용될 수 있으며 다양한 기관과의 협력을 통해 수많은 환자 데이터를 통합하여 보다 정확하고 신속한 연구를 진행할 수 있다.

(2) 금융 서비스

금융기관은 대규모의 거래 데이터를 분석하여 사기탐지, 신용 스코어링, 투자전략 등에 활용할 수 있으며 개인화된 금융상품 및 서비스 제공을 위해 빅 데이터 기술이 사용된다.

국내의 5개 금융기관들은 그림 6-5에서와 같이 빅 데이터 개방시스템을 통하여 공공기관, 은행, 카드사, 대학 연구소, 보험사들에게 데이터의 원활한 수집, 활용을 지원함으로서 신규투자 및 개별 사용자들에게 금융상품 및 서비스를 제공할 수 있다.

그림 6-5 빅 데이터의 금융 기관 활용

⑶ 스마트시티

빅 데이터의 스마트시티 활용은 도시의 기능을 향상시키고 시민의 삶을 편리하게 만들 수 있는 다양한 방법으로 이루어진다. 도시에서 생성되는 다양한 데이터를 수집하여 교통, 에너지 사용, 안전 등을 효율적으로 관리하고 개선한다.

교통 데이터를 수집하여 실시간 교통상황을 분석하고 예측하여 교통체증을 줄이며 대중교통 시스템의 효율을 높이기 위해 이동패턴 및 수요를 분석하여 노선과 운행시간을 최적화할 수 있다. 에너지 소비패턴을 분석하고 최적화하여 에너지 효율성을 높이고 스마트 그리드를 통해 전력공급을 최적화하고 공공시설의 에너지사용을 모니터링 하여 절약할 수 있다. CCTV 및 센서 데이터를 수집하여 도시의 안전상황을 실시간으로 모니터링하고 범죄 예측 모델을 개발하고 응급상황에 대비하여 스마트시티 시스템이 자동으로 경보를 발생시키고 응급서비스에 필요한 정보를 제공할 수 있다.

⑷ 소매 및 전자상거래

고객의 구매이력, 고객행동 데이터 등을 분석하여 소비자행동을 이해하고 예측하여 마케팅 전략을 개선할 수 있다. 고객의 구매행동을 분석하여 개별적인 마케팅 전략을 수립하는 데 활용할 수 있다.

실시간으로 재고수준을 모니터링하고 예측함으로서 수요예측을 기반으로 수급 체인을 최적화하여 비용을 절감하고 효율성을 향상시킬 수 있다.

⑸ 제조 및 공급망 관리

센서 데이터, 제조 프로세스 데이터 등을 분석하여 생산 효율성을 높이고 불량률을 줄여준다. 실시간으로 공급망을 모니터링하고 예측하여 유연하고 효율적인 공급망을 유지한다.

⑹ 소셜 및 미디어

소셜 미디어, 웹 로그, 이용자 행동 등을 분석하여 사용자 선호도에 맞는 콘텐츠를 제공한다. 통신사업자는 대량의 네트워크 데이터를 분석하여 서비스 품질을 향상시키고 네트워크 관리를 최적화에 활용할 수 있다.

⑺ 에너지 및 환경

건물, 공장 및 인프라 시설의 에너지 사용패턴을 분석하고, 효율적인 운영방법을 도출하고 센서 데이터 및 스마트 미터 데이터를 분석하여 에너지 소비를 최적화하고 불필요한 에너지 낭비를 감소시켜 에너지의 효율을 향상시킬 수 있다.

소비자의 에너지 사용패턴을 기반으로 한 예측모델을 개발하여 전력회사가 생산 및 유통을 최적화할 수 있으며 스마트 그리드와 연결된 스마트 미터 데이터를 활용하여 소비자에게 최적의 전력사용 팁을 제공하고 에너지 소비를 최소화할 수 있다.

6.2 인공지능

인공지능은 정부의 5대 핵심 서비스 G+를 완성하기 위한 4차 산업혁명에서 핵심적인 분야이다. 인간의 오감을 시스템으로 구현하여 가상현실을 체험하듯이 인공지능은 인지하고 판단하는 인간의 뇌 기능을 구현하는 것을 목표로 한다. 인공지능은 작업이나 프로세스를 자동화하여 인간의 노동력을 대체하고, 스스로 학습하고 의사결정을 내릴 수 있는 자율성을 갖추려 하고 있으며 복잡하고 추상적인 문제를 해결하고 예측하는 능력을 향상시키기 위해 연구 및 개발되고 있다.

최근 ChatGPT(Generative Pre-trained Transformer) AI는 전 세계적으로 뉴스거리를 제공하고 있으며 수많은 사람들이 한번쯤은 사용한 경험이 있을 것으로 예상된다. 오늘날의 인공지능 기술이 실현되기까지는 여러 우여곡절이 있었으며 구현방법에 따라 전문가시스템과 기계학습 시스템으로 분류할 수 있지만 최근에는 빅 데이터와 연계된 ChatGPT와 같은 기계학습 방법이 주목을 받고 있다.

인공지능은 사물인터넷을 사용하여 얻은 빅 데이터와 많은 연관성이 있으며 관련된 산업의 활용은 시장에서 매우 큰 이슈이며 앞으로 가파른 성장을 보일 것이다. 전 세계의 선진국가들은 국가의 운명을 맡길 정도로 인공지능 기술에 적극적인 지원을 하고 있으며 유명 대기업들은 인공지능 시장에 대대적인 투자를 하고 있다. 인공지능의 개념과 역사를 알아보고 그에 따른 시스템의 발전 방향과 향후 인공지능의 활용분야에 대해 알아본다.

6.2.1 인공지능 개념과 역사

인공지능은 컴퓨터에게 많은 정보를 제공하고 이 정보를 이용하여 마치 인간의 뇌처럼 인지하고 추론하는 능력을 부여하는 것이다. 인간의 뇌는 시각을 이용하여 사물을 바라보고 청각을 이용하여 주변에서 들려오는 소리에 따른 인지능력과 인지에 따른 추리하고 결정하는 추론능력이 있다. 이러한 능력은 이미 기계적으로 시각적으로 이미지를 식별하거나, 청각적으로 사람의 음성을 인식하거나, 미래의 정보를 수치적으로 추론하거나 하는 관련된 명령어 등이 구현되어 있다.

인공지능의 역사는 사람마다 기준이 다소 모호하지만 처음 인공지능의 개념을 도입한 사람은 1950년 앨런 튜링(Alan Turing)으로 '계산 기계와 지능(Computing Machinery and Intelligence)'이라는 논문에서 "지능"이란 용어를 정의하고, 지능적 기계의 개발 가능성에 대해 기술하였는바 이를 인공지능의 역사의 시작으로 보고 있다. 인공지능이라는 용어는 1956년 미국 다트머스 회의에서 존 메카시(Jhon McCathy) 교수가 "지능적 기계를 만드는 과학과 공학"으로 정의 내리고 프로그램을 처음 개발하였다. 또한, 프랭크 로젠블라트(Frank Rosenblatt)는 퍼셉트론이라는 인공신경망 모델을 제안하였다.

그림 6-6에서 보는 바와 같이 1950년대 인공지능의 개념과 인공신경망 모델이 제안되면서 인공지능은 1차 전성기를 맞이하였지만 인공지능은 1970년대에 인공지능에 대한 기대감 감소와 2000년에 데이터 부족 등의 사유로 두 번의 침체기를 거쳤지만 현재 2010년 이후 3차 인공지능 전성기를 맞이하고 있다. 두 번의 침체기를 거치면서 2010년 이전을 제1세대 인공지능이라 부르며 2010년 이후를 제2세대 인공지능이라 부른다.

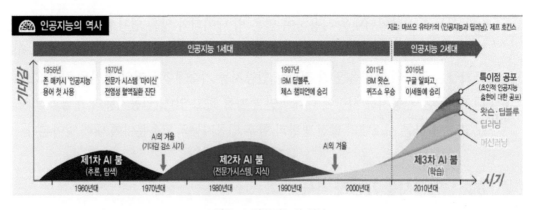

그림 6-6 인공지능의 역사

1970년대에는 기대감 감소로 1차 인공지능 침체기 거쳤지만 특정 도메인에서의 전문지식을 사용하는 전문가시스템의 등장으로 2차 전성기를 맞이하였다. 전문가 시스템이란 기업의 전문가의 전문지식을 활용해 만든 시스템으로서 한때 기업에서 비용을 절감하는 성과를 내기도 하였지만 초기의 대형 프로젝트들은 높은 비용과 성능문제로 실패한 경우가 많았다. 이후 1997년 IBM 딥블루(Deep Blue) 인공지능이 체스 챔피언 인간에게 승리를 거두었지만 또 다시 기대감 감소와 함께 컴퓨터 성능과 데이터의 부족 그리고 인공신경망의 한계점으로 2차 침체기를 맞이하였다.

2000년 초반에 들어서면서 딥러닝(Deep Learning) 알고리즘이 다시 주목받기 시작했다. 2010년에 들어서며 IBM의 왓슨이 퀴즈쇼에서 우승하고 2016년 구글의 알파고(Alphago)와 이세돌의 바둑은 국내에서 생중계되었다. 알파고가 압도적인 승리를 거두자 국내뿐만 아니라 전 세계가 인공지능 및 딥러닝 분야에 주목을 하면서 3차 전성기를 맞이하였다. 2018년 대화형 AI의 발전이 주목을 받았으며, 오픈 AI의 GPT(Generative Pre-trained Transformer) 시리즈가 등장하였다.

대규모 언어모델의 등장으로 인공지능의 언어 이해능력이 향상되었으며 강화학습을 통한 에이전트 학습도 큰 주목을 받게 되었다. 초기의 인공지능은 인간의 인지능력이나 추리능력을 기계적 계산 과정으로 풀이하는 단계에서 인공신경망, 기계학습 등이 제시되었으며 이러한 연구들은 2세대 인공지능 시대에 인공신경망의 한계점을 극복하고 이를 기반으로 딥러닝 알고리즘이 여러 분야에서 성과를 내면서 더욱 발전하는 계기가 되었다.

인공지능을 작업에 따라 분류하면 그림 6-7과 같다.

① 기계학습(Machine Learning) : 컴퓨터가 스스로 입력된 데이터로 패턴을 학습하여 예측 또는 결정을 내리는 기술로서 인공지능의 성능을 향상시키며 딥러닝은 기계학습의 한 분야이다. 딥러닝은 머신러닝을 구현하는 여러 방법 중 인공신경망(Artificial Neural Network)의 한 종류로서 인간의 뇌신경이 정보를 처리하는 방식으로 시스템을 구현한 시스템을 말한다. ChatGTP는 머신 러닝을 이용한 인공지능이다.

② 자연어 처리(Natural Language Processing, NLP) : 언어를 이해하고 생성하는 기술로서 텍스트 분석, 기계 번역, 음성 인식 등이 NLP의 일부이다.

③ 컴퓨터 비전(Computer Vision) : 이미지나 동영상과 같은 시각적 데이터를 처리하고 이해하는 기술이며 얼굴 인식, 물체 감지 등이 포함된다.

④ 강화학습(Reinforcement Learning) : 에이전트가 환경과 상호 작용하며 보상을 최대화하기 위해 학습하는 기술로서 게임이나 로봇 제어에 적용된다.

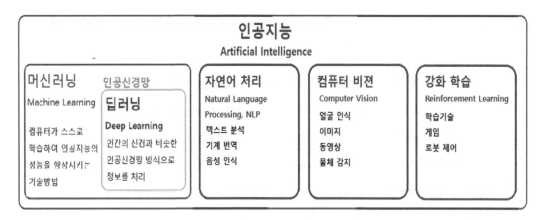

그림 6-7 인공지능의 작업형태에 따른 분류

6.2.2 ChatGpt(Generative Pre-trained Transformer)의 특징

ChatGPT는 머신러닝의 범주에 있으며 OpenAI에서 개발한 GPT 아키텍처를 기반으로 한 대화형 인공지능 모델이다. GPT 시리즈는 트랜스포머(Transformer)라는 딥러닝 아키텍처를 사용하여 자연어처리 작업에도 탁월한 성능을 보인다. ChatGPT는 그림 6-8처럼 사용자가 질문을 하면 그에 맞는 답을 하는 자연어 처리 방식이기도 하다.

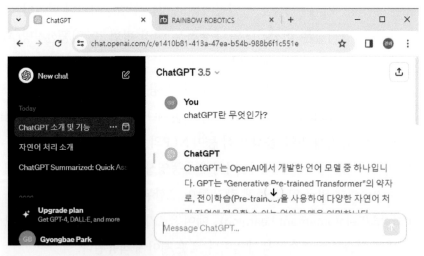

그림 6-8 ChatGPT 모델

ChatGPT는 대량의 텍스트 데이터를 사전훈련하고, 그 후에 특정 작업에 맞게 지속적으로 조정되어 사용된다. 이렇게 훈련된 모델은 다양한 자연어처리 작업에 활용할 수 있으며, 대화기능을 가진 챗봇(ChatBot)이나 질문응답 시스템 등 다양한 응용분야에 사용될 수 있다.

ChatGPT는 다음과 같은 짧은 역사를 지녔지만 현재 전 세계 수십억명의 사람들이 자신의 궁금한 점을 채팅을 통하여 해결하고 있다.

- GPT-1 : 2018년에 처음 소개되었으며 117만 개의 파라미터로 구성되었고, 텍스트 생성 및 이해와 같은 자연어 처리(NLP) 작업에 사용되었다.
- GPT-2 : 2019년에 GPT-2가 발표되었으며 1.5억 개의 파라미터를 가지고 있어서 이전 버전보다 훨씬 크며, 매우 자연스러운 텍스트 생성 능력을 보여주었다.
- GPT-3 : 2020년에 GPT-3가 발표되었고, 현재 사용되는 ChatGPT의 기반이 되는 모델이다. GPT-3는 1.75조 개의 파라미터를 가지고 있어서 이전 모델들보다 훨씬 더 강력하며, 다양한 작업에 대해 뛰어난 성능을 보이고 있다.

ChatGPT는 자연스러운 대화, 다양한 주제와 질문에 대한 대응, 대규모 데이터로 훈련되어 있으므로 다양한 주제에 대해 학습이 가능하고, 사용자가 편리하게 사용할 수 있는 특징으로 사용자에게 폭발적인 인기를 얻고 있다. 또한 OpenAI가 GPT 모델을 API 형태로 제공하면서 개발자들은 자체 애플리케이션, 서비스, 봇 등에서 ChatGPT를 쉽게 활용할 수 있게 되어있다.

6.3 인공지능 시스템의 분류

인공지능은 2차 AI의 붐을 일으켰던 전문가가 직접 정보를 입력하여 처리하는 전문가시스템과 제2세대 인공지능을 이끈 기계에게 방대한 양의 정보를 입력하고 스스로 학습하여 인공지능을 구현하는 기계학습으로 분류할 수 있다. 최근에는 GhatGPT와 같은 빅 데이터를 활용할 수 있는 기계학습 중에서도 인간의 신경망 신호처리 구조를 모방하는 딥러닝 방식이 많이 사용되고 있다.

특히 딥러닝은 고성능의 하드웨어 발전과 함께 각 산업에서 발생하는 다양한 빅 데이터를 사물인터넷을 통해 실시간으로 수집하고 저장할 수 있다. 빅 데이터들은 인터넷 및 클라우드 시스템을 통하여 시공간에 제약 없이 데이터를 처리하고 학습하는 능력이 뛰어나 높은 정확도와 성능을 보인다는 점에서 주목받고 있다.

6.3.1 전문가 시스템

전문가 시스템은 지식기반 시스템의 일종으로 간주되며 특정 도메인에서의 전문지식을 모방하고 활용하여 문제를 해결하는 컴퓨터시스템이다. 전문가가 직접 판단기준 및 데이터를 기계에게 입력하여 처리하는 방식으로 일상적인 분야에서 전문가들의 판단과정과 유사하게 동작한다. 전문가들이 판단을 내리는 기준을 기계에게도 규칙을 만들고 인공지능은 설정된 규칙에 따라 주어진 내용에 대해 추론하고 최종 판단을 내리도록 하여 해당 도메인에서의 복잡한 문제를 해결하거나 추론하는 데 사용된다.

은행에서 고객의 신용도를 평가하는 의사결정을 전문가시스템을 활용하여 적용하면 그림 6-9와 같이 전문가가 미리 정해진 기준을 시스템에 입력하면 해당 도메인에서는 정해진 기준에 따라 참(Yes)과 거짓(No)을 따라가며 최종 의사결정을 내리게 된다.

첫 번째 고려사항으로 고객이 직업이 있다면 다음 단계인 월수입이 200이상이면 부양가족 수와 상관없이 재산이 양호하면 고객의 신용도는 우량으로 판단한다. 만약 직업이 없고 나이도 어리면 부양가족 수와 상관없이 불량 판정으로 신용도를 낮게 평가하여 대출이나 은행거래가 제한된다. 이처럼 전문가시스템은 전문가가 고객의 신용을 판단하는 방법과 매우 유사하며 전문가가 직접 위와 같은 규칙을 입력한다. 이러한 전문가시스템은 금융권이외에도 지식재산권, 약물처방, 화학물질분석 그리고 컴퓨터의 부품설정 등과 같은 분야에서도 사용될 수 있다. 그러나 전문가시스템은 새로운 규칙이 생성되거나 예외사례가 발생할 때마다 시스템의 업데이트가 요구되고 매우 복잡한 논리적인 사고가 요구될 경우에는 구현의 복잡도가 증가하게 된다. 비용을 절감하는 성과를 내기도 하였지만 초기의 대형 프로젝트들은 높은 비용과 성능 문제로 실패한 경우가 많았다.

전문가시스템은 주로 특정 분야의 전문가들이 갖는 경험과 지식을 기반으로 구축되어, 해당 분야에서 일어나는 복잡한 문제를 해결하는 데 사용된다.

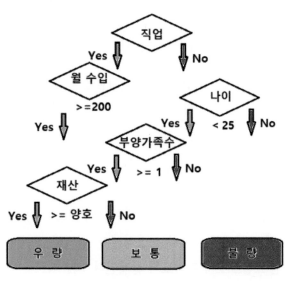

그림 6-9 전문가 시스템의 추론방법

출처 : 4차산업혁명 시대

6.3.2 머신러닝(machine learning)

머신러닝은 방대한 양의 데이터를 활용하여 컴퓨터가 스스로 판단기준을 학습하고 패턴을 식별하여 지능을 구축하는 방식으로 스스로 학습할 수 있기 때문에 예외적인 발생에도 적용할 수 있는 장점이 있다. 머신러닝의 핵심 아이디어는 알고리즘에 데이터를 입력하고 이를 기반으로 모델을 학습시키는 것이며 머신러닝은 학습 데이터에서 패턴을 찾아내고, 이를 통해 새로운 데이터에 대한 예측이나 결정을 내린다.

머신러닝의 한분야인 딥러닝은 인간의 신경망이 모두 연결된 것과 같이 신경망의 연결 형태와 작동 원리를 모방하여 인공지능을 구현한 것이다. 머신러닝은 명시적인 프로그래밍 없이도 컴퓨터가 학습하고 개선할 수 있도록 하는 방법이며 다양한 데이터를 활용하는 특징으로 인해 빅 데이터 시대에 적합한 방법이며 다양한 산업분야에서 응용되고 있다.

머신러닝은 학습하는 데이터의 특성에 따라 지도학습(Supervised Learning), 비지도학습(Unsupervised Learning) 그리고 강화학습(Reinforcement Learing)으로 구분된다.

① 지도학습

입력데이터와 해당 데이터에 대한 정답(레이블)이 주어진 상태에서 학습하며 모델은 입력
데이터와 레이블 간의 관계를 학습하고, 새로운 데이터에 대한 예측을 수행하도록 설계하
는 방법이다. 그림 6-10(a)은 지도학습에 대한 개념을 나타낸 것으로 개와 고양이 사진 등
을 입력 데이터로 주고 개와 고양이에 대한 개념을 학습시킨다. 학습된 시스템에 새로운 이
미지를 입력했을 때 시스템은 학습한 결과를 토대로 개인지 고양이 인지를 학습하도록 시
스템을 구성한다.

② 비지도 학습

정답이 주어지지 않은 상태에서 모델이 데이터의 구조나 패턴을 학습하는 방법으로 군집
화, 차원축소 등의 작업에서 사용하는 방식이다. 입력된 데이터의 특징을 파악하고 데이터
들에 대해 유사한 그룹으로 구분하도록 설계된다. 최종적으로 결과물에 대한 특징을 스스로
파악하여 학습에 유용한 정보를 추출하게 된다. 그림 6-10(b)에서 보는 바와 같이 입력된 다
양한 데이터에 대해 특징별로 그룹화하여 개와 고양이로 분류하고 개와 고양이의 특징을 스
스로 학습하는 방식이다. 비지도형 학습 모델은 지도학습에서의 원래 입력보다 데이터 특징
을 더 잘 표현하는 새로운 입력을 만드는 특징 추출기(feature extractor)로 활용된다.

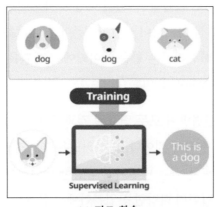

(a) 지도 학습

(b) 비지도 학습

그림 6-10 지도학습과 비지도학습 개념
출처 : 한국정보통신기술협회TTA

③ 강화학습

기계(에이전트 : agent)가 환경과 상호작용하며, 환경에 대한 보상을 최적화하기 위해 학습한다. 기계는 시행착오를 통해 경험을 쌓고, 보상을 최대화하는 방향으로 학습을 진행한다. 지도학습 또는 비지도 학습과 달리 데이터가 처음에는 주어지지 않으며 데이터와 보상을 획득하기 위한 기계의 행동을 부여하고 기계 스스로 더 나은 데이터와 보상을 얻기 위해 적절히 행동을 학습하도록 설계된 시스템이다.

그림 6-11은 강화학습에 대한 개념으로서 학습대상인 기계가 미로, 체스 또는 바둑 등과 같이 특정한 환경에 대한 정보를 얻고 이에 대해 어떤 행동을 했을 때 그 결정에 대해 보상 또는 벌칙을 주는 것이다. 보상 또는 벌칙은 한 번의 행동으로 결정을 하지 않고 여러 번의 행동을 취하고 나서 한꺼번에 보상하는 것이 일반적이다. 강화학습은 인공신경망을 적용하여 환경과 기계의 상태 등의 입력에 대해 행동을 결정하고 보상을 받게 되면 이전의 입력값과 행동들을 긍정적으로 학습하게 되므로서 인공지능은 진화하게 된다.

강화학습 알고리즘은 시스템의 구조와 법칙을 알 수 있는 바둑이나 게임과 같은 경우에 적용하는 모델기반 알고리즘과 시스템의 구조와 법칙을 알 수 없는 자율주행 차나 주식 등과

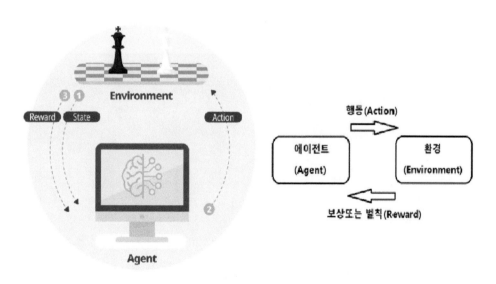

그림 6-11 강화학습 개념
참조 : 한국정보통신기술협회TTA

같은 경우에 적용하는 자유모델 알고리즘이 있다.

④ 심층강화학습

심층신경망을 활용하여 강화학습 기법의 성능을 개선함으로써 바둑, 자율주행차 또는 로봇의 제어와 같은 복잡한 문제도 심층적으로 강화학습을 적용할 수 있도록 하는 학습방법이다. 심층신경망인 딥 뉴럴 네트워크(DNN : Deep Neural Networks)를 적용하여 비선형함수 근사를 통해 고차원의 입력데이터에서 복잡한 특징을 학습할 수 있다. 심층강화 학습은 주어진 상태에서의 최적의 행동을 예측하고 학습하는 데 뛰어난 성과를 보인다.

심층강화학습의 대표적인 예로는 알파고가 있다. 알파고는 딥마인드(DepMind)에서 개발한 딥러닝 기반의 강화학습 알고리즘을 사용하여 바둑에서 이세돌을 이기는데 성공했다. 그림 6-12는 알파고 시리즈의 성능을 비교한 것으로 2015년 10월 알파고 판에서 시작하여 2017년 알파고 제로는 이전의 알파고와 시합을 하여 월등한 전적을 나타내었다. 각 알파고 시리즈에 적용된 TPU(Tensor Processing Unit)는 4개를 사용하고 있다. TPU는 구글에서 데이터분석 및 딥러닝용으로 사용하기 위해 만든 하드웨어이다. 이러한 성과를 통해 심층강화학습은 게임 이외의 다양한 분야에서도 적용되고 있다.

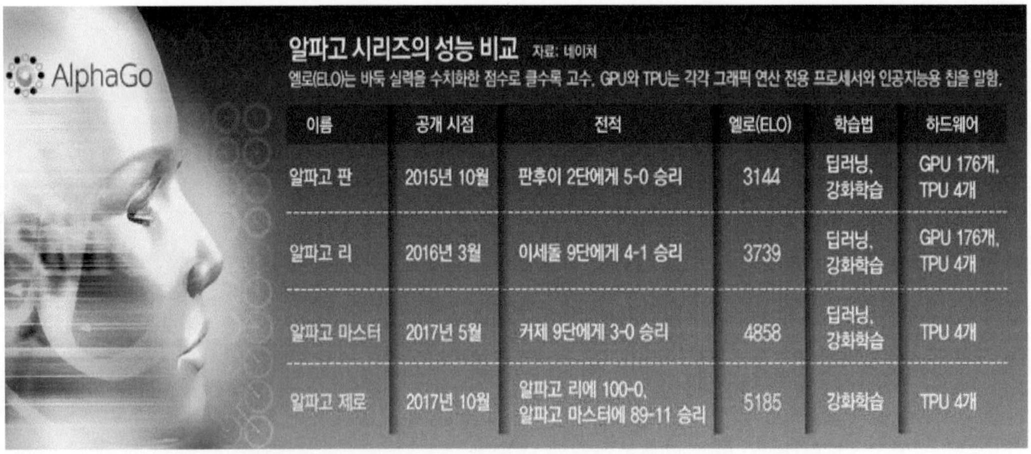

알파고 시리즈의 성능 비교 자료: 네이저

엘로(ELO)는 바둑 실력을 수치화한 점수로 클수록 고수. GPU와 TPU는 각각 그래픽 연산 전용 프로세서와 인공지능용 칩을 말함.

이름	공개 시점	전적	엘로(ELO)	학습법	하드웨어
알파고 판	2015년 10월	판후이 2단에게 5-0 승리	3144	딥러닝, 강화학습	GPU 176개, TPU 4개
알파고 리	2016년 3월	이세돌 9단에게 4-1 승리	3739	딥러닝, 강화학습	GPU 176개, TPU 4개
알파고 마스터	2017년 5월	커제 9단에게 3-0 승리	4858	딥러닝, 강화학습	TPU 4개
알파고 제로	2017년 10월	알파고 리에 100-0, 알파고 마스터에 89-11 승리	5185	강화학습	TPU 4개

그림 6-12 알파고 시리즈의 성능비교

출처 : 동아사이언스

6.3.3 자연어처리

자연어처리는 인간이 사용하는 언어를 기계가 이해하고 처리하는 분야로서 컴퓨터가 텍스트나 음성과 같은 자연어 데이터를 이해하고 해석하며, 그 정보를 활용하여 작업을 수행하는 기술을 포함한다. NLP는 기계 학습, 언어학, 통계학 등 다양한 분야의 기술과 지식을 활용하여 구현된다.

그림 6-13은 자연어처리 분석단계를 나타낸 것으로 크게 '형태소 분석 → 구문 분석 → 의미분석 → 담화 분석'의 4단계 프로세스로 정의할 수 있다.

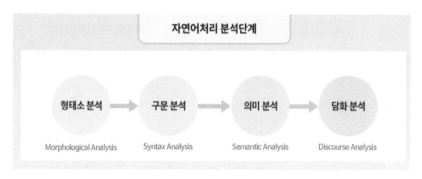

그림 6-13 자연어처리 분석단계
출처 : KT

자연어를 처리하기 위해서는 텍스트 분류와 개체명 인식과 같은 작업들이 필요하다.

① 텍스트 분류(Classification) : 텍스트를 사전 정의된 범주로 분류하는 작업으로, 스팸 메일 필터링, 감정 분석 등에 활용된다.
② 개체명 인식(Named Entity Recognition, NER) : 문서에서 명사를 추출하여 인물, 장소, 날짜 등과 같은 특정 유형의 개체를 식별하는 작업이다. 텍스트에서 특정 유형의 개체나 명칭을 식별하는 작업을 말하며 텍스트에서 중요한 정보를 추출하고 이해하는데 도움이 된다. NER은 주어진 문장 또는 문서에서 이러한 특정 유형의 개체를 식별하고 분류하는 작업을 수행한다.

자연어처리를 위한 작업이 끝나면 기계번역, 자동요약, 감정분석, 질문응답 그리고 음성인식과 같은 분야에서 활용가능하며 이와 같은 응용분야는 기술의 발전으로 인해 계속해서 새로운 응용분야로 확대되고 있다.

① 기계번역(Machine Translation) : 한 언어의 텍스트를 다른 언어로 자동으로 번역하는 기술로, 구글 번역과 같은 서비스가 이에 해당된다. 그림 6-14는 구글의 자동번역기로서 입력하는 언어를 자동으로 인식하고 다은 언어로 번역한다.

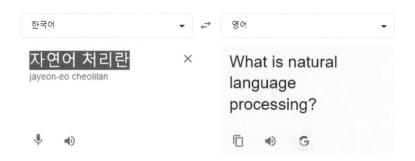

그림 6-14 구글의 자동번역기

② 자동요약(Automatic Summarization) : 긴 텍스트를 간결하게 요약하는 기술로, 중요한 내용을 추출하는 데 사용된다.

③ 감정분석(Sentiment Analysis) : 텍스트에 포함된 감정이나 의견을 판별하는 작업으로, 제품 리뷰 분석이나 소셜 미디어 감정분석에 적용된다.

④ 질문응답(Question Answering) : 주어진 질문에 대한 답을 찾아내는 기술로, 인공지능 비서나 검색 엔진에서 사용된다.

⑤ 음성인식 (Speech Recognition) : 음성데이터를 텍스트로 변환하는 기술로, 음성명령인식 시스템이나 음성검색에 활용된다. 윈도우 10에서 음성인식을 지원하는 절차는 다음과 같다.

작업 표시줄 → 검색 상자에 Windows 음성 인식을 입력 → 결과목록에서 Windows 음성 인식을 선택 → "음성 인식 음성 훈련에 오신 것을 환영합니다."라는 대화 상자가 표시되지 않으면 작업 표시줄의 검색 상자에 제어판을 입력하고, 결과 목록에서 제어판을 선택합니다. 그런 다음 접근성 > 음성 인식 > 컴퓨터가 사용자 음성을 더 잘 인식하도록 만들기를 선택한다.

6.4 인공지능 활용 분야

4차 산업혁명 시대의 최대 결과물이라 할 수 있는 인공지능의 파급효과는 매우 크기 때문에 전 세계의 선진 국가들과 대기업들은 인공지능 기술과 시장을 선점하기 위하여 자국과 자사의 역량을 총 동원하고 있으며 점차 가파른 성장을 보일 것으로 예상된다. 정보기술 시장분석·컨설팅 기관인 인터내셔널 데이터코퍼레이션 코리아(한국IDC)는 국내 인공지능 시장이 그림 6-15에 보이는 것처럼 향후 5년간 매년 평균 14.9%씩 성장해 2027년 그 규모가 4조 4636억원에 이를 것이라는 전망하고 있다.

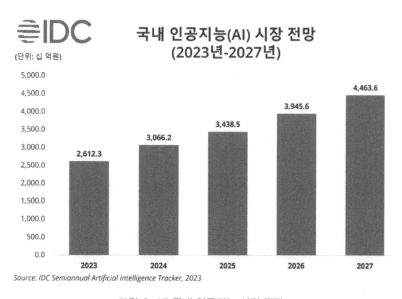

그림 6-15 국내 인공지능 시장 전망

그림 6-16에서 보는 것처럼 2021년 하이투자 증권 보고서에 따른 분야별 시장 규모 추이는 다소 감소하는 추세이지만 2026년 3000억 달러에 이르며 금융, 의료 생명, IT, 제조, 운송 및 물류 등 산업 전반에 걸쳐 고른 시장규모를 보일 것으로 전망하고 있다.

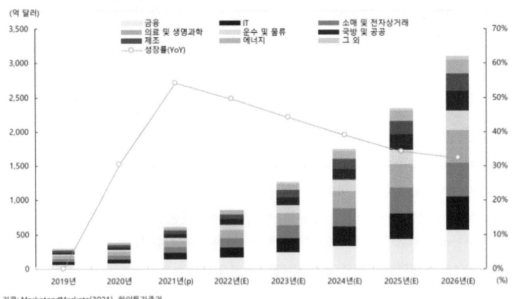

자료: MarketandMarkets(2021), 하이투자증권

그림 6-16 분야별 세계 인공지능 시장 규모 추이

(1) 금융

금융 분야에서는 유망 주식 발굴, 투자 권고를 위한 자산관리와 은행에서의 상담 문의 등 금융 전반에 활용되고 있으며 그림 6-17에서처럼 다양한 영역으로 점차 확대될 것으로 전 망된다. 인공지능은 금융시장 동향 및 데이터를 분석하여 투자 및 자산 관리에 활용될 수 있으며 대출 승인과 신용평가에서 고객의 신용 이력 및 금융거래 데이터를 분석하여 신용 위험을 예측하는 데 사용된다. 또한 금융거래 패턴을 모니터링하고, 이상 행동이나 사기 여 부를 식별하여 사기를 탐지할 수 있다. 금융 기관은 인공지능을 사용하여 시장 리스크 및 신용 리스크를 모니터링하고, 급격한 변동에 대응하여 위험관리에 적용할 수 있으며 자동 화된 거래 및 알고리즘 트레이딩에 사용되어, 시장 데이터를 실시간으로 분석하고 거래를 결정한다. 또한 보험 분야의 손해 평가 및 보상 처리와 고객의 개인적인 금융 상황 및 선호 도를 고려하여 맞춤형 금융 서비스 및 상품을 제공하여 개인 맞춤 금융서비스가 가능하다.

그림 6-17 AI 적용된 금융서비스

(2) 의료 및 생명과학

의료 및 생명과학 분야에서 인공지능은 크게 병리학, 영상의학, 개인건강관리, 의약품개발 분야에 주로 응용되고 있으며 수술용 로봇 및 디지털치료제 등 다양한 분야로 확대되어 적용되고 있다.

각 병원에서는 AI로 의료영상을 분석하여 질병을 진단하고 영상의 이상을 탐지하는 데 활용된다. X-레이, MRI, CT 스캔 등의 의료영상을 자동으로 해석하여 의사들이 빠르게 환자의 상태를 평가할 수 있으며 여러 임상 결과 영상분석의 정확도가 높아진 것으로 보고되고 있다. 의료영상뿐만 아니라 환자의 의료기록을 분석하여 의사에게 즉각적인 정보를 제공하고, 치료 결정을 지원하는 데 활용되며 이를 통해 의사는 빠르게 환자를 진료하고 치료계획을 개발할 수 있다. 이 밖에도 대량의 유전체학과 생물정보학을 분석하여 맞춤형 치료법을 찾을 수 있으며 의료 이미지들의 노이즈 제거 해상도를 향상시킴으로서 이미지를 향상시키고 AI가 수술로봇과 의료로봇을 통하여 환자의 수술이나 돌봄에 적용할 수도 있다.

국내에서도 정부부처와 다양한 의료기관 협업하여 인공지능을 활용한 영상의학 및 휴먼케어 서비스를 개발하고 제공하고 있다. 과학기술정보통신부의 의료 인공지능 소프트웨어 개발에 수많은 ICT 기업과 의료기관이 참가하여 그림 6-18에서 보는 것처럼 닥터앤서 2.0 (Doctor Answer)을 개발하였다. 닥터앤서 2.0의 개발사업의 주요 내용은 12개 질환에 대한 의료 학습 데이터를 구축, 24개 AI 의료 SW 개발, AI 학습환경 구축 및 데이터 활용, AI 의료서비스 환경 구축 등이다.

그림 6-18 닥터앤서 2.0
출처 : https://www.dranswer.kr/business/introduce

(3) 제조 분야

산업에서 제조분야는 제품의 생산공정, 제품의 디자인, 제작 및 조립, 유통 등이 있으며 산업과 관련하여 교육 및 연구가 요구된다. 인공지능은 제조에 관련된 기계가 인간과 같은 작업을 수행할 수 있는 지능을 가진 시스템으로서 실시간 감시 및 운영이 최적화할 수 있도록 한다. 이와 같은 공장을 스마트 팩토리라 하며 스마트 팩토리는 생산라인을 최적화하고 생산 프로세스를 효율적으로 관리한다. 머신비전을 활용하여 제품의 불량을 식별하고, 품질관리를 강화할 수 있다. 인공지능이 탑재된 로봇들은 작업을 자동화하고, 인간과 로봇 간의 협업을 강화함으로서 생산 라인의 생산성을 향상시키고 안전성을 확보하는 데 도움을 준다.

이외에도 에어버스(Airbus)사는 제품 디자인에 3D 프린터와 결합된 인공지능 기반 소프트웨어를 활용하여 강도는 높고 무게는 적은 항공기 제조에 성공하였으며 BMW 사는 인공지능을 활용하여 차량용 핵심부품을 생산하는 주요 생산 장비의 실시간 현황을 파악하여 공급 망을 관리함으로서 유통을 효율적하였다. 산업연구 부분에서는 비행기 제조사가 제트기 부품제작을 위해 인공지능 시스템을 활용하여 금속분말 합금과정에 대한 제조법과 수십 년간의 실험 결과를 분석하여 몇 년이 걸릴 재료의 발견을 수일 내로 단축하였다. 또한 에어버스사는 A360 항공기 제작시 초보 제작자들이 문제에 직면할 경우 과거 데이터를 분석하여 해결책을 제시함으로써 교육 지원에 활용한 사례가 있다.

인공지능의 제조분야의 확산방안은 그림 6-19에서처럼 정부의 정책, 이를 통한 인프라 구축, 산업 분야의 확대 그리고 관련된 전 국민의 순환적 교육이 필요하다.

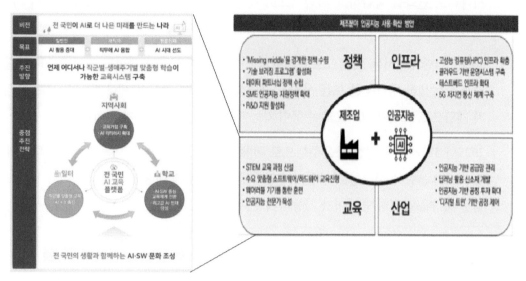

그림 6-19 제조 분야에서의 인공지능 확산 방안
출처 : 과학기술정보통신부2022

(4) 자동차 산업

인공지능과 자동차 산업 간의 연관성은 매우 깊고 급격하게 발전하고 있다. 다양한 인공지능 기술이 자동차 산업에 도입되어, 차량의 안전성, 운전 편의성, 연료 효율성 등을 향상시키고 있으며 관련된 분야로서 자율주행 기술, 인포테인먼트(infortainment) 시스템, 진단 및 유지 보수, 사물인터넷과의 연동 그리고 클라우드 시스템과 연동 등이다.

자율주행 기술은 국내의 자동차 기업뿐만 아니라 테슬라, 토요타와 같은 전 세계의 자동차 주요 기업들은 자율주행차개발에 사활을 걸고 있다. 미국의 비즈니스 컨설팅회사 Frost & Sullivan에서는 그림 6-20과 같이 자율주행 차에 대하여 5단계로 정의하고 있으며 2025 이후 자율주행차가 완전하게 상용화될 것으로 예상하고 있다.

그림에서는 AI 적용범위에 따른 수행능력을 평가한 것으로 2016년 이전에는 AI가 적용된 사례 없이 운전자가 운전하는 동안 차선 유지 시스템이나 혼잡구간에서 주행 지원 정도에 불과하였다.

2017년 자율주행 3단계에서 적용된 AI 분야는 보행자, 교통신호, 도로 표지판 검출 그리고 시나리오 변화를 학습하고 지속적으로 개선한다. 따라서 특정 동작 조건하에서 시스템이 차량을 제어하며 운전자의 요청이 있을 때 인공지능이 개입한다.

2020년 4단계에서는 모든 도로표지판과 신호등을 감지하여 개선된 경로계획과 복잡한 교차로를 탐색하여 가능한 모든 상황을 구별하고 올바른 추론을 세우게 된다. 최소한의 운전자 개입으로 도시와 고속도로 주행이 가능해지며 완전 자동 주차를 한다.

2025년 5단계는 완전한 자율주행으로 전체적으로 인공지능이 자동차는 도어투도어(Door To Door) 운송 서비스를 제공한다. 5단계에서는 운전자가 운전석에서 벗어나 있어도 시스템을 차량을 적절하게 제어가 가능하게 된다.

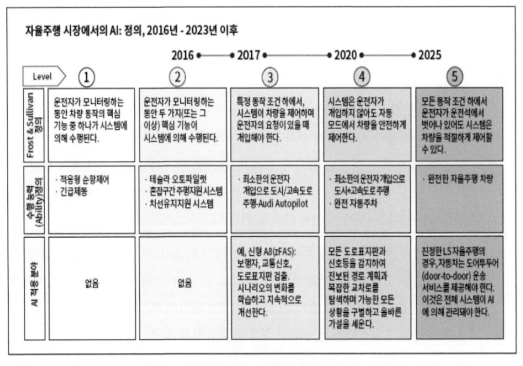

그림 6-20 자율주행차 정의
출처 : Frost &Sullivan

현대자동차 그룹은 지난 2015년 생산기술 연구 전문 조직인 생산기술개발 센터를 신설하고 스마트 팩토리 구축을 진행하였다. 2018년 11월 현대·기아자동차 인공지능 전담 조직인 AIR Lab을 신설했으며, 현재는 AIRS Company로 진화해 자동차 AI 연구뿐만 아니라 모빌리티와 라이프 서비스 영역까지 기술개발 범위를 넓혀 자동차와 관련 산업분야의 다양한 사업을 계획하고 운영하고 있다. 자동차 생산에 인공지능을 접목한 스마트 팩토리는 컴퓨터 비전 기술을 통해 자동차 부품의 연결과 조립상태를 확인하며 도장과정과 타이어 정비 및 휠 얼라인먼트(Alignment)에서의 불량을 신속하게 파악하여 차량의 품질향상에 기여하고 있다. 도장검사지 딥러닝 스캐닝 인식기술은 자동차 도장면 검사 공정에 인공지능 기술을 접목해 빅데이터를 구축하는 것으로, 이를 활용해 도장 품질 수준을 높인다.

⑸ 자연 환경 및 사회 안전

인공지능 기술을 사용하여 대기, 해양, 토지 등의 데이터를 수집하고 분석하여 기후 패턴을 예측하고 모니터링 할 수 있으며 관련된 정보는 재난 관리, 자연재해 예측, 농업 생산 등에 도움이 될 수 있다. 또한 사회 곳곳에 설치된 지능형 CCTV는 인공지능 기술을 적용하여 사회 전반에 발생하는 문제나 범죄 예방을 위한 방편으로 활용되고 있다.

그림 6-21의 IBM의 "Environmental Intelligence Suite"는 날씨 및 기후 영향을 모니터링, 예측 및 대응하기 위한 AI 기반 SaaS 플랫폼이다. 이 시스템은 정확한 날씨 데이터를 기반으로 악천후 및 기후 변화 사건의 경제적 영향을 사전에 관리하기 위해 활용된다. IBM이 서비스 중인 AI 친환경 솔루션은 산불, 홍수, 대기오염 같은 기후 변화를 모니터링하고 예측 경보를 발송해 갑작스러운 비즈니스 중단 위험을 예방해준다. 인공위성의 고해상도 지리정보를 분석하기 위해 AI를 사용하며 한눈에 볼 수 있는 단일 대시보드를 통해 시각화, 경고 및 지리 공간 통찰력을 한 곳에 모아 중요한 작업 현장을 쉽게 모니터링 할 수 있다.

그림 6-21 IBM 'Environmental Intelligence Suite'

스마트 선별관제시스템은 CCTV 영상분석기술을 활용하여 사람, 차량 등 객체를 식별하는 기능과 탐지된 사람의 이상행동에 대한 분석 기능을 제동하여 관제센터에서 사고예방을 위해 미리 대응 할 수 있게 해준다.

그림 6-22의 '시티허브'는 데이터의 수집 및 분석, 서비스 제공 등 모든 영역에서 강점을 제공하는 인공지능이 접목된 통합관제 시스템이다. 이를 통해 교통·안전·에너지·환경 등 도시 운영에 필요한 서비스를 한 곳에서 통합 관제하는 스마트시티의 '심장' 역할을 하게 된다. LG가 개발한 AI빅데이터 플랫폼 '디에이피(DAP)' 등 신기술을 적용해 4차 산업혁명 신기술을 적용하는 고차원적 스마트시티를 구축할 수 있다. 예를 들어 이전에는 도시 내 CCTV나 드론에서 수집된 정보를 바탕으로 가변형 신호체계 적용이나 길안내 등의 교통서비스를 제공했다. 여기에 AI 빅데이터 기술을 더하면 교통서비스 중에 발생하는 정보를 재수집하고 분석해 미래 교통량을 예측하는 수준까지 발전할 수 있다. 도시의 인구·기후·인프라 상황에 맞는 기능을 빠르고 경제적으로 서비스할 수 있다. (출처 : 뉴스포스트)

LG CNS 'IoT 결합형' 스마트시티 통합플랫폼 '시티허브(Cityhub, 가칭)' 구성도 (사진=LG CNS)

그림 6-22 스마트시티 통합 플랫폼

참고자료

1. 4차 산업혁명시대의 IT 개론과 실습, 박경배, 21세기사
2. https://www.oracle.com/kr/big-data/what-is-big-data/, 빅 데이터 특성
3. https://www.the-pr.co.kr/news/articleView.html?idxno=44255, 빅 데이터 역사
4. https://hadoop.apache.org/, 하둡
5. https://www.junggi.co.kr/article/articleView.html?no=17820, 빅데이터활용분야
6. https://chat.openai.com/, 생성형 인공지능
7. https://www.samsungsds.com/kr/insights/091517_cx_cvp3.html, 인공지능의 역사
8. http://www.aistudy.co.kr/program/expert_schildt.htm, 전문가시스템
9. https://aws.amazon.com/ko/what-is/machine-learning/, 기계학습
10. https://www.oracle.com/kr/artificial-intelligence/what-is-natural-language-processing/, 자연어 처리
11. https://www.thedatahunt.com/trend-insight/reinforcement-learning, 강화학습
12. https://www.epnc.co.kr/news/articleView.html?idxno=210680, 지도/비지도학습
13. http://word.tta.or.kr/dictionary/dictionaryView.do?word_seq=168098-10, 강화학습
14. https://www.donga.com/news/home/article/all/20171019/86821626/1, 알파고
15. https://enterprise.kt.com/bt/dxstory/746.do, 자연어처리단계
16. https://www.idc.com/getdoc.jsp?containerId=prAP50604723, 인공지능시장
17. https://www.getnews.co.kr/news/articleView.html?idxno=615337, 분야별 인공시장
18. https://www.dranswer.kr/business/introduce, 닥터앤서
19. http://m.irobotnews.com/news/articleView.html?idxno=21842, 인공지능확산방안
20. https://www.frost.com/news/, 자율주행차 정의
21. https://www.hyundai.co.kr/story/, 현대자동차 자율주행 연구소
22. https://www.ibm.com/kr-ko/products/environmental-intelligence-suite
23. https://www.lgcns.com/business/smartcity/cityhub/

연습 문제

6.1 빅 데이터의 3가지 특성은 무엇인지 설명하시오.

6.2 빅 데이터를 다루기 위한 다양한 기술과 도구들을 기능에 따라 분류하시오.

6.3 빅 데이터의 활용분야에 대해서 설명하시오.

6.4 생성형 인공지능 챗지피티(ChatGpt)를 사용하여 빅 데이터의 특성에 대해 질문하시오.

6.5 인공지능을 기능에 따라 분류하고 설명하시오.

6.6 챗지피티(ChatGpt)의 특징은 무엇인지 설명하시오.

6.7 머신러닝 인공지능 시스템에 대해 설명하시오.

6.8 인공지능의 지도학습과 비지도 학습의 차이점에 대해 설명하시오.

6.9 자연어 처리 단계를 간략히 설명하시오.

6.10 인공지능 활용분야에 대해 설명하시오.

7

가상현실 세상™

7.1 가상현실 개념

7.1.1 가상현실의 역사

가상현실(Virtual Reality)은 현실과 유사한 경험을 컴퓨터 그래픽이나 다양한 감각기술을 통해 가상으로 만들어내는 기술이나 환경을 가리킨다. 이는 사용자가 현실과 구별할 수 없을 정도로 현실적인 경험을 제공하려는 목적을 갖고 있다. 일반적으로 가상현실 헤드셋과 같은 특수한 장비를 사용하여 구현되며, 사용자는 시각, 청각, 그리고 때로는 촉각을 통해 가상환경과 상호작용한다. 이러한 가상환경은 현실세계와 상당히 다를 수 있으며, 가상세계 안에서 사용자는 현실에서는 불가능한 경험을 할 수 있다.

가상현실 개념의 시초는 일반적으로 1957년 시뮬레이터 개발자이자 영화제작자인 모튼 헨리그(Morton Heilig)가 그림 7-1과 같은 센소라마(Sensorama)라는 기계를 고안하면서 부터라고 할 수 있다. 이 장치는 컴퓨터를 이용한 기술이 아니라 입체 3D 스크린, 스테레오 오디오, 진동의자, 냄새, 바람 등 대기 효과를 활용하여 3D 영상과 결합하여 사용자들이 가상현실을 체험하도록 했다.

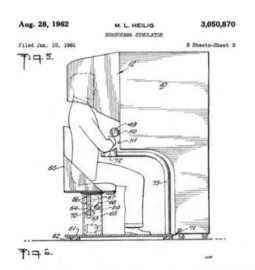 

그림 7-1 센소라마 장비
출처 : mortonheilig.com

1968년 이반 서덜랜드(Ivan Sutherland)와 그의 학생인 토마스 퍼니스(Thomas Furness)는 컴퓨터 그래픽을 보기위하여 그림 7-2와 같은 헤드 마운트 디스플레이 시스템을 개발하고 "The Sword of Damocles" 명명하였다. 이것은 현재 사용 중인 HMD와 매우 유사한 외형으로 보인다.

이후 1980년대를 거치면서 미국 NASA에서 많은 연구비를 들여 우주 비행사들을 훈련시키기 위해 가상 환경 기술을 사용하기 시작했다. 이는 가상 환경이 교육 및 훈련 분야에서의 잠재력을 보여주는 첫 번째 사례 중 하나였지만 하드웨어 장비가 열악하여 발전이 더디었다. 이후 1990년대 초가 되어서 하드웨어의 기술이 발전하기 시작하여 디스플레이 장치, 센서, 소프트웨어의 발전으로 가상현실의 가능성을 나타내었다. 현재 NASA의 VRL(Virtual Reality Laboratory)는 우주 환경에서의 가상현실을 실험하고자 만든 연구소로, 국제우주정거장(ISS, International Space Station)에서 우주인의 효율적인 업무 수행을 돕기 위한 연구를 진행하고 있다.

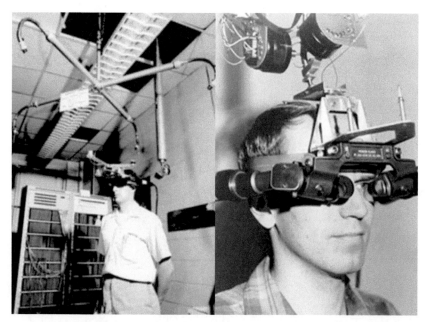

그림 7-2 이반 서덜랜드의 "The Sword of Damocles"
출처 : GARP Virtual Reality

가상현실을 체험하기 위해선 인간의 시각, 청각, 촉각, 미각, 후각의 오감에 대한 인식이 필요하다. 우리가 현실을 느끼는 것은 시간의 변화에 따라 오감을 느끼는 것이기 때문에 가상현실 속에서도 우리는 보고, 듣고, 느끼고, 맛보고, 냄새를 맡을 수 있어야 한다. 현실이 아니지만 우리의 오감이 바탕이 되어 가상으로 꾸며진 공간 속에서 현실과 같은 현장감을 느낄 수 있어야 한다.

우리는 아날로그 공간속에서 살면서 시각을 이용하여 많은 정보를 얻고 있다. 우리의 오감은 정보를 얻기 위해 시각 78%, 청각 13%, 촉각 3%, 후각 3%, 미각 3%의 비율로 활용한다고 한다. 따라서 시청각 자료를 정보를 전달하면 90% 이상의 정보전달 효과를 나타낸다. 현재 사용되고 있는 대부분의 멀티미디어 시스템들은 문자, 소리, 이미지 그리고 동영상 등을 처리할 수 있으며 인간의 오감 중 시각, 청각을 기반으로 사용자들에게 정보를 제공하는 것이다.

인간의 시청각에 해당되는 컴퓨터의 모니터와 음향기기를 통하여 가상현실을 구현한다면 인간은 어느 정도 가상공간에 몰입할 수 있을 것이다.

우리는 현실에 바탕을 둔 가상공간에서 교육 등의 시뮬레이션을 하거나 현실세계에서 불가능한 경험을 할 수도 있다. 가상환경을 구현하여 구석기나 신석기시대 등을 탐험하거나 태양, 지구의 내부 등을 간접 체험할 수 있으며 비행기나 제철소의 용광로 등의 시뮬레이션 교육을 통해 운전방식을 이해함으로서 실전에 자신감을 갖도록 할 수 있다. 가상현실을 구성하기 위한 하드웨어와 소프트웨어의 발전은 현실과 가상을 구분하지 못할 정도로 몰입감을 제공할 것이며 단순한 체험을 넘어 교육, 의료, 비즈니스, 예술, 운전 시뮬레이션 등 다양한 분야에서 활용될 것으로 기대되고 있다.

7.1.2 가상현실 특성

가상현실을 현실감 있게 구현하기 위해서는 그림 7-3과 같이 가상공간을 체험하는 사용자에게 몰입할 수 있도록 해야 하며 가상공간은 사용자와 상호작용을 해야 한다. 또한 시간이 지남에 따라 혹은 사건이 발생함에 따라 가상공간은 자율성을 가지고 동작하여야 한다. 이처럼 3D의 현장감(presence), 상호작용(interaction) 그리고 자율성(autonomy)은 가상현실을 구현하기 위한 필수요소라 할 수 있다.

사용자에게 현장감을 제공하기 위해서는 가상공간은 사용자의 시각정보를 위해 3차원의 공간으로 구현되고 현실감을 느끼도록 인간의 오감을 바탕으로 시스템을 구현해야 한다. 이러한 시스템은 컴퓨터의 하드웨어와 소프트웨어로 구현되며 인간의 오감을 얼마나 정확하게 구현하느냐에 따라 몰입정도의 차이를 가져올 수 있다. 현재 오큘러스는 시각과 청각을 제공하는 HMD를 이용하여 가상현실을 체험하도록 하고 있으며 HMD 이외에도 진동을 이용하여 촉각에 대한 정보를 어느 정도 제공하고 있다.

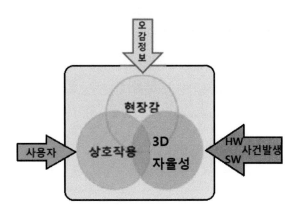

그림 7-3 가상현실의 특징과 필수 요소

(1) 현장감(Presence)과 몰입감(Immersion)

현장감이란 비록 가상의 공간이지만 가상공간의 주체인 인간이 마치 현실세계에 있는 것처럼 착각을 일으킬 정도로 현실성 있게 가상공간을 구현하여 가상공간이 아닌 현실에 있는 것과 같은 착각을 일으키는 정도를 의미한다. 현장감을 증진시키기 위해서는 3차원 그래픽과 같은 다양한 기술과 기법이 적용되어야 한다. HMD의 높은 해상도와 넓은 시야각은 고해상도의 3D 그래픽 품질과 자연스러운 동작을 제공함으로서 시각적 현실감을 증진시킬 수 있으며 3D 오디오 기술을 사용하여 청각적 현실감도 제공되어야 한다. 오큘러스의 HMD VR 시스템은 터치 피드백과 진동 장치를 사용하여 가상환경에서 물체를 만질 때 느끼는 감각을 전달함으로서 촉각을 이용하여 현장감을 높이고 있다.

가상공간 내에 현실감을 느낀다면 당연히 몰입감(Immersion)을 느끼게 된다. 몰입감이란 가상공간 내에서 사용자의 모든 감각이 현실세계에 있는 것과 같은 착각을 가지도록 하는 것을 의미한다. 아직까지는 하드웨어와 소프트웨어의 기술적인 문제로 인간의 모든 오감을 구현하지는 못하고 있다. 만약 인감의 오감을 기계적으로 모두 구현한다면 완벽한 몰입감을 줄 수 있을 것이며 이처럼 구현된 가상공간을 가상환경(VE:Virual Environment)이라고도 부른다.

(2) 인간과 컴퓨터간의 상호작용(Human-Computer Interaction)

가상현실 시스템이 현장감을 준다하더라도 일방적으로 시스템이 사용자에게 정보를 제공하기만 하면 사용자의 현장감은 영속성을 가질 수 없다. 사용자가 가상현실 공간에 몰입하기 위해서는 물리적인 하드웨어 입력장치를 이용해 조작이나 명령을 하고 가상현실 안에 구현된 대상들은 인간과 상호작용을 해야 한다. 상호작용을 위한 가상공간의 시스템은 하드웨어와 소프트웨어를 이용하여 구현되며 인간-컴퓨터간의 인터페이스(HCI:Human Computer Interface)라 한다.

가상현실 시스템은 사용자의 동작과 명령을 감지하기 위해 다양한 입력장치를 사용하며 일반적으로는 헤드셋 내장의 센서, 손 컨트롤러, 터치 패드, 음성 인식 등이 있다. 가상환경 내에 생성된 3D 객체, 캐릭터, 그리고 다양한 요소들은 사용자와의 상호작용을 위해 프로그래밍 되어 있으며 사용자의 명령에 반응하거나 가상공간에서의 특정 역할을 수행하게 된다. 사용자의 행동에 대한 피드백은 시각, 청각, 그리고 촉각 등 다양한 감각을 활용하여 제공되며 이는 사용자가 가상환경에서의 행동에 대한 더 나은 인식과 연결성을 제공하게 된다. 일반적인 컴퓨터와 마찬가지로 가상공간 내에서 상호작용은 GUI(Graphical User Interface) 방식을 사용하지만 음성을 인식하여 컴퓨터와 상호작용하는 경우도 있다.

(3) 자율성(Autonomy)

가상현실 시스템이 현장감을 제공하고 인간과 상호작용을 할지라도 가상공간 내의 모든 요소들 자체도 스스로 자율적인 행동을 할 수 있어야 한다. 가상공간 내의 주인공은 자신이지만 자신 이외에도 주변 환경, 다른 물체 그리고 다른 생명체와 같은 것들은 환경의 변화,

시간의 변화, 중력의 작용, 충격감지 등 외부의 변화에 대해 모든 객체들은 스스로 자율성을 가지고 변화를 일으킬 수 있어야 한다. 이러한 의미에 있어서 가상현실 시스템은 가상공간에서 인간의 경험과 변화를 창출한다는 점에서 자율성이 보장되며 한 방향으로만 일방적으로 구현된 일반적인 게임 시뮬레이션과는 구분된다.

7.2 현장감에 따른 가상현실 분류

가상현실 시스템에 필수적인 3요소인 현장감, 상호작용, 자율성 중 현장감은 사용자의 몰입 정도를 나타내는 중요한 요소이다. 현장감은 고도의 하드웨어가 필요하지만 상호작용과 자율성은 소프트웨어를 사용하여 구현할 수 있다. 따라서 몰입도가 높은 가상현실은 비교적 고가의 시스템이기 때문에 일반 사용자들이 쉽게 접하지 못했지만 하드웨어 기술의 발전과 최근 상대적으로 저렴한 하드웨어 장비들이 출시되어 많은 사용자들이 접할 수 있게 되었다.

현장감 보다는 3차원 그래픽으로 가상공간을 구현하고 상호작용하는 환경을 비몰입형 가상현실이라 한다. 비몰입형 가상현실 시스템은 소프트웨어만을 사용하여 3차원 그래픽으로 사용자와 상호작용하고 자율성을 갖는 가상공간을 구현한다. 따라서 멀티미디어 시스템을 이용하여 2D 모니터 또는 스마트폰의 앱을 이용하여 구현된 가상현실 환경으로서 사용자의 몰입도가 낮다. 부수적인 가상현실 시스템의 장비 없이 일반인들도 쉽게 저렴한 가격으로 구현할 수 있다.

7.2.1 몰입형 가상현실(Immersive VR)

몰입형 가상현실 시스템은 현장감과 몰입감 그리고 인간과 상호작용하는 가상현실 환경을 구현한 가장 이상적인 형태이다. 몰입형 시스템을 구현하기 위해서는 고가의 소프트웨어와 컴퓨터 그래픽스, 음향, 터치 및 움직임 인식 등 다양한 기술을 결합하여 현실과 구분하기 어려운 경험을 제공해야 한다.

몰입형 가상현실은 그림 7-4와 같이 고가의 하드웨어 장비인 HMD 헤드셋, 컨트롤러, 센서 등을 사용하여 사용자에게 가상환경을 체험하도록 한다. 또한 단순히 인간의 오감만 구현하는 것이 아니라 인간의 움직임 등을 추적하여 가상공간에서 사용자의 행동을 반영한다.

그림 7-4 몰입형 가상현실
출처 : truemind1.blogspot.com/2016/09/03-3

몰입형 가상현실 시스템은 다음과 같은 하드웨어의 사양이 요구된다.

① HMD(Head Mounted Display) : 몰입형 가상현실의 가장 핵심적인 장치로서 사용자는 눈 앞에 디스플레이가 부착된 헤드셋을 착용하여 가상세계를 시각적으로 체험한다. HMD에는 헤드 트래킹 센서와 디스플레이를 포함하고 있어 사용자의 머리 움직임에 반응하며 입체적이고 현실감 있는 시각경험을 제공한다.

② 3D 오디오시스템 : 현실감 있는 음향은 몰입형 가상현실의 중요한 요소이다. 3D 사운드 효과를 제공하는 오디오시스템은 사용자의 위치와 방향에 따라 소리가 변함으로서 사용자가 가상 세계의 둘러싸여 있다고 느끼게 한다.

③ 트래킹 시스템 : 사용자의 몸이나 손의 움직임을 감지하는 트래킹 시스템은 사용자의 머리, 손 등의 동작을 가상세계로 전달하여 상호작용을 가능하게 한다.

④ 컴퓨터 그래픽스 및 가상환경 : 몰입형 가상현실은 현실감 있는 가상환경을 제공하기 위해 고급 컴퓨터 그래픽스 기술과 가상현실 환경을 구축하는 소프트웨어가 요구된다.

⑤ 컨텐츠 및 어플리케이션 : 게임, 교육, 의료, 산업 등 다양한 분야에서 다양한 목적으로 사

용되는 가상현실 컨텐츠와 어플리케이션이 요구된다.

⑥ 햅틱 피드백(Haptic Feedback) 시스템 : 사용자의 몸이나 손에 햅틱 장치를 사용하여 실제로 물체를 만질 때와 같은 터치 및 감각적 피드백을 제공해야 한다. 햅틱 장치는 가상세계에서의 상호작용을 더욱 현실적으로 만들어 준다.

⑦ 네트워크 : 다양한 사용자들 간의 상호작용을 지원하기 위해 네트워크 연결이 필요하다. 다중 사용자들의 참여는 온라인 상호작용을 통해 가상세계를 더 풍부하게 만들 수 있다.

그림 7-5는 현재 인기 있는 HMD 장비의 종류와 특성 그리고 가상현실 시스템과 상호작용하기 위한 인터페이스 장비의 서비스 플랫폼을 나타낸 것이다.

모델명	Oculus Rift[15]	Vive[16]	Playstation VR[17]	OSVR[18]
HMD 착용부				
시야각(FOV)	110°(대각선)	110°(대각선)	100°(대각선)	100°(대각선)
해상도(단안)	2160×1200 (1080×1200)	2160×1200 (1080×1200)	1920×1080 (960×1080)	1920×1080 (960×1080)
갱신율(Hz)	90	90	120	60
상호작용 인터페이스				범용 I/O 디바이스 연동 VRPN 포함 JSON descriptor[40]
트래킹 (+위치추적)	6DOF (IR camera)	6DOF (lighthouse)	6DOF (color light)	6DOF (IR camera)
서비스 플랫폼	Oculus Share MS XBOX	Valve STEAM	SONY PlayStation	Opensource

그림 7-5 몰입형 가상현실 장비
출처 : 전자통신통향분석,vol31.No.4

몰입형 가상현실은 비행기 조종이나 의사의 수술시연 등과 같이 현실을 기반으로 구현하는 경우가 있으며 단순히 인간의 취미 오락 등과 같은 3D 게임 같이 비현실적으로 구현된 가상현실이 있다. 3D 게임과 같이 현실을 기반으로 하지 않는 경우는 인간의 상상력을 기반으로 가상의 물체나 환경을 사용자가 경험하고 상호작용하는 경우이다.

몰입형 가상현실 시스템은 아니지만 비디오카메라로 촬영된 자신이나 몸의 움직임을 감지하는 센서를 이용하여 현실의 움직임을 컴퓨터가 만들어내는 가상공간에 나타나게 하여 자신이 가상공간에 직접 존재하는 것처럼 느끼게 하는 시스템으로서 삼인칭(Third Person) 가상현실이라 한다. 3인칭의 의미가 붙은 이유는 일반적으로 캐릭터를 조작하거나 상황을 감시할 때 3인칭의 관점에서 관찰한다. 게임에서 플레이어 캐릭터를 화면 전체에서 관찰하거나 특정 상황을 살펴보는 데 사용하기 때문이다. 주로 오락용으로 많이 쓰이며 대표적인 예로 Xbox 키넥트(KINECT)가 있다. 그림 7-6은 키넥트 가상현실 장비를 이용하여 자신의 움직임을 게임 안에 나타낸 것이다.

그림 7-6 KINECT 삼인칭 가상현실
출처 : 아시아경제

7.2.2 비몰입형(Non-Immersive VR)

비몰입형 가상현실 시스템은 HMD와 같은 고가의 하드웨어 장비 없이 그림 7-7과 같이 단순히 일반모니터의 화면이나 스마트폰 화면으로 3차원 공간을 탐색하고 경험하는 것이다. 비몰입형 가상현실 시스템은 간단한 입체안경, 게임기 등을 추가하여 데스크탑에서 쉽게 경험할 수 있기 때문에 현장감이 매우 떨어지지만 간단하게 콘텐츠를 구성할 수 있는 저가형 가상현실 시스템이다. 데스크 위의 모니터에서 가상현실을 체험하기 때문에 탁상형 가상현실 시스템이라고도 한다.

그림 7-7 비몰입형 가상현실 시스템

비몰입형 시스템은 기본적으로 X3D와 같은 3D 모델링 툴을 이용하여 3차원의 가상공간을 만들고 가상공간 안에 집이나 가구 등의 3D 물체를 만들어 현실과 같은 공간을 구성하게 된다. 일반적으로 이미지나 그래픽으로 물체를 만들기 때문에 현실감은 떨어진다. 만들어진 공간은 가상의 아바타를 이용하여 키보드나 마우스의 움직임에 따라 탐색할 수 있다. 3차원으로 구현된 가상공간의 물체들과 상호작용하기 위해서 다양한 센서들을 소프트웨어로 구성하게 된다. 예를 들어, 문 앞에 도착하거나 문을 터치하면 문이 열리는 상호작용이 이루어져 한다. 이처럼 현실에 존재하는 각각의 센서들은 소프트웨어로 구현할 수 있으며 구현된 3D 물체들에 적용하면 키보드나 조이스틱 등을 통하여 상호작용하도록 구현할 수 있다. 따라서 3D 물체를 만들기 위한 편집 프로그램과 그림 7-8과 같은 가상현실 제작 소프트웨어만 있으면 누구나 스마트폰이나 컴퓨터를 기반으로 구현할 수 있다. 비몰입형 시스템은 저가의 스크린 위주의 가상현실 시스템이므로 가상공간과 같은 웹을 기반으로 한 가상현실이 주를 이룬다.

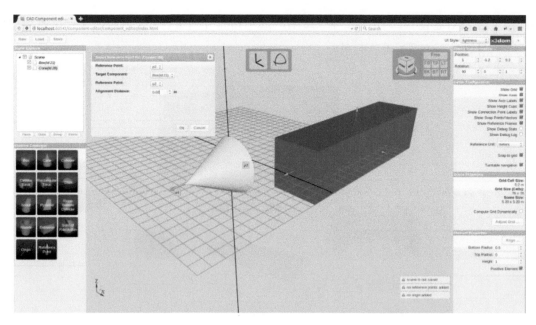

그림 7-8 3D 제작 툴 x3dom

출처 : x3dom.org

그림 7-9와 같이 웹 기반의 x3dom 관련 콘텐츠 등은 대표적인 비몰입형 가상현실이라 할 수 있다. 비몰입형 가상현실 시스템이라 하더라도 3차원의 가상공간과 사용자는 인터페이스를 가지고 서로 상호작용하는 기능은 필수적으로 구현되어 있어야 한다.

그림 7-9 웹기반 x3dom 모델링

출처 : x3dom.org

7.3 증강현실(AR : Argumented Reality)과 혼합현실(MR : Mixed Reality)

7.3.1 증강현실

1994년 미국의 폴 밀그램(Paul Millgram)은 가상현실 분야를 그림 7-10과 같이 4개의 부분으로 세부적으로 분류하였다. 현실세계와 가상세계라는 두 세계가 겹치는 위치에 증강현실 또는 혼합현실이 존재한다. 증강현실은 현실세계를 기반으로 정보를 가상으로 합성을 하게 되면 현실 세계의 정보는 더욱 부가적으로 증가됨을 의미하여 반대로 가상공간을 구축한 후 부가적인 정보를 현실에 합성하게 되면 가상현실 세계는 더 증강하게 된다. 증강현실과 증강가상은 모두 혼합현실이라 부른다.

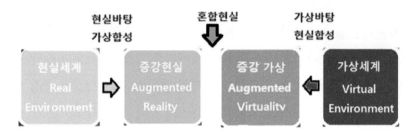

그림 7-10 증강현실과 혼합현실

가상현실이 시스템을 통하여 인간의 오감을 가상현실로 구현한 것을 의미한다면 증강현실은 현실의 세계를 기반으로 또 다른 정보를 제공함으로서 현실의 정보를 더욱 증강시킬 수 있다. 따라서 증강현실은 가상현실보다는 작은 의미로 분류할 수 있다.

증강현실이 현실세계의 정보를 증강시키기 때문에 시스템에서 가장 필수적인 것은 현실세계의 정보를 받아들일 수 있는 카메라와 같은 장치다. 그림 7-11(a)는 컴퓨터와 카메라를 이용한 일반적인 증강현실 시스템으로서 현실세계의 정보를 비디오나 카메라 등을 통하여 입력받고 컴퓨터그래픽 시스템 내부의 가상물체와 혼합시켜 증강현실을 구현한다. 초기의 증강현실 시스템은 탁상용 시스템으로 구현되기 때문에 이동성에 제한이 있었다. 그러나 그림 7-11(b)와 같이 카메라가 내장된 스마트폰의 출현으로 휴대성이 편리하여 증강현실의 활용에 높은 효율성을 보인다.

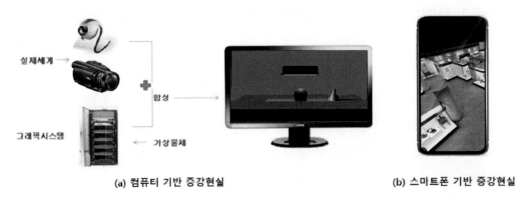

(a) 컴퓨터 기반 증강현실　　　　　　　　　**(b) 스마트폰 기반 증강현실**

그림 7-11 증강현실 시스템의 기본 구조

증강현실은 일반적으로 카메라가 내장된 안경이나 스마트폰을 통하여 획득한 현실 환경에 부가적인 정보를 소프트웨어를 사용하여 만들고 이를 현실정보에 합성하는 방법으로 구현한다. 세계 최초로 증강현실을 구현한 스마트폰은 레노버(Lenovo) 스마트폰으로서 그림 7-12에서 보는 것처럼 스마트폰의 카메라를 통하여 '펩2프로'의 증강현실 기능을 활용해 실제 공간의 너비를 재는 모습을 나타낸다.

그림 7-12 "펩2 프로(Phap2 Pro)"를 이용한 증강현실 구현
출처 : 한국레노버

그림 7-13은 증강현실의 열풍을 몰고 온 나인언틱에서 2017년 개발한 "포켓몬 Go" 게임 프로그램으로서 스마트 폰을 현실사회의 특정 장소를 촬영하면 포켓몬 게임 아이템을 획득하게 된다. 당시에는 획기적인 증강현실로서 남녀노소 불문하고 많은 사람들이 증강현실에 관심을 가지었으나 "포켓몬 Go" 이후로는 화제가 된 증강현실 프로그램이 없다.

그림 7-13 증강현실 게임 "포켓몬 Go"
출처 : 나인언틱

7.3.2 혼합현실

현실세계를 증강하는 혼합현실(Mixed Reality)은 증강현실과 증강가상을 합쳐서 일컫는 말이며 증강현실보다는 큰 의미이며 가상현실의 한 분야이다. 증강현실은 현실을 기반으로 부가정보를 추가하지만 증강가상은 가상의 환경을 구축하고 현실정보를 추가하는 방법이다. 혼합현실은 증강현실과 증강가상을 모두 의미하며 증강현실은 "포켓몬 Go"와 같이 현실세계의 실시간의 영상정보를 기반으로 부가적 정보를 제공하지만 증강가상은 그림 7-14와 같이 크로마키 스크린을 활용하여 선거개표 방송이나 날씨 정보를 부가적으로 제공하는 방법을 말한다. 그러나 멀티미디어 시스템에 의해 처리된 데이터를 혼합하거나 부가적 정보를 혼합하여 이용자에게 증강된 정보 서비스를 제공한다는 측면에서 유사하다.

그림 7-14 증강가상 크로마키 합성

출처 : KBS

혼합현실 시스템이 갖추어야 할 조건으로 1997년 로날드 아주마(Ronald Azuma)는 그림 7-15와 같이 3개의 요소로서 정의하였다. 혼합현실을 구현하기 위해선 현실을 기반으로 가상 이미지와 정보의 결합 그리고 실시간으로 증강현실과 상호작용을 해야 한다. 그리고 현실세계를 바탕으로 3D 랜더링된 가상 물체들이 구현되어야 함을 제시하고 있다.

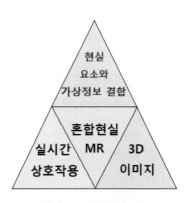

그림 7-15 혼합현실 3요소

혼합현실의 기술은 시각정보의 기반이나 위치 기반의 매체에 따라 표 7-1과 같이 분류할 수 있다. 사용자의 시각정보를 증강하기 위해 크로마키 스크린을 이용한 시스템이 있으며 시각정보 보단 "포켓몬 Go"와 같은 위치기반으로 정보를 더욱 증가시키기 위한 위해 구현된 시스템이 있다. 표에서 보는 바와 같이 위치기반과 시각정보의 증강 측면에서 접근한 증강현실 개념을 단순히 비교하여 나타낸 것이다. 위치기반은 여러 부가정보를 제공하기 위해 사용되며 5G, 6G와 같은 초연결, 초지연, 초고속의 네트워크가 필요하다. 시각정보의 혼합현실은 현실 또는 가상을 증강시키기 위해 3D 물체의 렌더링과 상호 작용하는 독립적 시스템이다. 간혹 시각정보를 이용한 증강현실은 실시간이 아닌 네트워크에 연결되지 않은 시스템을 이용하여 증강현실을 체험하기도 한다.

표 7-1 혼합현실 요소 기술에 의한 분류

요소	위치기반	시각정보
사용 목적	여러 부가정보 제공	현실 또는 가상 증강
증강 정보	위치, 정보, 방향	3D 물체
시각 장치	스마트폰, 구글 안경	HMD, 모니터
인터페이스	정보제공 탐색	3D 물체 상호 작용
기술 요소	네트워크	3D 랜더링
시스템	분산시스템	독립적
응용 분야	위치, 방향 정보	3D 게임, 시뮬레이션

출처 : 4차 산업혁명시대의 IT)

7.4 입출력장치

7.4.1 마커(Maker) 입력장치

혼합현실 시스템의 초기에는 위치와 시각기반의 증강을 위해서 그림 7-16과 같은 마커 태그를 입력 표시로 사용하였다. 마커에 포함된 정보를 획득하여 마커 이미지를 증강 시스템에 전송하여 증강정보를 획득하는 방법이다. 마커를 사용하는 이유는 현실 세계의 물체나 특정 지점을 나타내며, 이를 통해 혼합현실 애플리케이션은 사용자의 시야에 가상의 정보나 객체를 적용한다. 마커를 사용하면 혼합현실의 시스템이 사용자의 위치와 주변 환경을 더 정확하게 파악할 수 있으며 가상 객체나 정보를 정확하게 배치할 수 있다.

마커는 카메라 인식기술을 사용하여 인식하기 용이한 임의의 물체에 QR(Quadrature Re-cord) 코드와 같은 형태로 만들게 된다. 현실에서 증강된 물체의 정보를 얻기 위해선 마커에 부가된 이미지를 추가하고 해당 이미지를 카메라를 이용하여 획득하고 증강시스템으로 전송한다. 증강시스템에서는 마커에 포함된 정보의 위치에 부가정보를 포함하여 사용자의 디스플레이 장치로 전송한다.

마커를 인식하는 과정은 먼저 이미지 프로세스(Blob Labeling)를 통해 불필요한 이미지를 제거한다. 블럽 레이블링은 영상 공간내에서 어떤 특징을 가지는 블록들을 분류하는데 사용하는 기법으로 불필요한 부분을 인식할 수 있다. 레이블링이 수행되고 나면, 실제 세계에서 획득한 마커와 매칭을 위한 4개의 코너 포인트를 찾은 후 매칭하고 그 결과를 호모그래피(Homography)를 계산하게 된다. 호모그래피란 3차원 공간상의 평면을 서로 다른 시점에서 바라봤을 때 획득되는 영상 사이의 관계를 나타내는 용어로서 수학적으로 하나의 평면을 다른 평면으로 투시 변환(perspective transform)하는 것과 같은 관계가 있다.

마커의 이미지 획득을 위해서는 카메라가 필수이며 혼합현실 시스템의 입력장치가 된다. 최근 혼합현실의 응용이 발전하면서 스마트폰을 이용한 혼합현실 시스템이 주류를 이루고 있다.

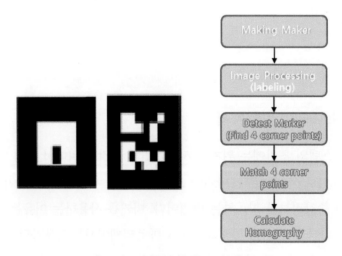

그림 7-16 마커태그와 마커인식 절차

이외에도 디지털 카메라, 웹 카메라 등이 혼합현실 시스템의 입력장치로 사용되고 있다.

웹 카메라를 이용하여 혼합현실을 구현할 경우는 컴퓨터와 연결되어 이미지를 실시간으로 처리할 수 있지만 컴퓨터에 고정되어 있으므로 이동이 제한된다는 단점이 있다. 디지털 카메라의 경우는 스마트폰과 같이 실세계의 장면을 촬영할 수 있지만 연산장치의 부재로 혼합현실을 위해서는 촬영된 이미지를 컴퓨터 이동한 후 편집 가공해야 한다. 디지털 카메라는 일반 입력장치 보다 해상도가 높기 때문에 화질이 좋으므로 실시간의 혼합현실을 구현하기 보단 독립된 형태의 증강현실 콘텐츠 제작에 적합하다.

혼합현실 시스템에서 입력장치로 스마트폰이 많이 사용되는 이유는 스마트폰에는 카메라와 정보를 처리하기 위한 연산장치가 같이 있으므로 입력된 사진은 바로 처리할 수 있고 휴대하기 편해 장소의 이동이 쉽다는 장점이 있다. 스마트폰 카메라의 성능은 더욱 고 사양화되고 있으며 카메라의 개수도 점점 늘어가는 추세다.

혼합현실 시스템에서 중요한 것은 사용자의 위치와 방향의 정확도이다. 어떤 트래킹 장비를 사용하느냐에 따라 정확성과 정밀도가 달라진다. 정밀도가 높을수록 증강된 정보는 정확하게 사용자에게 전달된다. 스마트폰과 같이 이동이 빈번한 장치 등을 이용하여 증강현실 시스템을 구현하기 위해서는 필수적으로 트래킹 장비가 요구된다. 사용자의 움직임 정도를 획득하기 위한 가속도센서, 자이로스코프, GPS 등은 증강현실을 구현하기 위한 트래킹 장비로 사용되고 있다.

7.4.2 출력장치

증강된 정보를 사용자에게 보여주기 위한 출력장치는 일반적인 디스플레이 장비이다. 일반 모니터부터 스마트폰 그리고 HMD 장비 등이 있다. 그러나 입력장치로서 스마트폰이 많이 사용하듯이 출력장치로도 스마트폰이 많이 사용된다. 스마트폰은 작고 휴대하기 편하기 때문에 사용빈도가 높다.

마이크로소프트사는 HMD와 유사한 윈도우 10기반의 홀로렌즈(Holo Lens)를 공개하며 혼합현실을 위한 서비스를 강화하고 있다. 그림 7-17의 왼쪽 그림은 홀로렌즈 2의 모습이며 홀로렌즈 자체로 컴퓨터 기능을 포함하고 있으며 스마트폰이나 PC와 연결할 필요가 없이 단독 무선으로 구동되며 자신이 현재 위치한 공간을 3차원으로 스캔한다.

홀로렌즈 2에는 헤드 트래킹, 아이 트래킹, 가속도, 자이로스코프, 자기계 그리고 카메라 등의 센서가 내장되어 있다. 특징으로는 자연스러운 방식으로 홀로그램을 완전히 핸드 트래킹하고, 만지고, 잡고, 이동할 수 있으며 홀로그램은 실제 물체처럼 반응한다. 작업 중 손을 사용할 수 없을 때, 내장 음성명령을 통해 정보를 빠르게 탐색하고 작동할 수 있다. 사용자의 시선이 향하는 곳을 정확하게 파악하여, 사용자의 의도를 이해하고 실시간으로 사용자의 시선을 따라 홀로그램을 조정하며 물리직 환경을 원활하게 그림 7-17의 오른쪽 그림처럼 매핑(Mapping)하므로 어디서나 디지털 콘텐츠를 개체 또는 표면에 고정할 수 있다. 기존 홀로렌즈보다 2배 넓은 시야각을 확인할 수 있으며 홀로그램을 통한 정확한 상호작용으로 혼합 현실을 만들고 몰입할 수 있다고 마이크로소프트사는 홍보하고 있다.

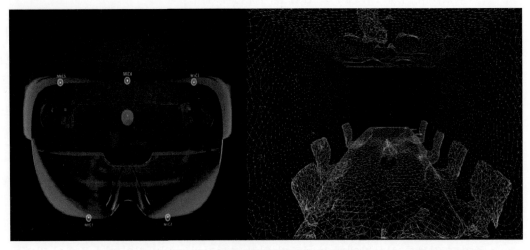

그림 7-17 마이크로소프트사의 홀로렌즈 2
출처 : 마이크로소프트

마이크로소프트사의 홀로렌즈와 유사한 증강현실의 출력장치로 그림 7-18과 같은 구글의 "Project Glass"가 있다. 구글의 "Project Glass"는 크고 무거운 HMD대신 작고 가벼운 안경 형태의 출력장치를 개발하기 위해 2012년 출시를 목표로 2011년 개발하였으나 아직까지도 출시가 안 됐으며 오히려 마이크로소프트사의 홀로렌즈가 먼저 출시되었다.

그림 7-18 구글의 "Project Glass"

2010년 로니 애보비츠(Rony Abovitz)가 설립한 매직리프(Magic Leep)는 혼합현실을 위한 매직리프 기술을 공개하였다. 그림 7-19와 같은 형태의 매직리프 2는 Magic Leap 2는 사용자의 환경에 대한 시각을 유지하면서 디지털 콘텐츠를 통합하는 증강현실 장치로서 산업, 교육, 의료 등의 분야에 폭넓게 적용되고 있으며 제조 현장의 제품 모니터링과 오류 분석 및 수정이 가능하다. 매직리프 2를 통해 다양한 가상환경 융합 콘텐츠를 서비스하고 있다.

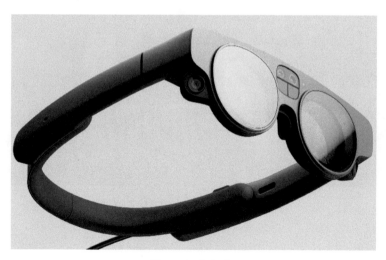

그림 7-19 매직 리프 2
출처 : 매직 리프

7.4.3 소프트웨어

(1) Unreal

언리얼 엔진(Unreal Engine)은 게임 개발을 위한 강력한 게임 엔진으로 잘 알려져 있으며 가상현실 개발을 위한 특별한 지원과 기능을 제공한다. 언리얼 엔진은 일반적으로 개발할 수 있는 가상현실 도구와 구글, 오큘러스, 삼성, StreamVR 그리고 윈도우 혼합현실에 대한 플랫폼을 제공하고 있다.

언리얼 엔진 문서에서는 일반 VR 개발에 대한 도움말로 가상현실 플랫폼 개발 관련 일반 정보를 제공하고 있다. 관련 내용으로는 모션 컨트롤러 키 지원 중단, 가상현실 프로젝트에 대한 프로파일링 도구 및 전략, 가상현실 스테레오 플레이어, 모션 컨트롤러를 사용하여 오브젝트를 집어 들고 버리는 방법, 가상현실 관람자 화면 기능 그리고 HMD에 아이템을 붙이는 방법 등이다.

그림 7-20 언리얼 엔진을 이용한 가상현실
출처 : Unreal Engine

다음은 언리얼 엔진에서 지원하는 특징들이다.

- VR 헤드셋 지원 : 오큘러스 리프트(Oculus Rift), 바이브(HTC Vive), 플레이 스테이션(Play-Station VR) 등 다양한 플랫폼에서의 VR 헤드셋을 통합하여 사용할 수 있다.
- VR 모션 콘트롤러 : 다양한 VR 모션 컨트롤러를 지원하여 사용자가 손을 사용하여 가상 환경에서 상호 작용할 수 있도록 하며 현실적이고 직관적인 사용자 경험을 제공한다.
- 가상현실 템플릿 및 샘플 프로젝트 : 가상현실을 위한 템플릿과 샘플 프로젝트를 제공하여 개발자가 빠르게 시작할 수 있도록 도와준다. 기본적인 VR 환경 설정, 모션 컨트롤러 입력 처리, 그래픽 최적화 등이 포함된다.
- 시각적 효과 및 그래픽스 : 고급 시각적 효과와 그래픽 기술을 통해 현실적인 가상현실 환경을 제공하며 높은 품질의 그래픽과 렌더링은 사용자에게 몰입감을 높여준다.
- VR 개발을 위한 도구 및 에디터 향상 : VR 개발을 위한 특별한 도구와 에디터 기능을 제공하여 개발자가 가상현실 프로젝트를 효율적으로 관리하고 디버깅할 수 있도록 도와준다.

언리얼 엔진은 가상현실을 지원하기 위한 강력한 다음과 같은 툴 셋을 제공한다.

- 풍부한 그래픽 및 물리엔진 : 고급 그래픽 및 물리엔진을 기반으로 하여 현실적이고 고품질의 가상현실 환경을 구축하기 위한 그래픽스 효과, 조명, 그림자 등의 요소들이 현실과 유사한 시각적 품질을 제공한다.
- 포괄적인 플랫폼 지원 : 다양한 VR 플랫폼을 지원함으로서 다양한 디바이스와 호환되어 VR 경험을 다양한 사용자에게 제공할 수 있다.
- VR 특화 블루프린트 및 레벨 디자인 : 시각적 프로그래밍 언어인 블루프린트를 통해 VR 경험을 쉽게 디자인할 수 있도록 지원하여 사용자는 코딩 없이도 VR 애플리케이션의 로직 및 상호작용을 만들 수 있다.
- 모션 컨트롤 지원 : 다양한 모션 컨트롤러를 지원하여 사용자가 손을 사용해 환경과 상호 작용할 수 있도록 지원한다.
- 포괄적인 VR 에디터 : VR 에디터를 통해 VR 환경에서 직접 작업할 수 있는 기능을 제공하며 이를 통해 디자이너와 개발자는 VR 환경을 즉각적으로 확인하면서 개발할 수 있다.

- 리얼타임 렌더링 : 리얼타임 렌더링을 통해 즉각적인 결과를 제공하며 디자이너가 VR 환경의 변경사항을 즉시 확인하고 조정할 수 있도록 도와준다.
- 풍부한 VR 템플릿 및 샘플 프로젝트 : 다양한 VR 템플릿과 샘플 프로젝트를 제공하여 개발자들이 빠르게 시작할 수 있도록 도와준다.

(2) 유니티(Unity)

출처 : 4차 산업혁명과 IT

유니티는 3D 게임과 그래픽, 가상현실 그리고 증강현실 등 전 세계적으로 많이 사용하는 3D 엔진이다. 유니티에서는 몰입감 넘치는 증강현실 구현을 위한 커스텀 리소스(Custom resource)를 제공한다. 유니티의 가장 특징은 증강현실을 구현하려는 제작 콘텐츠들을 위한 소프트웨어 개발 플랫폼을 통하여 맞춤형 툴과 다양한 기기에서 활용 가능한 워크플로우를 제공한다.

유니티의 증강현실 툴은 다음 네 가지의 특징을 갖고 있다.

- AR 파운데이션(Foundation) : AR 파운데이션은 ARKit, ARCore, Magic Leap, HoloLens의 핵심 기능을 비롯하여 고유한 Unity 기능을 포함하고 있어 내부 관계자에게 제공하거나 어떤 앱 스토어에도 출시할 수 있는 유용한 앱을 생성할 수 있다. AR 개발용으로 특별히 설계된 프레임워크를 활용하여 한 번의 앱 제작으로 여러 모바일 및 웨어러블 AR 기기에 배포할 수 있다. 이 프레임워크에는 각 플랫폼의 핵심 기능은 물론 사실적인 렌더링, 물리, 기기 최적화 등의 고유한 Unity 기능이 포함되어 있다. 그림 7-21은 유니티 파운데이션과 관련 패키지의 구조를 나타낸 것이다.
- 유니티 마스(Unity MARS) : Unity MARS는 업계의 모든 AR 크리에이터에게 실제공간과 지능적으로 상호작용하는 AR 경험을 제작할 수 있는 전용도구와 간소화된 워크플로우를 제공한다. 그림 7-22에서는 WYSIWYG 시뮬레이션 뷰를 나타낸 것으로 독자가 컨텍스트에서 경험하는 방식으로 콘텐츠를 시각화한다. 코드를 작성하는 대신, 콘텐츠를 뷰어로 직접 드래그하면 Unity MARS에서 적합한 시스템의 일부 기능을 다른 것이 임시로 대체하기 위한 프록시와 조건을 생성하게 된다.

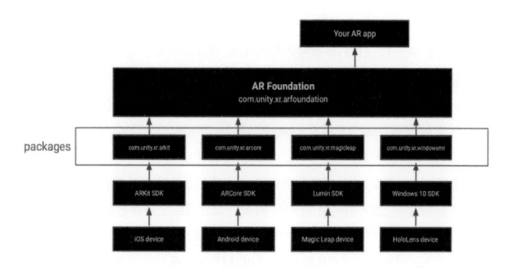

그림 7-21 유니티 파운데이션(참조:unity)

그림 7-22 유니티 MARS를 이용한 시뮬레이션
출처 : Unity

- 유니티 라이브러리(Unity Library) : Unity 기반의 AR을 기존의 네이티브 모바일 앱에 바로 추가할 수 있다. AR 기능을 추가하기 위해 앱을 재구축할 필요 없이, 이미 제작한 환경에 임베디드(Embedded)하여 유니티 AR 서비스의 기능을 최대한 활용할 수 있다. Unity 2019.3부터는 컨텐츠와 Unity 런타임 구성 요소를 기본 플랫폼 프로젝트에 통합하여 다른 응용 프로그램에서 Unity를 라이브러리로 사용할 수 있다. 이를 통해 3D 또는 2D 실시간 렌더링을 사용하는 콘텐츠를 내장할 수 있다.
- XR 인터랙션 툴킷 : 컴포넌트를 장면(Scene)에 드롭하기만 하면 AR 앱에 인터랙티브 환경을 추가할 수 있다. 따라서 더 이상 이러한 오브젝트 인터랙션을 처음부터 코딩할 필요가 없다. XR 인터렉션을 통하여 가상공간 내의 오브젝트에 대해 동작 구현의 인터렉션을 지원하고 있으며 오브젝트의 배치 그리고 UI 인터렉션이 사용 가능하다.

(3) ARToolKit

ARToolKit은 2001년에 개발되었고 그 이후 계속해서 업데이트와 개선이 이루어져 왔으며 증강현실(AR) 애플리케이션을 개발하기 위한 오픈소스 소프트웨어 라이브러리이다. 그림 7-23과 같이 마커를 이용한 대표적인 저작 프로그램으로서 증강현실 구현을 위해 가장 일반적으로 많이 사용하는 알고리즘을 미리 구현하여 라이브러리(library) 형태로 제공하고 있다.

실제 환경에 가상의 객체나 정보를 추가하여 현실과 가상 세계를 통합하는 기술을 나타내며 이러한 기술을 구현하는 데 도움이 되는 도구를 제공한다.

ARToolKit은 컴퓨터 비전기술을 사용하여 실시간으로 카메라 이미지를 분석하고, 이미지에 기반 하여 가상 객체를 적절한 위치에 배치할 수 있으며 사용자는 실제 세계에서 물체를 인식하고 상호 작용할 수 있다. 이 라이브러리는 다양한 플랫폼에서 사용할 수 있으며, 모바일 기기, 웹캠, 또는 기타 카메라를 사용하여 AR 애플리케이션을 구축하는 데 활용된다.

그림 7-23 ARtoolKit 증강현실
출처 : ARtoolKit

7.5 웹기반 가상현실

7.5.1 Web 3D

웹기반 가상현실은 대표적인 비몰입형 가상현실로서 인터넷을 통하여 사용자의 모니터에 3차원 모델을 제공함으로서 가상현실을 구현한다. 가상현실에서 필수적인 현장감이 부족하여 몰입감이 다소 부족하므로 탁상용 가상현실이라 할 수 있다. 대표적인 웹기반 가상현실은 Web3D로서 VRML/X3D 국제 표준위원회에서 국제 표준으로 개발되고 있으며 이 밖에도 사이버스페이스(Cyberspace) 등이 웹기반 가상현실로 분류되고 있다. 그림 7-24와 같이 Web3D의 공식 홈페이지 http://www.web3d.org 사이트에 접속하여 다양한 웹기반 정보를 얻을 수 있으며 3D로 모델링 된 다양한 물체를 확인할 수 있다.

그림 7-24 Web3D로 개발된 가상현실

사이버스페이스는 가상 혹은 디지털 공간을 가리키는 용어로서 주로 인터넷이나 컴퓨터 네트워크를 통해 연결된 디지털 환경을 나타내며 현실 세계의 물리적인 공간과는 구분된다. 사이버공간이란 사용자들이 온라인에서 상호작용하고 정보를 교환하는 가상의 환경을 지칭한다.

사이버공간은 디지털 공간, 가상현실 등과 함께 사용되며, 컴퓨터 네트워크를 통해 연결된 모든 디지털 자원과 활동을 아우르는 개념으로 사용된다. 사이버스페이스는 웹사이트,

소셜 미디어, 온라인 게임, 전자상거래 등과 같은 다양한 디지털 플랫폼을 포함한다. 그림 7-25는 가상의 사이버스페이스를 나타낸 것이다.

그림 7-25 사이버 공간
출처 : https://www.boannews.com/

(1) x3dom

비몰입 가상현실의 대표적인 예는 인터넷을 기반으로 3차원의 가상공간을 구현하는 Web3D 가 있다. Web3D는 3차원(3D) 그래픽과 인터랙션을 웹 환경에서 제공하는 기술이나 표준을 의미하며 이는 웹상에서 사용자들이 3D 그래픽을 생성, 표시하고 상호작용할 수 있는 환경을 제공하여 더 풍부하고 현실적인 웹 경험을 구현하는 것을 목표로 한다.

Web3D는 X3D라 부르며 X3D는 eXtensible 3 Dimension의 약자로 2004년 국제표준(ISO/IEC 19775:2004)으로 지정된 3차원 모델링 언어이다. 그러나 X3D는 2004년에 처음으로 표준으로 지정된 것은 아니라 1994년에 제안된 VRML을 모체로 하고 있다.

그림 7-26은 Web3D 홈페이지(web3d.org)를 나타내고 있으며 X3D의 사용법 및 구현된 예제들을 3차원으로 제공하고 있다.

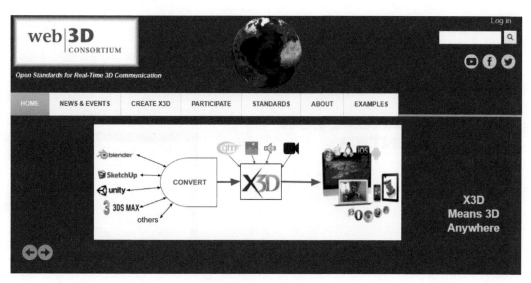

그림 7-26 Web3D 홈페이지

VRML은 Virtual Reality Modeling Language의 약자로 1997년 국제표준(ISO/IEC 14772-1)으로 지정된 3차원 모델링 언어이다. VRML은 3D 가상현실 환경을 만들기 위한 표준 언어 중 하나였으며 웹상에서 가상현실 콘텐츠를 표현하고 전송하기 위해 개발되었다. VRML은 1990년대 초기에는 브라우저 기반 가상현실 콘텐츠를 구축하는 데 사용되었으며 사용자들은 VRML을 통해 3D모델, 환경, 상호작용 요소 등을 웹브라우저에서 볼 수 있었지만 VRML은 시간이 흐름에 따라 HTML5에서 X3D를 표현하기 위한 X3DOM(Document Object Model)의 형태로 발전하였다. 현재 VRML은 그림 7-27에서 보이는 것처럼 Cortona3D로서 http://cortona3d.com 회사에서 3D 물체의 모델링 프로그램으로 지원하고 있다.

X3D와 x3dom은 VRML의 스펙(Specification)을 따르며 X3D는 XML을 기반으로 웹상에서 3차원 물체를 모델링하고 정보를 제공하는 것을 목적으로 하고 있으며 x3dom은 html5 내에서 사용된다. x3dom을 HTML5 문서에서 사용하기 위해선 <body>내에 <X3D>....</X3D> 삽입하여 3D 물체를 직접 렌더링(rendering)할 수 있다. <audio>나 <video>와 마찬가지로 <x3d>태그는 CSS와 javascript 코드로 기술되어 html5내에 표현 가능함으로 VRML이나 x3d와 같이 독립적인 전용뷰어를 설치할 필요가 없다. 표 7-2는 x3d의 특징으로 독립적인 전용브라우저, 아바타의 탐색기능/상호작용, Web3D 그래픽 표준 그리고 다른 프로그램과

그림 7-27 Vrml 언어를 사용하는 Cortona3D

의 호환성이 있으며 이를 이용하여 탁상용 가상현실을 구현할 수 있다. Web3D에 대해 보다 자세히 알고 싶다면 "가상현실을 위한 HTML5와 Web3D" 서적을 참고하기 바란다.

표 7-2 X3D의 특징

특징	설명
Web 3D 그래픽 국제 표준 (ISO Specification)	1. 3D 국제표준 언어. 3DMax와 같이 비표준 언어로 만들어진 3D 물체는 VRML/X3D 파일형태로 변경사용. 2. VRML/X3D 관련 기술은 모두 공개 3. 실시간을 전제로 하기 때문에 파일의 크기는 작아 ASCII 형태의 파일로 구성. 4. 별도의 비용 없이 웹에서 표현 가능.
아바타의 탐색기능/상호작용 (Navigation and Interaction)	1. 가상공간의 주체는 관찰자로서 가상공간을 탐색하는 기본 기능을 제공. 2. 가상공간에서 사용자와 상호작용을 지원.
독립적인 전용 브라우저	1. VRML/X3D는 웹을 기반으로 하는 언어이기 때문에 3D를 보기 위해선 전용뷰어가 필요. 2. 전용뷰어는 물체의 이동, 회전 등을 기본적으로 제공하며 웹브라우저에서 독립적인 플랫폼으로 존재.
SAI (Scene Authoring Interface)	1. X3D는 외부 프로그램과 X3D 프로그램간의 상호작용을 위하여 SAI를 지원. 2. JAVA나 JavaScript와 같은 외부의 다른 응용프로그램과 결합 가능.

특징	설명
외부 프로그램 연동	3. 외부 프로그램과 연동 가능하므로 단순한 상호작용뿐만 아니라 복잡한 기술도 효과적으로 표현.
다른 프로그램과의 호환성	1. 3차원 그래픽 툴인 3DMax 등 다른 응용프로그램과의 호환 가능. 2. C, Visual Basic 그리고 JAVA 등과 같은 프로그램의 인터페이스를 지원하며 게임과 같은 역동적인 프로그램에 적합.

출처 : 가상현실 증강현실과 VRML

(2) x3dom 구조

X3D는 3D 그래픽 데이터를 표현하고 교환하기 위한 국제 표준으로서 x3dom은 이 표준을 웹에서 구현하고 활용할 수 있게 해주는 라이브러리이다. x3dom은 HTML과 JavaScript를 사용하여 3D 그래픽을 웹페이지에 쉽게 통합할 수 있도록 하며 이를 통해 웹 개발자들은 3D 그래픽을 웹 애플리케이션에 쉽게 통합하고 사용자와 상호작용할 수 있게 된다. x3dom 은 X3D의 세 가지 변형 중 하나인 XML, Classic VRML 및 JSON을 지원하며 이러한 형식들은 3D 모델링과 시뮬레이션을 위한 데이터를 표현하는 데 사용된다.

x3dom은 웹 기반의 3D 그래픽을 다양한 분야에서 활용할 수 있으며, 웹 브라우저에서 3D 모델을 표현하고 상호작용할 수 있는 웹 기반 3D 애플리케이션을 개발하는 데 사용될 수 있다. 비록 HTML5가 국제표준이긴 하지만 지속적으로 확장되고 있는 것과 마찬가지로 x3dom 역시 표준이기에 계속하여 기능을 업데이트하고 있으므로 아직 지원되지 않는 3D 물체들이 있다. 가상공간 장면 내에 포함된 많은 노드들은 트리(tree) 혹은 그래프(graph) 구조로서 표현된다.

x3dom을 html5에서 구현하기 위해서는 다음과 같이 <head>..</head>사이에 링크 타입으로 x3dom.css와 jQuery 파일과 자바스크립트 x3dom.js를 반드시 포함시켜야 한다.

```
<head>
<link rel='stylesheet' type='text/css' href="http://www.x3dom.org/x3dom/release/x3dom.css"/>
<script type="text/javascript" src="http://code.jquery.com/jquery-1.7.2.js"></script>
<script type='text/javascript' src="http://www.x3dom.org/x3dom/release/x3dom.js"></script>
</head>
```

x3dom의 태그는 HTML5의 표준코드가 아니기에 x3dom에서 사용하는 태그의 행동방식을 웹브라우저에게 알려주어야 한다. 이를 위해 CSS의 선택자로 구성된 x3Dom.css는 외부스타일로서 x3dom 내부의 표현방식을 나타낸다. 따라서 x3dom 프로그램을 이용하여 가상공간을 표현하기 위해서는 다음과 같은 x3dom.css 파일을 참조해야 한다.

```
href='http://www.x3dom.org/x3dom/release/x3dom.css'
```

x3dom.css 스타일이 x3dom 태그의 표현 방식이라면 jquery-1.8.2.js와 x3dom.js는 x3dom 태그의 행동방식을 나타내는 자바스크립트(javascript) 코드이다. 자바스크립트 코드는 html문서를 능동적으로 사용자와 상호작용하는 기능을 담당한다. 모든 x3dom 문서는 위의 3가지 코드를 <head>...</head> 사이에 반드시 포함되어야 한다.

아래 예제에서와 같이 xdom을 이용하여 3차원 물체를 기술하기 위해서는 다음과 코드가 <body> </body>내에 위치해야 한다.

```
<body> ...  <x3d><scene>...</scene></x3d> ... </body>
```

html문서와 마찬가지로 태그의 쌍으로 이루어져 있으며 <body>처럼 3차원 공간의 시작을 나타내는 헤더의 표현이다. <scene>과 </scene>안에 기술되는 내용은 3차원 물체를 기술하기 위한 x3dom 코드가 되며 가상공간에서 표현되는 물체들은 이 안에 위치하게 된다. <x3d>와 <scene> 요소는 3D 공간을 제어하기 위한 여러 속성을 갖고 있다.

그림 7-28과 같은 3차원 물체를 만들기 위해서는 다음과 같은 x3dom 코드가 요구된다. <Shape> </Shape>는 물체의 형태를 만들기 위해 사용되는 태그이며 육면체 형태를 만들기 위해 <Box> 태그를 사용한다. 육면체는 3차원의 구조를 가지므로 x, y, z 값으로 표시해야 한다. <Box size='2 2 2'>는 x, y, z의 크기가 2를 갖는 육면체로 나타난다. 육면체의 외형이 선언되었다면 육면체의 외형을 타나내기 위하여 <Appearacnce>를 선언하고 물체의 재질과 색상을 의미하는 <Material diffuseColor='1 0 0'></Material>로서 빨강색 (1, 0, 0)의 박스가 생성된다.

```
<Shape>
        <Box size='2 2 2'></Box>
        <Appearance>
            <Material diffuseColor='1 0 0'></Material>
        </Appearance>
</Shape>
```

HTML5에서 Web3D 구현

```
<!DOCTYPE html>
<html>
<head>
    <meta charset='utf-8'></meta>
    <title>Web3D,VR,가상현실,X3D,Box 만들기</title>
<link rel='stylesheet' type='text/css' href="http://www.x3dom.org/x3dom/release/x3dom.css"/>
<script type="text/javascript" src="http://code.jquery.com/jquery-1.7.2.js"></script>
<script type='text/javascript' src="http://www.x3dom.org/x3dom/release/x3dom.js"></script>

</head>
<body id='main'>
<h1>HTML5에서 Web3D 구현</h1>
<X3D> <!--showStat='true' showLog='true' -->
    <Scene>
        <Shape>
        <Box size='2 2 2'></Box>
        <Appearance>
        <Material diffuseColor='1 0 0'></Material>
        </Appearance>
        </Shape>
    </Scene>
</X3D>
</body>
</html>
```

그림 7-28 x3dom을 이용한 3차원 물체의 표현

x3dom 코드는 다음과 같은 특징을 갖고 있다.

• 노드(node)와 필드(field)로 구성되어 있다. 노드는 x3dom에서 3D 물체의 형태를 기술하는 구성요소이며 필드는 노드의 특성을 기술하는 구성요소로서 변수 값이 된다. x3dom은 대소문자를 구부하지 않지만 위의 예제 프로그램에서 대문자로 이루어진 X3d, Scene, Shape, Box, Appearance 그리고 Material는 노드가 된다.

• 하나의 노드는 하나 혹은 다수의 필드로 구성되어 있어 여러 개의 필드를 포함할 수 있다.

```
<Box size='2 2 2'></Box> //Box노드는 size 필드 한 개 포함.
<Material diffuseColor='1 0 0'> //Material 노드는 diffuseColor 필드를 포함
```

노드는 또 다른 노드를 포함할 수 있으며 같은 노드라도 필드의 값에 따라 다양한 형태의 3D 물체를 구현할 수 있다. 위의 예제에서는 <Shape>노드가 <Box>와 <Appearance> 노드를 자식으로 포함하고 있다.

• 100여개 이상의 노드가 정의 되어있다. X3D의 노드에 대한 필드의 변수 값을 어떻게 지정하느냐에 따라 현실 세계의 물체를 거의 나타낼 수 있다.

7.5.2 WebGL

(1) WebGL 개념

크로노스 그룹(Khronos Group)에서 만든 WebGL(Web Graphic Library)은 웹 브라우저에서 지원되는 기술로 주로 게임, 시뮬레이션, 데이터 시각화 등과 같은 그래픽 집약적인 애플리케이션을 개발하는데 사용된다. 플러그인을 사용하지 않고 웹브라우저 내에서 대화형 2D 및 3D 그래픽을 렌더링하기 위한 JavaScript API를 적용하며 OpenGL ES(OpenGL for Embedded Systems)를 기반으로 한다. WebGL 요소는 X3D와 마찬가지로 다른 HTML 요소와 혼합되어 페이지 또는 페이지 배경의 다른 부분과 합성될 수 있다. 현재 대부분의 웹 브라우저는 WebGL을 지원하고 있다.

WebGL은 HTML5와 함께 사용되며, canvas 엘리먼트(element)를 통해 3D 그래픽을 렌더링 한다. JavaScript를 사용하여 그래픽 작업을 제어하고, GPU를 통해 하드웨어 가속을 이용하여 부드럽고 효율적인 3D 환경을 구현할 수 있으며 웹 개발자들에게 웹에서 강력한 그래픽 기능을 제공하여 다양한 사용자 경험을 가능하게 한다.

OpenGL은 그래픽 프로그램을 위한 API로서 WebGL 1.0은 2011년 3월 OpenGL Es 2.0 기반으로 발표되었으며 WebGL 2.0은 2017년 2월에 OpenGL Es 3.0 기반으로 발표되었다. OpenGL은 오직 물체를 렌더링만 할 수 있고 다른 기능을 수행하기 위해서는 다른 라이브러리가 필요하다는 단점을 가지고 있지만 플랫폼에 구애받지 않고 사용할 수 있으며 C, 파이선(Python), 자바(Java), 자바스크립트(Javascript) 등 많은 언어를 인터페이스로 확장가능하다는 장점이 있다.

WebGL은 다음과 같은 특징을 가지고 있다.

- 하드웨어 가속 그래픽 : WebGL은 컴퓨터의 그래픽 카드를 이용하여 그래픽을 렌더링 하므로, 빠르고 부드러운 화면표시가 가능하다.
- 크로스(cross) 플랫폼 : 모든 주요 브라우저에서 지원되므로, 사용자가 특정 플랫폼이나 운영 체제에 구애받지 않고 웹에서 3D 그래픽을 즐길 수 있다.
- 종속성 없는 실행 : WebGL은 모든 것을 웹브라우저에서 실행하므로 사용자가 플러그인

이나 외부 응용 프로그램을 설치할 필요가 없다.

- HTML5와 통합 : WebGL은 HTML5와 밀접하게 통합되어 있다. HTML5의 <canvas> 엘리먼트를 사용하여 3D 그래픽을 표시할 수 있다.

- 실시간 렌더링 : WebGL은 실시간으로 그래픽을 렌더링 할 수 있어, 게임 개발이나 시뮬레이션과 같은 실시간 요구사항을 충족시키기에 적합하다.

- OpenGL ES 기반 : WebGL은 OpenGL ES(Embedded Systems)의 웹버전으로, 모바일 디바이스에서도 사용할 수 있다.

- 저수준의 API : WebGL은 저수준의 API를 제공하여 개발자가 그래픽 렌더링 파이프라인을 직접 제어할 수 있다.

- 세밀한 제어와 최적화 : WebGL은 세밀한 그래픽 제어를 허용하며, 최적화를 통해 높은 성능을 얻을 수 있다.

WebGL을 사용하기 위해서는 HTML5 <canvas> 엘리먼트를 사용하여 그래픽을 렌더링 해야 하며 WebGL을 수행하기 위한 다음과 같은 기본 과정을 거쳐야 한다.

① 3D 랜더링 준비를 위한 Canvas 요소 생성 : WebGL을 사용하려면 먼저 HTML 문서에 <canvas> 요소를 생성해야 한다. 이 요소는 2D 렌더링 컨텍스트나 WebGL 컨텍스트를 가져올 수 있다.

```
<canvas id="myCanvas" width="800" height="600"></canvas>
```

② WebGL 컨텍스트 가져오기 : JavaScript에서 WebGL 컨텍스트를 가져오기 위해 canvas 요소를 사용한다.

```
var canvas = document.getElementById("myCanvas");
var gl = canvas.getContext("webgl");
```

③ 버텍스(Vertex) 및 셰이더(Shader) 데이터 설정 : 객체의 형태와 모양을 정의하기 위해 버텍스 데이터와 셰이더 프로그램을 작성해야 한다. 버텍스 데이터는 객체의 모양을 정의하고, 셰이더 프로그램은 그래픽스 파이프라인을 제어한다.

④ 버텍스 버퍼(buffer) 생성 : 버텍스 데이터를 WebGL에 전달하기 위해 버퍼를 생성한다.

```
ar vertices = [...]; // 버텍스 데이터 배열
var vertexBuffer = gl.createBuffer();
gl.bindBuffer(gl.ARRAY_BUFFER, vertexBuffer);
gl.bufferData(gl.ARRAY_BUFFER, new Float32Array(vertices), gl.STATIC_DRAW);
```

⑤ 셰이더 프로그램 작성 및 컴파일 : 셰이더는 GLSL(OpenGL Shading Language)로 작성되며, 버텍스 셰이더와 프래그먼트 셰이더가 필요하다.

```
var vertexShaderSource = '   // 버텍스 셰이더 코드 ';
var fragmentShaderSource = '   // 프래그먼트 셰이더 코드 ';
```

⑥ 셰이더 프로그램 링크 : 버텍스 셰이더와 프래그먼트 셰이더를 링크하여 프로그램을 생성한다.

⑦ 버텍스 어트리뷰트(attribute) 설정 : 어트리뷰트를 설정하여 버텍스 데이터가 셰이더 프로그램으로 올바르게 전달되도록 한다.

⑧ 렌더링(Rendering) : 이제 버텍스 데이터, 셰이더 프로그램, 어트리뷰트 설정 등이 완료되었으므로 실제로 객체를 렌더링 한다.

```
gl.clearColor(0.0, 0.0, 0.0, 1.0);
gl.clear(gl.COLOR_BUFFER_BIT);
gl.drawArrays(gl.TRIANGLES, 0, vertices.length / 3);
```

7.5.3 three.js

three.js는 3D 그래픽을 웹 브라우저에서 쉽게 구현할 수 있도록 도와주는 JavaScript 라이브러리이며 WebGL을 기반으로 한다, 웹 페이지 상에서 3D 모델링과 애니메이션을 생성하는 데 사용된다. three.js를 사용하기 위해서는 자바 스크립트를 알고 있어야 하며 three.js를 지원하는 대부분의 브라우저는 자동 업데이트되므로 사용자는 three.js 코드를 직접 실행할 수 있어야한다.

three.js를 사용하면 웹 개발자들은 간단한 JavaScript 코드를 통해 3D 그래픽을 만들 수 있으며, 사용자는 웹 브라우저에서 이를 시각적으로 볼 수 있다. 이 라이브러리는 다양한 기능과 효과를 제공하며, 물체의 이동, 회전, 크기 조절, 빛 등을 조절하여 다양한 3D 시나리오를 만들 수 있으며 게임 개발, 시뮬레이션, 교육 콘텐츠, 가상현실(VR), 증강 현실(AR) 등 다양한 분야에서 활용된다.

WebGL은 점, 선 및 삼각형만 그리는 매우 낮은 수준의 시스템으로서 WebGL에서 유용한 작업을 수행하려면 일반적으로 꽤 많은 코드가 필요하지만 three.js를 이용하면 보다 간단하게 해결할 수 있다. three.js에는 장면, 조명, 그림자, 재료, 텍스처, 3D 수학 등 유용한 라이브러리를 포함하고 있으며 WebGL을 이용하여 작성하고 처리해야 한다.

그림 7-29는 three.js 앱의 구조를 나타내는 다이어그램이며 각 부분별 명칭과 동작 방식은 다음과 같다.

랜더러는 3D 객체를 렌더링하여 실제로 화면에 표시하는 메인 역할을 하며 three.js 앱의 WebGLRenderer를 주로 사용하며, CanvasRenderer나 SVGRenderer 등 다양한 렌더러가

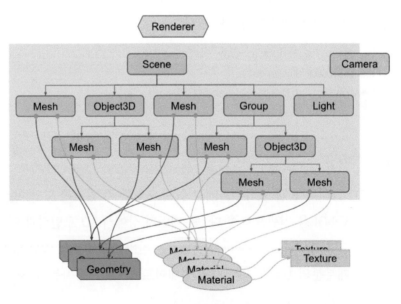

그림 7-29 three.js 구조

(참조 : three.js)

있으며 three.js의 주요 대상이다. Scene은 3D 오브젝트가 존재하는 공간이이며 Scene 아래에 다양한 요소들이 추가되어 3D화면을 구성하게 된다. 장면(Scene)과 카메라(Camera)를 렌더러(Renderer)에 전달하면 Camera 안에 있는 3D 장면의 일부를 캔버스에 2D 이미지로 렌더링 한다.

트리와 같은 장면 그래프 안에는 Scene 객체, 여러 Mesh 객체, Light 객체, 그룹, Object3D 및 카메라 객체와 같은 다양한 객체로 구성된다. Scene 객체는 장면 그래프의 루트를 정의하고 배경색 및 안개와 같은 속성을 포함한다. 이러한 객체는 구조와 같은 계층적 부모/자식 트리를 정의하고 객체가 나타나는 위치와 방향이 어떻게 조정되는지를 나타낸다. 자식노드 들은 부모노드에 비해 위치와 방향을 갖는다. 예를 들어 자동차의 바퀴는 자동차의 자식일 수 있으므로 자동차의 물체를 움직이고 방향을 정하면 자동으로 바퀴가 움직일 수 있다.

메시(Mesh) 객체는 3D 객체의 표면 특성을 정의하며 특정 재질로 특정 드로잉을 나타낸다. MeshBasicMaterial, MeshPhongMaterial, MeshLambertMaterial 등 다양한 재질을 사용할 수 있다.

지오메트리(Geometry) 객체는 구형, 큐브, 평면, 개, 고양이, 인간, 나무, 건물 등과 같은 일부 형상의 꼭지점 데이터와 같은 3D 객체의 형상을 정의한다. BoxGeometry, SphereGeometry, PlaneGeometry 등의 기하학적 모양을 사용하여 객체를 만든다. three.js는 많은 종류의 내 장 지오메트리 프리미티브를 x3dom과 유사하게 제공한다.

재질(texture) 객체는 사용할 색상과 반짝이는 정도를 포함하여 지오메트리를 그리는 데 사용되는 3D 객체의 표면 속성을 정의한다. 텍스처 객체는 일반적으로 이미지 파일에서 로드 되거나, 캔버스에서 생성되거나, 다른 장면에서 렌더링된 이미지를 나타내며 빛의 물체는 다양한 종류의 빛을 나타낸다.

7.5.4 WebXR

(1) WebXR 정의

WebXR은 증강 현실 및 가상현실 경험을 웹브라우저에서 쉽게 개발하고 제공할 수 있게 하는 웹 기술의 집합을 의미한다. "XR"은 "확장현실 및 가상현실"을 나타내는 용어이며, "WebXR"은 웹 플랫폼에서 이러한 기술을 활용하여 인터넷 브라우저를 통해 다양한 XR 경험을 구현하는 기술을 말한다. WebXR은 사용자가 특수한 하드웨어나 앱을 다운로드하지 않고도 브라우저를 통해 XR 콘텐츠에 액세스할 수 있도록 하는 것을 목표로 한다. 이 기술은 웹 개발자들이 XR 콘텐츠를 만들고 웹사이트에 통합하는 데 사용할 수 있는 API와 도구를 제공한다. WebXR 장치 API는 웹브라우저에서 HTC Vive, 오큘러스 리프트와 퀘스트(Oculus Rift, Oculus Quest), 구글 카드보드(Google Cardboard), 홀로렌즈(HoloLens) 그리고 삼성 기어 VR과 같은 증강현실 및 가상현실 장치에 액세스하기 위한 웹 응용 프로그래밍 인터페이스를 제공한다. WebXR 장치 API는 개발자가 다양한 하드웨어 장치와 웹에서 강력하고 편안하며 안전한 몰입형 애플리케이션을 구축할 수 있도록 인터페이스를 제공하고 있다. WebXR 장치 API 및 관련 API는 W3C 그룹 등 WebXR 관련 그룹에 의해 정의된 표준으로서 표준제정과 하드웨어 장비의 발달로 이제 소비자들은 몰입형 컴퓨팅 플랫폼을 제공을 경험할 수 있게 되었다.

몰입형 컴퓨팅은 사용자들이 원활한 경험을 체험하기 위해 4차 산업혁명에서 요구되는 기술들인 고정밀, 5G와 같은 초고속 그리고 초지연 통신에 대한 엄격한 요구사항이 필요하다. 또한 핸드 헬드(hand held) VR 컨트롤러 또는 특수 혼합 현실 게임 패드와 같은 제어 장치의 입력 장치를 지원하며 웹과 같은 플랫폼에 대한 보안 문제를 해결해야 한다.

WevXR의 전신인 WebVR API는 2014년 봄에 모질라의 블라디미르(Vladimir Vukićević)에 의해 처음 고안되었으며 2016년 3월 1일, 구글의 크롬 팀과 모질라(Mozilla) VR 팀은 WebVR API 제안의 버전 1.0 릴리스를 발표하였다. 개발자들은 자바스크립트와 같은 웹 기술을 사용하여 VR 콘텐츠를 개발할 수 있게 되었다. WebVR API는 주로 Oculus Rift, HTC Vive, Google Cardboard와 같은 VR 장치와의 통합을 제공하였다.

2018년 WebXR 디바이스 API는 WebVR을 대체하여 증강 현실, 가상현실 장치 및 가능한 미래 현실 및 장치 모두를 위해 설계되었다. WebXR은 가상현실뿐만 아니라 확장현실에 대한 지원도 포함하도록 설계되었다. 따라서 XR이라는 용어는 가상현실 및 확장현실을 모두 포함하는 개념으로 확장되었다. 2019년 이후 Chrome, Firefox, Safari, Edge와 같은 주요 웹 브라우저들은 WebXR을 지원하기 시작했다. 새로운 하드웨어 지원, 향상된 성능, 더 나은 API 기능 등이 계속해서 추가되어 최신 WebXR 장치 API 작업 초안은 2022년 2월에 마지막으로 게시되었다.

WebXR API를 이용하여 개발하기 위해서는 다음과 같은 기본 개념이 요구된다.

① XR 디바이스 및 HMD : AR 디바이스는 XR 세계에 가상 요소를 추가하는 장치이며 VR 헤드셋은 시야각과 자유도에 대한 이해가 필요하다.

　시야각은 인간의 시각 및 모든 컴퓨터에서 제공하는 모든 시각 기술에 적용되는 용어로서 환경을 볼 수 있는 범위이다. 화면의 정면을 기준으로 일정 기준(명암비 1/10)의 휘도가 변할 때까지의 상/하, 좌/우 각도를 의미하며 각도 또는 라디안으로 지정된 시야각의 너비는 시야의 맨 왼쪽 가장자리에서 맨 오른쪽 가장자리까지 호를 정의하는 각도로 측정된다. 사용자의 눈이 가상세계에 몰입할 정도로 넓은 시야를 확보하려면 시야각은 적어도 두 눈의 가시 영역의 너비에 접근해야한다. 기본 헤드셋은 일반적으로 약 90° 정도부터 시작하지만, 고가의 헤드셋은 일반적으로 약 150°의 시야각을 가지고 있다.

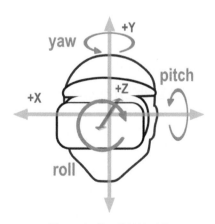

그림 7-30 하드웨어의 자유도
출처 : MDN Web document

그림 7-30은 HMD가 사용자가 가상 세계 내에서 얼마나 많은 이동의 자유를 가지고 있는지를 나타낸다. WebXR 하드웨어 구성이 가상 장면을 인식하고 재현할 수 있는 이동 유형의 수와 직접 관련이 있다. 피치, 요우, 롤 회전의 자유와 함께 앞, 뒤, 상, 하, 좌, 우의 움직임이 가능하며 6가지 자유도의 움직임을 6DoF라 한다.

② WebXR API : JavaScript로 작성된 API를 통해 브라우저와 디바이스 간의 통신을 담당한다. navigator.xr 객체를 사용하여 XR 디바이스를 확인하고 사용자의 VR 또는 AR 세션을 관리해야 한다.

③ XR 세션 : XR 세션은 사용자가 VR 또는 AR 경험에 진입하는 데 사용된다. navigator.xr.requestSession()을 사용하여 XR 세션을 시작하고, 이를 통해 디바이스 및 세션 구성을 관리한다.

④ XR 렌더링 : XR 세션에서 렌더링은 디바이스의 헤드 트래킹 및 모션 컨트롤러를 통해 사용자에게 현실감 있는 환경을 제공하며 Three.js, Babylon.js 등의 3D 그래픽 라이브러리를 사용하여 가상 환경을 구성하고 렌더링 한다.

⑤ 트래킹 및 입력 : 헤드셋의 위치 및 회전, 모션 컨트롤러의 동작 등과 같은 사용자 입력 및 트래킹 정보를 활용하여 상호 작용을 구현한다.

⑥ XR 이벤트 및 상태 관리 : XR 세션에서 발생하는 이벤트(예 : 헤드셋의 이동, 모션 컨트롤러 버튼 클릭)를 처리하고, XR 세션의 상태를 관리하여 원활한 사용자 경험을 제공한다.

⑦ 폴리필 및 브라우저 지원 : WebXR은 모든 브라우저에서 지원되지 않을 수 있다. 폴리필(polyfill)을 사용하여 지원되지 않는 브라우저에서도 WebXR을 사용할 수 있도록 할 수 있다.

⑧ 보안 및 사용자 개인 정보 : XR 디바이스와 브라우저 간의 통신에서 보안 문제에 주의해야 하며, 사용자의 개인 정보를 안전하게 처리해야 한다.

(2) WebXR 장치

WebXR을 사용하기 위해서는 컴퓨터 시스템에는 가상현실과 증강현실을 지원하는 운영체제가 필요하며 위치 추적이 가능한 모바일 장치 혹은 헤드 트래킹 기능이 있는 HMD와 같은 필수적인 장비가 필요하다.

가장 간단한 WebXR 컨텐츠는 웹 문서의 컨텍스트 또는 전체화면 모드에서 장면을 사용자의 화면으로 직접 렌더링 하는 것이다. 이는 사용자에게 전용 WebXR 장치가 없거나 사용자가 휴대 전화 또는 기타 핸드헬드 장치에서 AR 또는 VR 앱을 볼 때 지원하는 가장 일반적인 형태의 콘텐츠이다. 고출력의 콘텐츠는 일반적으로 응용 프로그램 실행 및 그래픽 처리를 데스크톱 컴퓨터와 같은 외부장치로 오프로드하고 케이블을 사용하여 컴퓨터에 연결하거나 무선 네트워크를 사용하여 사용자에게 표시할 이미지를 수신하게 된다.

콘텐츠는 사용자 환경의 다양한 측면을 시뮬레이션하거나 보강하는 시각적, 오디오, 햅틱 또는 기타 감각출력을 생성하는 경우 "몰입형"으로 간주된다. WebXR 장치는 공간에서 사용자의 움직임을 추적하고 사용자의 움직임과 동기화되는 출력을 생성하는 것을 포함해야 한다.

만약 이와 같은 장치와 프로그램이 모두 구비되었다면 WebXR을 체험하기 위해 다음과 같은 단계를 거쳐 콘텐츠를 체험할 수 있다.

① 원하는 유형의 XR 콘텐츠가 하드웨어 및 UA에서 지원되는지 여부를 체크한다.
② XR 창이 활성화되면 시작 플레이 버튼을 선택한다.
③ 활성화 이벤트가 성공하면 프레임 루프를 실행하여 XR 장치에 표시할 이미지를 생성한다.
④ UA에 의해 세션이 종료되거나 사용자가 XR 콘텐츠를 종료할 때까지 프레임이 계속 재생된다.

만약 여러분이 몰입형 WebXR을 체험하고자 관련 사이트에 접속한다면 여러분 브라우저에는 그림 7-31과 같은 브라우저의 WebXR 지원 여부와 그림 7-32와 같은 세션 모드가 나타나며 WebXR의 기본 정보를 제공하게 된다.

Sample Pages

Does my browser support WebXR?

 Your browser implements the WebXR API and may be able to run Virtual Reality or Augmented Reality experiences if you are using a supported OS and the appropriate hardware.
✖ - VR support not detected
✖ - AR support not detected

그림 7-31 브라우저의 WebXR 지원 여부

---

1 - Immersive VR Session   **Basics**

Demonstrates use of an "immersive-vr" XRSession to present a WebGL scene on a VR headset.

Source • Run Without Polyfill

2 - Immersive AR Session   **Basics**

Demonstrates use of an "immersive-ar" XRSession to present a WebGL scene on an AR-enabled phone or headset.

Source • Run Without Polyfill

3 - Inline Session   **Basics**

Demonstrates use of an "inline" XRSession to present the same WebGL scene on the page and on an XR device.

Source • Run Without Polyfill

그림 7-32 WebXR 세션 지원 화면

7.6 메타버스(Metaverse)

7.6.1 메타버스 정의

메타버스 또는 확장가상세계의 의미는 가상, 초월을 의미하는 '메타'(meta)와 세계, 우주를 의미하는 '유니버스(universe)'를 합성한 신조어로서 1992년 출간된 소설 '스노 크래시' 속의 가상세계 이름인 '메타버스'에서 유래되었다. 메타버스는 현실과 가상현실의 경계를 허물고, 사용자들이 가상세계에서 상호작용하고 소통하는 디지털 공간을 나타낸다. 메타버스는 컴퓨터 그래픽, 가상현실, 증강현실, 인공지능 등 다양한 기술들이 융합된 결과물이다.

메타버스는 단순한 가상세계를 넘어 현실과 유사한 경험을 제공하며, 실제와 가상이 결합된 새로운 형태의 디지털공간을 의미하며 사용자들은 가상세계에서 다른 이용자들과 상호작용하고 소통하며, 가상현실 안에서의 경험을 즐길 수 있다.

그림 7-33 레디 플레이 원 DVD
출처 : yes24

대기업들과 메타버스 관련 기술기업들은 메타버스에 대한 관심이 높으며, 메타버스에서의 다양한 서비스와 경험을 개발하고 있다. 가상현실 게임, 가상쇼핑, 온라인 회의, 교육 등 다양한 분야에 적용될 수 있다. 예를 들어, 가상현실에서의 회의를 통해 지리적인 제약을 극복하고 협업을 강화할 수 있거나, 가상현실 공간에서 상품을 체험하며 쇼핑을 할 수도 있다. 메타버스는 기술의 발전과 함께 더욱 다양하고 현실과 유사한 경험을 제공할 것으로 기대되며, 미래의 디지털공간과 소셜 인터랙션의 중요한 부분을 차지할 것으로 예측되고 있다.

그림 7-33은 메타버스의 개념을 잘 표현한 스티븐 스필버그의 레디 플레이어원(Ready Player One) 영화의 DVD 버전이다.

7.6.2 특징과 플랫폼

메타버스는 일종의 가상현실이지만 더욱 확장된 개념으로 현실세계에서 통용되는 기술들을 포함한 것으로 기존의 플랫폼들과 차별화되는 5가지 특징을 5C라 부르며 다음과 같다.

(1) 메타버스의 주요 특징

① 가상 세계 창작자(Creator) : 메타버스는 현실과는 별개의 가상세계로, 사용자들은 가상캐릭터를 통해 다른 사용자들과 상호작용하며 활동할 수 있다.

② 실시간 다중 참여(Connectivity) : 여러 사용자가 동시에 메타버스에 참여하여 실시간으로 상호작용하고 소통할 수 있다.

③ 디지털 통화(Currency) : 메타버스는 가상 자산, 가상통화 등을 통한 디지털경제를 지원하며 사용자들은 가상공간에서 상품을 구매하거나 서비스를 이용할 수 있다.

④ 가상현실과 혼합현실 세계관(Canon) : 가상현실 기술을 통해 현실감 있는 환경을 제공하며, 혼합현실 기술을 통해 현실세계와 가상세계를 통합시키기 위한 세계관을 갖는다.

⑤ 창조와 커뮤니티 일상의 연장(Continuity) : 사용자들은 메타버스에서 콘텐츠를 창조하고 공유하며, 다양한 커뮤니티에서 소셜 활동을 할 수 있다.

다양한 메타버스들 중에서 해당 메타버스를 차별화할 수 있는 요소는 어떠한 세계관과 누구의 상상력으로 메타버스를 창작하였는가에 달려있다. 여기에 디지털 통화, 일상의 연장 그리고 연결 등을 통하여 기존의 플랫폼을 통합하여 소비자들이 원하는 상상력으로 구현된 메타버스에 현장감을 느끼게 되며 다음과 같은 플랫폼이 있다.

(2) 메타버스 플랫폼

① 페이스북 (Facebook Horizon Workrooms) : 페이스북의 메타버스 플랫폼으로, 업무와 협업을 위한 가상현실 공간을 제공한다.

② 로블록스(Roblox) : 게임 중심의 메타버스로, 사용자들은 자체 게임을 개발하고 다양한 경험을 공유한다.

③ 디센트라랜드(Decentraland) : 블록체인을 기반으로 한 분산형 메타버스로, 사용자들은 가상 토지를 소유하고 거래할 수 있다.

④ 브이알챗(VRChat) : 가상 현실과 컴퓨터에서의 사용자들이 만나 소통하는 플랫폼으로, 다양한 가상 환경을 탐험할 수 있다.

⑤ 세컨드 라이프(Second Life) : 오래된 메타버스 중 하나로, 가상의 세계에서 콘텐츠를 생성하고 공유할 수 있는 플랫폼이다.

⑥ 마이크로소프트 메쉬(Microsoft Mesh) : 혼합현실(MR)을 위한 플랫폼으로, 현실과 가상을 융합시키는 기술을 제공한다.

■ 페이스북(Facebook Horizon Workrooms)

워크 룸(Workrooms)은 물리적 거리에 관계없이 사람들이 함께 모여 동일한 가상공간에서 작업할 수 있는 대표적인 협업 경험을 할 수 있다. 가상현실과 웹 모두에서 작동하며 팀이 함께 모여 아이디어를 브레인스토밍하거나 화이트보드를 작성하고, 문서 작업을 하고, 업데이트를 듣는 등 VR의 힘을 통해 원격으로 협업하고, 소통하고, 연결할 수 있는 능력을 향상시키도록 설계되었다. 그림 7-34는 페이북 워크룸의 한 장면으로 참가자들은 자신의 아바타를 이용하여 서로 소통가능하다.

그림 7-34 페이스북 워크룸
출처 : fb.com

■ 로블록스(Roblox)

로블록스에서는 주로 3D 가상 세계에서 활동하며, 사용자는 자신만의 캐릭터를 만들고 다른 사용자들과 상호 작용하며 다양한 게임을 플레이할 수 있다. 이 플랫폼은 게임 개발을 쉽게 할 수 있도록 스크립팅 언어를 제공하고, 사용자들은 이를 활용하여 게임의 동작을 커스터마이즈할 수 있다. 그림 7-35는 로블록스에서 제공하는 "Find the FNAF" 게임의 화면이다.

그림 7-35 로블록스게임
출처 : Roblox

■ 브이알챗 (VRChat)

VRChat은 가상현실 플랫폼 중 하나로, 사용자들이 가상공간에서 만나 소통하고 상호 작용할 수 있는 플랫폼이다. 이 플랫폼은 다양한 가상현실 장치와 모니터를 통해 사용될 수 있으며 VRChat에서는 가상공간에서 다른 사용자들과 대화하고, 게임을 즐기며, 창작물을 공유할 수 있다. 그림 7-36은 브이알 챗 게임의 한 장면으로 사용자들은 자신의 캐릭터를 만들고 가상공간 내에서 채팅을 통해 소통할 수 있다.

그림 7-36 브이알 챗 게임
출처 : meta.com

■ 세컨드 라이프(Second Life)

2003년 미국의 개발사인 린든랩(Linden Lab.)에서 개발한 온라인 가상현실 플랫폼으로서 3차원으로 구현된 가상현실에 접속하여 자신만의 캐릭터를 만들 수 있으며 만들어진 캐릭터를 자신의 아바타(Avatar)로 사용할 수 있다. 그림 7-37과 같이 하나의 가상공간인 세컨드 라이프에 접속한 사람들 중 자신과 마음이 잘 맞는 사람들을 찾아 함께 대화하고 소통하거나 간단한 편집 프로그램을 통하여 자신만의 작품이나 공간 등을 만들 수 있다,

그림 7-37 세컨드 라이프
출처 : Second Life

세컨드 라이프의 세계관은 가상공간에서 사람들이 교류하고, 여가를 즐기면서 사업도 하며 토지나 집을 사고파는 경제활동도 하면서 사용자가 직접 정의해 나가는 메타버스이다. 초기 메타버스의 효시라 할 수 있으며 2010년 한국에도 서비스를 했지만 사용자들의 부재로 결국 철수하였다.

■ 게더 타운(Gather Town)

게더 회사(Gather Presence Inc.)는 PC에서 구동되는 메타버스인 게더 타운을 만들었으며 게더 타운이 출시될 당시에는 코로나바이러스 팬데믹으로 인해 많은 사람들이 온라인에서 모이는 필요성이 높아진 상황에서 주목을 받았다. 게더 타운은 가상 세계를 생성하고, 사용자들이 그 가상 세계에서 다양한 활동을 할 수 있도록 하는 플랫폼이다. 이것은 회의, 이벤트, 학술 대회 등 다양한 온라인 모임에서 사용될 수 있으며 사용자들은 가상 세계에서 다른 참여자들과 상호 작용하며, 각종 활동을 수행하고 이동할 수 있다.

게더 타운 플랫폼은 게임적인 요소를 통해 참여자들 간의 소셜 경험을 향상시키고, 캐주얼한 대화와 협업을 촉진하는 데 중점을 두고 있다. 모임 참여자들은 가상의 캐릭터를 조작하며 화상 회의처럼 상호 작용할 수 있다. 그림 7-38은 게더 타운에서 사용자들의 사이버 활동을 나타낸 것이다.

그림 7-38 게더타운(Gather Town)
출처 : 중앙일보, 김종훈

참고자료

1. 4차 산업혁명 시대의 IT 개론과 실습, 박경배, 21세기사
2. https://quasarzone.com/bbs/qc_qsz/views/38241, 센소라마
3. https://etsanggarp.blogspot.com/2016/03/, BOOM
4. https://truemind1.blogspot.com/search/label, 몰입형 가상현실
5. https://ettrends.etri.re.kr/ettrends/205, 전자통신통향분석,vol31.No.4
6. https://kocoafab.cc/tutorial/view/716, KINECT
7. https://www.x3dom.org/examples/, VR Tool
8. https://quasarzone.com/bbs/qc_qsz/views/46787, 레노버 펩2프로
9. https://pokemongolive.com/?hl=ko, 포켓몬 Go
10. https://www.kca.kr/Media_Issue_Trend/vol52/sub02_01.html, 크로마키 합성
11. https://koreascience.kr/article/CFKO201423965827635.pdf, 최준영, 마커
12. https://www.microsoft.com/ko-kr/hololens, 홀로렌즈
13. https://www.magicleap.com/en-us/, 매직리프
14. https://www.unrealengine.com/ko/, 언리얼 엔지
15. https://docs.unity3d.com/Manual/index.html, 유니티
16. https://www.hitl.washington.edu/artoolkit.html, ARToolKit
17. http://www.web3d.org, X3D, 비몰입형 가상현실
18. https://about.meta.com/ko/metaverse/, 메타버스
19. https://forwork.meta.com/kr/horizon-workrooms/, 페이스북 메타버스 플랫폼
20. https://www.roblox.com/, 로블록스플랫폼
21. https://decentraland.org, 디센트라 랜드 플랫폼
22. https://hello.vrchat.com/, VRChat 플랫폼
23. https://learn.microsoft.com/ko-kr/mesh/overview, 마이크로소프트 메쉬 플랫폼
24. https://www.x3dom.org, HTML과 3차원 그래픽
25. http://cortona3d.com, VRML 3차원 프로그램
26. https://developer.mozilla.org/ko/docs/Web/API/WebGL_API/Tutorial/Getting_started_with_WebGL,
27. https://threejs.org/docs/index.html#manual/en/introduction/Creating-a-scene
28. https://immersive-web.github.io/webxr-samples/, WebXR

7.1 가상현실의 특성에 대해 설명하시오.

7.2 몰입형 가상현실의 특징에 대해 설명하시오.

7.3 비몰입형 가상현실의 특징에 대해 설명하시오.

7.4 증강현실과 혼합현실의 개념에 대해 설명하시오.

7.5 혼합현실의 3요소는 무엇인가?

7.6 혼합현실에서 위치기반과 정보기반의 차이점에 대해 설명하시오.

7.7 혼합현실의 입출력장치에 대해 설명하시오.

7.8 혼합현실의 소프트웨어가 갖추어야할 특징에 대해 설명하시오.

7.9 메타버스의 5C 특징에 대해 설명하시오.

7.10 메타버스의 플랫폼에 대해 설명하시오.

7.11 x3dom을 이용하여 웹브라우저에 3차원 물체를 표시하기 위하여 반드시 〈head〉에 포함시켜야
할 3가지 조건은 무엇인지 설명하시오.

7.12 WebGL의 특징에 대해 설명하시오.

7.13 three.js의 특징에 대해 설명하시오.

7.14 WebXR의 특징에 대해 설명하시오.

8

드론으로 본 세상™

8.1 드론의 구성요소

군사적 용도의 목적으로 개발되고 사용되었던 드론은 비행체로서 위험한 임무나 지역에서 정보수집, 탐색, 정찰 등을 수행하는 데 적합하다는 점이 군사적으로 큰 이점으로 작용하였고 현대 군대에서 반드시 필요한 장비가 되었다.

드론 정식명칭은 UAV(Unmanned Aerial Vehicle, 무인항공기)로 사람이 직접 타지 않고 조종 및 임무수행이 가능한 비행체를 의미하지만 1930년대에 미국과 영국에서 대공포 훈련용으로 개발된 무인항공기를 타겟 드론(target drone)이라고 명명하며 드론이라는 용어가 최초로 쓰이기 시작하였다. 2000년대 초까지만 해도 군사적 무기로 사용되던 드론은 프랑스 패럿(Parrot)사에서 개발한 쿼드롭터 AR 드론의 등장으로 개인들이 상업적 용도로 이용 가능하게 되었다. 이후 패럿사는 드론과 관련된 기업들을 인수하거나 기업에 투자하며 사업을 성장시켰으며, 중국의 DJI와 인텔사도 드론에 필요한 기술적인 역량을 확보하여 사업을 강화하며 경쟁적으로 참여하게 되었다. 미국의 3DR, 중국의 DJI, 프랑스의 패럿(Parrot) 등의 선두 드론 스타트업들은 일반인들도 쉽게 조종할 수 있고 공중 촬영이 가능한 레저 및 상업용 드론을 앞다투어 출시하여 민간용 드론 시장의 성장을 이끌었다. 특히 2017년부터 현재까지 전세계 민간용 드론 시장에서 70% 이상의 시장을 점유하고 있는 DJI의 경우 2006년 중국 광둥시 선전에서 신생 스타트업으로 시작하였으나 2012년 팬텀 드론 시리즈가 시장에서 폭발적인 인기를 얻으면서 지속적인 성장을 거듭해 2017년 28억 달러 규모의 세계 최대 드론 기업으로 자리매김하게 되었다. [출처] 드론의 핵심 기술|작성자 센서로 세계로 미래로 4차 산업혁명 기술을 기반으로 최근 뛰어난 접근성, 기동성, 편리성 그리고 효율성으로 군사적 목적뿐만 아니라 재난구조의 현장, 구글의 물류 택배, 무인 택시 등 각종 산업에서의 쓰임새는 상상을 초월할 정도로 다양해지고 있다.

컴퓨터가 네트워크와 연결되면서 단순한 계산기 기능을 넘어 글로벌화되었고 전화기와 결합된 스마트 폰의 등장으로 컴퓨터의 경계가 사라졌듯이 드론은 전자기술, 항공기술, 통신기술 그리고 휴대용 배터리의 기술의 발전 요소들의 융합으로 산업의 경계가 허물어졌다. 조작의 간편성과 함께, 카메라 등이 결합되어 각종 무기, 산업용 기계, 군사작전 그리고 기업의 경제 등에 매우 큰 효율성으로 국가 발전의 한 동력으로 자리매김하고 있다.

일반적인 드론은 4개의 프로펠러(profeller)를 가지고 있으며 드론을 구성하고 있는 다양한 부품들은 4차 산업혁명 분야의 기술들이 융합된 부산물이다. 드론은 개인이 운용 가능한 드론이 있으며 지상통제 시스템에 의해 운용되는 드론이 있다. 드론의 부속품들을 기능별로 분류하면 표 8-1과 같이 구동기능, 제어기능, 통신기능 그리고 사용 목적에 따라 다양한 부속기능들이 추가 될 수 있다.

그림 8-1과 같이 이를 조정하기 위한 송신기와 고글(Google)이 있으며, 그림 8-2는 개인 레이싱 전용 FPV(First Person View) 드론의 모습을 나타낸 것으로 드론의 구성은 외형적으로 드론 몸체, 4개의 프로펠러(propeller), 카메라로 구성되어 있으며 내부적으로는 비행 제어장치(FC : Flight Controller), 전자속도제어장치(ESC : Electronic Speed Controller), 브러쉬리스(BLDC : BLushless Direct Current) 모터, 리튬 배터리 그리고 다양한 센서와 무선 송수신부들로 구성되어 있다. 드론의 무게는 150kg을 넘지 않는다. 일반적으로 드론의 회전날개 또는 프로펠러의 개수는 쿼드콥터(Quadcopter)로서 4개이지만 사용 목적에 따라 5개 이상의 또는 그 이하의 회전 날개를 사용하는 드론도 있다.

표 8-1 드론의 기능에 따른 분류

분류	기능
구동기능	드론이 비행하기 위해 프로펠러, 모터, 변속기, 배터리로 구성.
제어기능	드론을 제어하기 위해 전자제어기, 가속도센서, GPS, 자이로센서 등,
통신기능	수신기, 무선 통신 모듈, 비디오 송신기 등으로 구성.
부가기능	초음파 센서, 비디오카메라 등 사용 목적에 따라 추가적으로 구성.

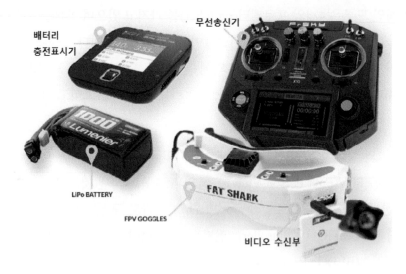

배터리
충전표시기

무선송신기

LiPo BATTERY

FAT SHARK

FPV GOGGLES

비디오 수신부

그림 8-1 드론 고글과 송신기
출처 : https://www.getfpv.com/learn

조종장치는 그림 8-1과 같이 사용자가 고글이나 제어기를 사용하여 드론을 제어하는 장치로서 다음과 같이 구성되어 있다.

- 배터리(Battery) : 송신기와 드론에 에너지를 제공하는 배터리는 드론의 비행시간을 결정한다. 일반적으로 리튬폴리머(LiPo) 배터리가 사용되며 배터리 팩에는 배터리 충전표시기를 통해 배터리의 양을 확인할 수 있다.
- 무선 송수신기(Transmitter and Receiver) : 드론을 원격으로 조종하기 위해 사용되는 무선 송수신기이다.
- 고글(Goggle)과 비디오 수신부 : 드론에 설치된 비디오에서 송신되는 장면들을 고글을 사용하여 수신하여 확인할 수 있다.

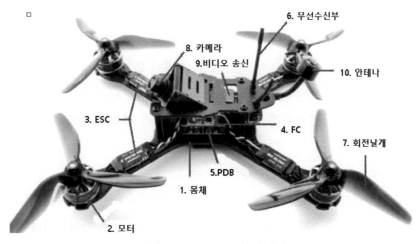

그림 8-2 FPV 드론의 구성요소
출처 : https://www.getfpv.com/learn

(1) 프레임(Frame)

드론의 기본 구조를 제공하는 프레임은 다양한 재료로 제작되며. 경량 및 강화된 재료로 만들어진다. 몸체의 크기에 따라 사용될 소품의 크기가 결정되고 소품의 크기에 따라 ESC (Electronic System Controller)의 정격이 결정된다. ESC의 정격에 따라 사용용도가 달라지며 모터의 크기도 결정된다.

(2) BLDC 모터(moter)

드론은 용도에 따라 프로펠러와 모터가 필요하며, 각 모터는 프로펠러를 회전시켜 드론을 움직이게 하는 원동력이다. 모터는 드론의 배터리 전력을 주로 소모하므로 사용목적에 따라 모터를 효율적으로 조합하는 것이 중요하다. FPV의 경우 모터 속도는 kV로 평가되며 일반적으로 kV가 높을수록 더 빠르게 회전하고 kV가 낮을수록 더 많은 토크를 생성한다. 모터 성능에 가장 영향력을 주는 것은 모터가 배터리에서 끌어오는 전류이다. 최대 전류 소모량에 대한 모터 사양을 확인하고 ESC가 이 전류량을 견딜 수 있는지 확인해야 한다.

⑶ 전자식 속도 조절기(ESC : Electronic Speed Controllers)

모터의 속도를 제어하고, 드론이 안정적으로 날 수 있도록 도와주는 장치이다. ESC는 비행 컨트롤러의 신호를 해석하고 이 신호를 위상 전기 펄스로 변환하여 브러시리스(BLDC) 모터의 속도를 결정하는 장치이다. ESC에는 4개의 입력 단자가 있고 2개는 FC에서 오는 신호용이다. ESC에는 브러시리스 모터의 각 와이어에 대해 하나씩 3개의 출력 단자가 있다.

⑷ 비행 콘트롤러(FC : Flight Controller)

드론의 자세를 제어하고 비행 동작을 조정하는 핵심 요소이다. 가속도계, 자이로스코프, 지자기계 등의 센서를 사용하여 드론의 상태를 모니터링하고 제어한다. FC는 쿼드콥터의 두뇌이며 보드에 다양한 센서가 포함되어 있어 드론이 어떻게 움직이는지 이해할 수 있다. 이 센서들에서 제공하는 데이터를 사용하여 FC는 알고리즘을 사용하여 조절한다. 무선 송신기의 스틱 입력을 통해 조종사가 지시하는 대로 드론이 작동하도록 각 모터가 얼마나 빨리 회전해야 하는지 계산한다. 쿼드에 있는 대부분의 배선은 FC를 중심으로 연결되며 수신기가 연결되어 있어야 조종사가 기체가 무엇을 원하는지 알 수 있다. 모터가 FC 명령을 수행하려면 각각의 ESC 신호와 접지선이 연결되어야 한다.

⑸ PDB (Power Distribution Board and Circuit Protection)

전원을 모터, 컨트롤러 및 기타 부품에 공급하는 회로와 각 부품을 과전류 및 과전압으로부터 보호하는 회로가 포함된다. PDB는 배전반의 약자로 배터리 전원 리드가 연결되는 경우가 많다. PDB는 필요한 전압에서 구성 요소에 전력을 분배한다. 오늘날 PDB 사용의 필요성은 FC, ESC 및 동일한 기능을 제공하는 기타(AIO 또는 All-In-One이라고 함) 구성 요소에 의해 없어지고 있다.

⑹ 무선 송수신기(Transmitter and Receiver)

조종사의 송신기와 드론의 수신기는 드론에 따라 다르므로 송신기와 호환되는 수신기를 사용해야 한다. FC에 수신기가 포함되는 것이 일반적이다.

(7) 프로펠러(Propellers)

드론의 움직임을 결정하는 중요한 요소로서 모터가 생성한 힘을 이용하여 드론은 프로펠러의 과학적 원리에 의해 전진, 후진, 정지 등을 자유롭게 할 수 있으며 드론의 운영에 중요한 역할을 한다. 비행을 위한 추진력을 얻기 위해 4개 또는 그 이상으로 장착된다.

(8) 비디오카메라

많은 드론이 비행 중에 사진이나 영상을 촬영하기 위해 카메라를 장착하고, 일부는 자율 비행을 지원하기 위한 센서를 사용한다. 드론에 따라 2개의 카메라를 장착할 수 있으며 만약두 대의 카메라를 장착하였다면 두 대 중 하나는 실시간 비디오 스트리밍용이고 다른 하나는 녹화용으로 사용된다.

(9) 비디오송신기

비디오 송신기는 카메라에 연결되어 HMD 또는 모니터로 비디오를 전송한다.

(10) 안테나(Antenna)

모든 비디오 신호를 전송하기 위해 안테나가 필요하다. 안테나는 다양한 모양과 크기, 지향성, 선형 및 극성으로 제공된다.

8.2 프로펠러 모양과 원리

드론은 프로펠러의 과학적 원리에 의해 전진, 후진, 정지 등을 자유롭게 할 수 있으며 드론의 운영에 중요한 역할을 한다. 드론이나 헬리콥터(Helicopter)와 같이 프로펠러를 이용한 비행 물체는 프로펠러가 공기에 대한 작용으로 이착륙과 비행을 하게 된다. 프로펠러가 회전을 하게 되면 그림 8-3과 같이 주변의 공기와 부딪히며 부딪친 공기는 아래로 내려가게 되고 반작용의 결과로 몸체는 위로 올라가게 된다. 이것은 풍선 안에 공기를 가득 차게 불고 공기 중에 나두면 풍선 안의 공기가 지면을 향해 아래로 빠지면서 풍선은 위로 올라가는 원리와 같다.

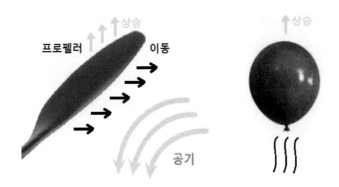

그림 8-3 프로펠러의 상승과 공기의 작용

그림 8-4와 같이 물체를 위로 올리는 힘을 양력이라 하며 앞쪽이 볼록한 비대칭 형태의 프로펠러 모양에 따른 양력, 중력, 추력과 항력의 관계를 보여 준다. 공기의 흐름에 수직하는 방향으로 낮은 압력이 작용하면 양력이 발생하고 양력과 반대 방향으로 중력이 작용하며 높은 압력이 가해진다. 추력과 항력 역시 서로 반대 방향으로 작용한다. 이것은 유체역학에서 유속이 빨라지면 유체가 점유하고 있는 공간의 압력이 낮아지고 반대쪽은 압력이 높아진다는 베르누이의 원리가 이용한 것이다. 그림에서 프로펠러의 아래쪽은 압력이 높고 위쪽은 압력이 낮아지면서 양력이 중력보다 커지면 위로 올라가게 된다.

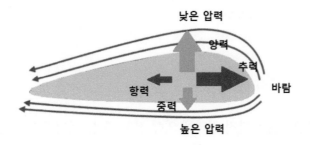

그림 8-4 프로펠러에 대한 바람의 영향에 따른 양력과 추력

양력과 추력을 높이는 방법은 프로펠러의 크기를 크게 하거나 회전력을 빠르게 하면 양력과 추력이 더욱 커지게 된다. 초기 상태에서 양력이 중력보다 커지게 되면 드론은 올라가게 되고 양력과 중력이 같게 된다면 드론은 공중에 멈추게 된다. 양력이 중력보다 작게 되면 아래로 내려가게 된다.

베르누이의 양력의 원리가 적용된 헬리콥터의 경우 1개의 큰 프로펠러를 사용하여 양력과 추력을 얻지만 프로펠러의 회전 작용에 따른 몸체의 반작용으로 프로펠러가 회전하는 반대방향으로 헬리콥터 몸체가 회전을 하게 된다. 그림 8-5에서처럼 헬리콥터의 프로펠러가 시계 방향(CW : Clock-Wise)으로 움직이면 이에 대한 반작용으로 헬기 몸체는 반시계 방향(CCW : Counter Clock-Wise)으로 움직이게 된다. 이것을 방지하기 위하여 헬리콥터의 꼬리 부분에 작은 수평 프로펠러를 장착하게 되며 꼬리 부분의 수평 프로펠러가 왼쪽 측면에서 회전하게 되면 반대쪽으로 반작용이 생겨 헬기 몸체가 회전하려하는 것을 방지시켜준다.

그림 8-5 헬리콥터 프로펠러의 원리

드론은 2개 이상의 프로펠러를 사용하며 일반적으로는 4개 이상의 프로펠러를 사용하므로 헬리콥터와 마찬가지로 프로펠러의 회전에 따라 몸체가 회전하는 반작용이 발생한다. 그림 8-6의 왼쪽 경우는 드론에 장착된 4개의 프로펠러가 같은 방향으로 회전하는 경우로서 하나의 프로펠러로 이루어진 헬리콥터의 프로펠러처럼 드론의 몸체는 반대방향으로 회전하게 된다.

이를 방지하기 위해 드론의 4개 프로펠러는 오른쪽 그림과 같이 대각선 방향의 두 프로펠러가 서로 쌍을 이뤄 다른 방향으로 회전시킴으로써 드론 몸체가 회전하는 것을 방지한다.

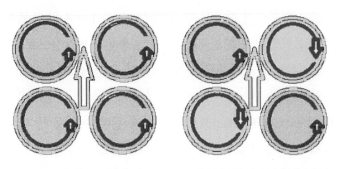

4개 회전 방향 동일　　　**두개씩 쌍으로 반대방향 회전**

그림 8-6 드론 프로펠러의 원리

드론은 프로펠러 개수에 따라 불리는 명칭이 다르며 이에 따른 외형적인 모습과 특징은 표 8-2와 같다.

표 8-2 프로펠러 개수에 따른 특징과 모형

프로펠러 갯수	특징	모형
바이 콥터 (Bi Copter)	좌우에 하나씩, 두 개의 프로펠러를 가지며 좌우가 각각 반대 방향으로 회전하여 서로의 반작용 토크를 상쇄한다.	
트라이 콥터 (Tri Copter)	헬리콥터와 유사하게 바이 콥터의 꼬리에 프로펠러를 추가하여 세 개의 프로펠러를 갖는 드론이다. 홀수개의 프로펠러인 경우는 프로펠러의 크기를 다르게 하여 반작용 토크를 해결할 수 있으며 기동성이 좋다.	
쿼드 콥터 (Quad Copter)	4개의 프로펠러를 갖는 드론으로 안정성이 높다.	
펜타 콥터 (Penta Copter)	쿼드 콥터에 트라이 콥터 처럼 꼬리 프로펠러를 추가하여 5개의 프로펠러로 운용된다. 트라이 콥터의 기동과 쿼드 콥터의 안정적인 특징을 가진다.	

프로펠러 갯수	특징	모형
헥사 콥터 (Hexa Copter)	6개의 프로펠러를 가진 드론으로 안정성이 높고, 쿼드 콥터와 비슷한 원리로 비행한다. 프로펠러 개수가 많기 때문에 힘이 좋아 무거운 물체를 운반할 때나 프로펠러의 일부가 망실되더라도 안전하게 이착륙이 가능하므로 고가의 장비를 취급한다.	
옥토 콥터 (Octo Copter)	8개의 프로펠러를 장착한 드론으로 6개의 헥사 콥터처럼 매우 높은 안정성을 갖는 드론이다.	

8.3 드론의 조종 원리

드론을 조종하는 방법은 다양하다. 일반적으로 조종기를 이용한 조종이 대부분이지만 경우에 따라 스마트폰이 태블릿을 이용하는 경우도 있고 GPS나 음성 제어 등을 이용하여 자동 비행하는 경우도 있다.

- 리모컨(조종기)을 이용한 조종 : 대부분의 드론은 리모컨 또는 조종기를 통해 조종하며 사용자는 조종기의 스틱, 버튼, 노브 등을 조작하여 드론의 이동, 회전, 고도 조절 등을 제어한다. 조정기를 이용한 조정은 사용자에게 직접적인 물리적 감각을 제공하며 비교적 사용자의 직관적 감각에 의존한다.
- 스마트폰 또는 태블릿 어플리케이션을 통한 조종 : 몇몇 드론은 스마트폰 또는 태블릿 어플리케이션을 통해 조종될 수 있다. 드론과 스마트폰 간의 무선 연결을 통해 사용자는 터치스크린을 통해 드론을 제어할 수 있다.
- 자동 비행 모드 및 GPS 기능 : 일부 고급 드론은 GPS와 다양한 센서를 활용하여 자동 비행 모드를 지원한다. 사용자는 목표지점을 설정하거나 특정 비행로를 프로그래밍하며 이러한 기능을 통해 드론은 자율적으로 비행하거나 정해진 경로를 따라 이동할 수 있다.
- 음성 제어 : 일부 최신 드론은 음성 명령을 통해 조종할 수 있으며 사용자는 특정 명령을

드론에게 말하면, 내장된 음성 인식 시스템이 이를 해석하여 드론을 제어한다.

- 제스처 인식 : 일부 드론은 사용자의 제스처를 감지하고 해석하여 조종될 수 있으며 특정 제스처를 사용하면 드론은 해당 명령을 이해하고 수행한다.
- 소프트웨어를 통한 조종 : "드론 쇼"와 같이 컴퓨터를 이용한 프로그래밍을 통하여 조종될 수 있으며 이는 주로 드론 개발자나 연구자들이 드론의 특수한 동작을 프로그래밍하고 테스트하는 데 사용한다. 소프트웨어를 통한 드론 조정은 드론의 동작, 비행경로, 센서 데이터 처리, 안전 기능 등을 제어하기 위해 소프트웨어를 사용한다. 비행 제어 소프트웨어는 드론의 안정성, 고도 조절, 방향 제어 등을 담당하게 된다. 비행경로 및 임무 계획 소프트웨어는 GPS 데이터 및 다양한 센서 정보를 활용하여 드론의 이동 경로를 계획하고 수행한다. 드론이 수집하는 다양한 센서 데이터를 처리하고 해석하는 소프트웨어는 드론이 주변 환경을 이해하고 안정적으로 비행할 수 있도록 돕는 센서 데이터를 이용한다.

드론의 경우 헬리콥터의 이동과 달리 중량이 가볍고 모터의 조절이 용이하기 때문에 이동이 자유롭다. 드론의 이동을 위해선 이동시키고자 하는 방향으로 드론의 헤드 방향을 앞쪽으로 기울여 전후좌우로 이동시키고 드론의 프로펠러 방향과 속도에 따라 모터 속도를 조

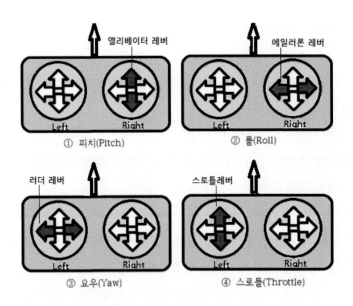

그림 8-7 드론의 4가지 조정 모드

절하여 상하로 이동시킨다. 모터 속도조절은 프로펠러의 회전수를 조절하므로 이에 따라 양력, 추력, 항력, 중력의 4가지 힘이 작용한다. 각 힘의 크기에 따라 드론은 이동을 하게 되며 만약 4가지 힘이 동일하게 되면 드론은 정지한 상태로 제자리에 위치하게 되며 이를 호버링(hovering)이라 한다.

호버링 이외에도 드론을 조정하는 방법에 따라 그림 8-7과 같이 4가지로 분류할 수 있으며 드론의 고도를 유지하며 비행하는 방법이 있다.

① **피치(Pitch) 모드** : 조정기의 두 레버 중 오른쪽에 있는 엘리베이터(Elevator) 레버를 조작하여 드론을 전진시키거나 후진시키는 모드이다. 피치 조종은 드론의 앞쪽 2개의 프로펠러와 뒤쪽 2개의 프로펠러 속도를 달리하여 이루어진다. 드론을 전진시키기 위해서는 뒤쪽 2개 프로펠러 속도를 빠르게 하고 앞쪽 2개 프로펠러를 느리게 조절하면 드론 몸체가 앞쪽으로 기울면서 이동하게 된다. 반대로 뒤쪽 프로펠러 2개의 속도가 느리게 하고 앞쪽 모터 2개의 회전을 높이면 뒤 부분이 기울면서 후진하게 된다.

② **롤(Roll) 모드** : 조정기의 오른쪽에 있는 에일러론(Aileron) 레버를 이용하여 드론을 좌우 방향으로 이동시키는 모드이다. 피치 모드에서처럼 오른쪽 2개의 프로펠러와 왼쪽 2개의 프로펠러 속도차이를 이용하면 드론의 몸체는 좌측, 우측으로 기울어지면서 이동한다.

③ **요우(Yaw) 모드** : 조정기의 왼쪽에 있는 러더(Rudder) 레버를 이용하여 드론을 시계방향(CW)/반시계방향(CCW)으로 회전시키는 모드이다. 요우 조종은 대각선에 위치한 프로펠러의 속도를 조절하여 이루어지며 대각선의 프로펠러는 같은 방향이다. 따라서 대각선에 있는 프로펠러의 속도를 올리면 하나의 프로펠러가 회전하는 것처럼 몸체가 회전을 하게 된다.

④ **스로틀(Throttle) 모드** : 왼쪽에 있는 스로틀 레버를 조정하여 드론을 상하로 이동시키는 모드이다. 스로틀 조종은 프로펠러 전체를 고속회전시켜 상승시키거나 저속회전으로 하강 시킨다. 프로펠러의 속도가 빠르면 당연히 양력이 높아지면서 더 높이 상승한다. 가만히 있는 상태에서 스로틀을 올리면 위쪽으로 상승하겠지만 피치나 롤 조종을 하면서 스로틀을 올리면 조종하는 방향으로 빠르게 이동하게 된다.

⑤ **드론 고도유지** : 드론의 고도를 유지하기 위해서는 스로틀을 높여 양력을 얻어야 하지만

회전면을 앞으로 기울이게 되면 고도를 유지했던 양력의 일부가 출력으로 전환되어 드론은 고도가 떨어지며 전진하게 된다. 현재의 고도를 유지하고자 한다면 회전면을 기울일 때마다 스로틀을 동시에 높여야만 양력을 보상해주어 고도 유지를 할 수 있다. 이와 유사하게 전진 중에 드론을 정지하기 위해서는 전진 면을 뒤로 기울여야 하는데 이때는 드론의 고도가 일시적으로 올라가는 현상이 나타난다. 따라서 전진비행 중 정지하면서 고도를 유지하고자 한다면 스로틀을 약간 줄여주어야 한다.

⑥ **호버링 제어** : 드론을 한 곳에 정지시키는 호버링을 하려면 네 개의 프로펠러가 같은 회전력으로 양력과 중력이 같으면 된다. 그러나 현실적으로 바람과 같은 외부 영향에 의해 한 곳에 정지하기 힘들다. 드론이 외부 영향 받더라도 정지시키기 위해서는 드론 내부에서 다양한 센서를 이용해야 하며 드론의 제어를 위해서는 빠르고 지속적으로 제어할 수 있어야 한다.

8.4 다양한 드론 센서와 부속품

8.4.1 드론 센서

드론이 안정적으로 비행을 하거나 호버링 등을 위해서는 기본적으로 위치, 고도, 속도, 방향, 장애물에 대한 정보와 4차 산업혁명 관련 기술이 필요하다. 드론의 제어를 PID(Pro-portional Integral Differential) 제어라 하며 드론의 가속도, 자이로 센서 에서 측정한 값을 바탕으로 비례, 적분, 미분 등을 이용하여 드론 모터의 회전을 제어하는 기술이다. 예를 들어 드론을 전진시키기 위해 15도 기울이라는 명령을 주었을 때, 15도 보다 작거나 크면 해당 모터의 출력을 높이거나 낮추어서 15도에 맞추도록 제어하는 것이다.

드론이 방향을 유지하거나 평형을 유지하기 위해서는 자이로스코프와 같은 원리가 적용된다.

자이로스코프(gyroscope)는 지구의 중력을 사용하여 방향을 유지하는 장치이고, 짐벌(gimbal)은 물체가 단일 축에서 회전할 수 있도록 하는 회전식 지지대이다. 3차원 세계에서 물체는 기본적으로 3개의 축을 기준으로 회전하는데 이 세 가지 축을 '롤(Roll:세로축)', '피치(Pitch:가로축)', '요(Yaw:수직축)'라 하며 '오일러 각' 이라 부른다. 자이로스코프는 세 가지 축을 이용하여 가로, 세로 그리고 수직축의 흔들림을 보정해 주는 장치이다. 상하좌우 위아래 어느 방향으로 진동이 가해지더라도 물체를 그 위치에 그대로 정지시켜 놓을 수 있다.

그림 8-8은 중심에 있는 회전자(roter)가 회전하면 회전축, 짐벌 그리고 자이로스코프를 이용하여 물체의 움직임에 대해 방향을 유지하거나 평형을 유지하는 원리를 나타낸다.

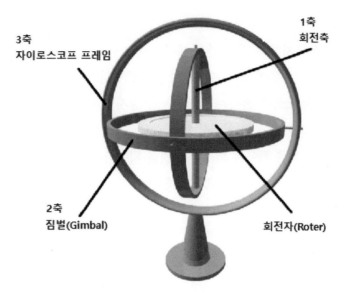

그림 8-8 자이로스코프와 짐벌(Gimbal)
참조 : 위키백과

드론을 조정하기 위해서는 먼저 방향 및 움직임에 대한 측정 센서가 필요하며 드론의 위치 및 고도를 측정하기 위한 센서 및 시각 정보를 얻기 위한 비젼(vision) 센서 등이 요구된다.

따라서 대부분의 드론에는 다음과 같은 다양한 센서가 기본적으로 장착되어 있다.

(1) 가속도(accelerometor) 센서

가속도는 물체의 속도가 달라질 때 발생하는 변화량을 나타내는 물리량으로, 시간당 속도의 변화율을 나타낸다. 가속도 센서는 방향 및 움직임 측정을 위해 필요한 센서로서 3차원 공간에서 x, y, z 축 방향의 가속도를 측정하는 센서이다. 센서에 가해지는 가속도를 측정하여 중력에 대한 상대적인 위치와 속도를 측정한다. 가속도 센서는 직선운동에 대해서는 감지를 잘 하지만, 회전을 하는 원운동에 대해서는 감지를 거의 하지 못한다. 드론에서 사용하는 가속도 센서는 드론의 움직임에 대한 자이로스코프의 오차를 보정하는데 사용하여 드론이 안정적인 자세를 유지할 수 있도록 한다. 스마트폰에서는 가속도 센서를 사용하여 디바이스의 기울기를 감지하거나, 사용자의 움직임을 추적하는 데 활용한다.

(2) 자이로스코프(gyroscope) 센서

드론의 수평을 유지하기 위한 기본 센서로서 x, y, z의 세 축 방향의 각가속도를 측정하여 드론의 피치, 롤, 요우에 대한 수평정보를 제공한다. 가속도 센서는 회전운동을 감지하지 못하지만 자이로스코프 센서는 회전운동을 감지할 수 있다. 비행기의 항법장치에 사용되었는데, 비행기의 자세를 피치, 롤, 요를 각도로 표시한다. 피치는 기울어지는 방향, 요는 z축 방향의 회전, 롤은 좌우로 회전하는 것을 의미하는 것으로 물체가 코너를 돌 때 한쪽 방향으로 쏠려서 기울어지는 각도를 의미한다.

(3) GPS(Global Position System) 센서

전역위성위치시스템(Global Positioning System, GPS)의 신호를 수신하여 장치의 현재 위치를 정확하게 결정하는 센서이지만 작게는 30cm에서 10m까지의 오차가 발생한다.

GPS는 인공위성의 신호를 이용하여 드론의 위치 및 고도를 측정한다. 드론이 제자리에서 호버링을 하려면 현재 위치를 알아야 하며 바람이 많거나 외부적인 요인으로 드론의 위치가 변경되었다면 드론은 자신의 제자리로 복귀해야 한다. 드론이 자신의 위치를 정보제공 받기 위해선 3대의 인공위성을 사용하지만 드론의 고도까지 알기위해서는 4대의 인공위성에서 정보를 제공 받아야 한다.

(4) 기압계(Barometer) 센서

기압계 센서는 드론의 고도를 측정하기 위한 센서로서 주변 대기압을 측정하여 대기압의 변화를 감지하는 센서이다. 대기압은 지표면에서 대기에 의해 가해지는 압력을 나타내며 대기압의 변화를 감지하고 디지털 또는 아날로그 신호로 출력한다. 기압계 센서는 대기압을 측정하여 드론의 고도를 측정하지만 정확도는 그리 높지 않기 때문에 기압계 센서 단독으로 고도를 측정하는 것이 아니라 GPS, 초음파 또는 이미지 센서를 같이 사용하여야 정밀한 고도를 측정할 수 있다.

⑸ 거리계(Distance) 센서

거리계 센서는 주변 물체와의 거리를 측정하는 센서로서 다양한 기술과 원리를 사용하여 작동한다. 드론은 비행중 장애물을 만나면 장애물을 회피하여 비행해야 하므로 장애물거리를 측정하기 위한 방법으론 초음파(sonar), 레이져(razer), 또는 레이더(radar) 센서를 사용하여 드론과 장애물과 거리 또는 지면과의 거리 등을 측정한다. 초음파는 주로 실내에서 드론의 고도를 측정하기 위해 사용하며 이외에도 적외선, 광학적 거리 센서가 있다.

⑹ 비전(Vision) 센서

비전 센서는 시각적인 정보를 수집하고 처리하는 센서를 의미하며 최근의 드론들은 비전 센서 즉 비디오카메라 등을 장착하고 있다. 비디오카메라를 이용하여 지형지물을 촬영하고 이미지를 분석하여 장애물 등을 파악한다. 비전 센서는 고도를 측정하거나 호버링 할 경우 충돌을 방지하기 위하여 주로 사용하며 비전 센서는 고가의 드론에 주로 장착된다.

비전 센서에 사용되는 장치에는 카메라, 열화상 카메라, 스테레오 카메라, 레이더 그리고 레이저 빛을 이용한 라이다(Lidar) 센서가 있다.

⑺ 자력계(Magnetometer) 센서

자력계 센서는 주변 자기장을 감지하고 측정하는 센서로서 자기장의 강도, 방향 또는 변화를 감지하여 그 정보를 전자적으로 변환하고 측정한다. 자력계는 나침반 기능을 제공하여 드론의 방향을 감지하는 센서로서 자력계를 이용하여 북쪽 방향을 측정하고 드론의 방향 정보를 FC CPU로 전송한다. 자력계 센서는 위치 정보를 제공하고 GPS 센서는 위치 정보를 이용하여 드론의 위치와 방향을 알 수 있다.

이 외에도 전기 전도체에 자기장을 적용할 때 나타나는 홀(Hall) 효과를 기반으로 동작 홀 센서 (Hall Effect Sensor), 자기장의 강도를 측정하기 위해 플럭 게이트라고 불리는 루프를 사용하는 플럭게이트 센서(Fluxgate Sensor) 그리고 초미세한 자기장을 감지하는 데 사용하는 스퀴드코일 센서 (SQUID Coil Sensor)가 있다. 표 8-3은 드론에 적용하는 다양한 센서와 부품소자를 나타내고 있으며 부품소자은 모델에 따라 기능이 더욱 정교해지고 소형화되고 있다.

표 8-3 드론에 사용하는 다양한 센서

센서	부품 소자	센서	부품소자
가속도 ADSL335		기압계 ASD2511	
자이로스코프 Lsm9Ds1		거리계/초음파 Pololu	
자력계 치어슨 CX-20		비젼 Pixy2 스마트	
GPS GY-GPS6V2			

8.4.2 부속품

(1) 드론 조종기 주파수

드론은 무선조정기를 통하여 제어되며 드론에 전송되는 주파수는 2.4Ghz 또는 5.8Ghz의 높은 주파수 대역을 사용한다. 2.4Ghz 대역은 1Mhz 당 10mW이내의 출력으로 면허 없이도 사용 가능한 주파수이다. 높은 주파수 대역을 사용하는 이유는 드론에 대한 조종 반응이 빨라야 하고 지연이 없어야하기 때문이며 다음과 같은 특징이 있다.

- 데이터 전송 속도 : 높은 주파수는 더 높은 데이터 전송 속도를 제공할 수 있다. 고주파수는 더 많은 데이터를 빠르게 전송할 수 있어 드론 조종을 실시간으로 효율적으로 한다.
- 무선간섭 감소 : 일반적으로 높은 주파수는 무선 간섭이 적은 환경에서 더 잘 작동한다. 주파수 대역이 높을수록 다른 무선기기와의 간섭이 적어질 가능성이 높아진다.
- 다중채널 사용 : 고주파수를 사용하면 더 많은 무선 채널을 사용할 수 있으므로 여러 드론이 동시에 공중에서 운행될 때 서로 간섭을 피하기 위해 중요하다.
- 짧은 파장 신호 : 고주파수는 짧은 파장을 갖기 때문에 작은 안테나를 사용할 수 있다. 이는 드론과 조종기 사이의 휴대성을 향상시키고 장거리 통신에도 유리하다.
- 하드웨어 크기와 무게 : 고주파수를 사용하면 안테나와 전송기의 크기와 무게를 줄일 수 있으며 휴대성을 높일 수 있다.

(2) BLDC(Brushless DC) 모터

일반적인 직류전류를 사용하는 모터에는 브러쉬 장치가 달려 있으며 브러쉬가 있는 직류 모터는 회전할 때 마찰로 인해 빠르게 회전하면 제어가 어렵고 고속으로 회전하면 스파크(spark)가 튀거나 브러쉬가 망가지는 단점을 갖고 있다.

이러한 단점 때문에 드론에 사용하는 모터는 그림 8-9와 같은 브러쉬가 없는(Brush Less) DC 직류 모터를 사용한다. BLDC 모터의 작동원리는 모터의 코일은 가만히 있고 영구 자석이 회전하는 구조로 매우 빠르게 회전하지만 관성이 작아 빠른 속도 제어가 가능하다. BLDC 모터는 물속에서도 동작이 가능하다는 특징이 있다.

출처:http://uwinint.co.kr/BLDC모터.pdf   출처:KDE Direct)

그림 8-9 BLDC 모터의 구조

BLDC 모터는 ESC(Electronic Speed Controller)를 사용하여 전류를 공급한다. ESC는 비행 컨트롤러의 신호를 해석하고 이 신호를 위상 전기 펄스로 변환하여 BLDC 모터의 속도를 결정하는 장치이다. ESC 제어칩은 전류의 흐름을 제어하여 주파수를 제어할 수 있다. ESC 에는 4개의 입력 단자가 있고 2개는 FC와 연결하기 위한 신호용이다. ESC에는 브러시리스 모터의 각 와이어에 대해 하나씩 3개의 출력 단자가 있다.

(3) 배터리

헬기의 경우는 엔진이 꺼져도 양력으로 비행을 계속할 수 있지만 드론은 배터리가 방전되면 바로 추락하기 때문에 배터리의 용량은 드론에 중요한 요소이다. 드론에 사용되는 배터리는 리튬이온배터리와 리튬폴리머배터리가 있으며 리튬이온배터리는 리튬이온 이차전지(lithium-ion rechargeable battery)라고 부르며, 양극과 음극 사이를 리튬이온이 이동하면서 충전과 방전을 하는 이차전지이다. 리튬이온배터리는 작은 사이즈에 용량이 큰 편이고 휴대성도 좋아 스마트폰에 많이 사용되고 있다. 그러나 온도가 높아지면 폭발할 위험성이 있다.

리튬폴리머배터리는 리튬이라는 화합물을 사용하여 전기 에너지를 저장하는 축전지(배터리)의 한 종류이다. 리튬폴리머배터리는 리튬이라는 금속 원소를 사용하여 전기 화합물을 생성함으로써 전기에너지를 저장하고 방전하는 원리를 기반으로 한다. 리튬폴리머배터리는 리튬이온배터리보다 가격이 비싸지만 용량이 크고 폭발 위험성이 상대적으로 적다.

또한 에너지 밀도가 높고 방전율이 낮기 때문에 드론에 많이 사용한다. 일반 상업적으로 거래되는 리튬폴리머 배터리는 8-10에서 보는 것처럼 6자리 숫자로 이루어져 있으며 두 자리씩 끊어서 두께/세로/가로의 크기로 해석한다.

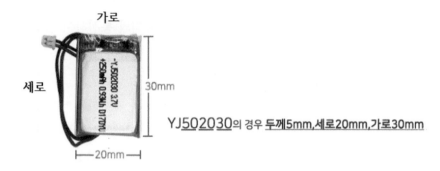

그림 8-10 리튬폴리머 배터리 명칭 확인 방법
출처 : 쿠팡

8.5 드론 활용 분야

8.5.1 드론 프로그래밍

드론의 다양한 응용분야 중 최근 국민적 관심을 불러일으킨 드론을 활용한 서비스는 드론을 이용한 이벤트, 전시회를 통해 폭발적 관심을 불러일으키고 있다. "드론 쇼"에서는 다양한 종류의 드론이 전시되어 관람객들에게 제품의 성능, 기능, 응용 분야 등을 시연하거나 설명하는 기회가 제공되고 있으며 드론의 최신 기술과 혁신적인 응용 분야에 대한 소식을 접하고, 드론 산업의 발전 동향을 파악하고 있다.

드론 쇼와 같은 계획되고 일목요연한 드론의 움직임을 위해선 미리 드론에 프로그램을 입력하고 명령에 의해 프로그램을 수행하도록 해야 한다. 드론의 프로그래밍에는 다음과 같은 요소를 고려해야 한다.

- **비행 제어 시스템 프로그래밍** : 드론의 비행은 플라이트 컨트롤 시스템을 통해 조절된다. 프로그래머는 드론의 기체 동작, 안전한 이착륙 및 비행경로 등을 제어하는 알고리즘을 개

발해야 한다.

- 센서 통합 및 데이터 수집 : 드론은 다양한 센서를 사용하여 주변 환경을 감지하므로 GPS, IMU(Inertial Measurement Unit), 카메라, 레이더 등의 센서 데이터를 수집하고 이를 활용하여 드론의 위치, 방향 및 주변 환경을 이해하는 알고리즘을 개발해야 한다.
- 통신 및 네트워킹 : 드론은 지상 제어 장치 또는 컴퓨터와 통신하여 명령을 받고 상태신호를 전달한다. 프로그래머는 드론과 지상 장치 간의 안정적인 통신을 위한 프로토콜 및 네트워크 솔루션을 개발해야 한다.
- 비행경로 및 임무계획 : 드론이 특정 임무를 수행하도록 지시하는 비행경로 및 임무계획을 수립하는 알고리즘은 특정 지점으로의 이동, 사진 촬영, 데이터 수집 등을 포함하게 된다.
- 자율주행 및 장애물 회피 : 자율주행 기능을 개발하여 드론이 일정한 고도에서 안전하게 비행하고, 장애물을 감지하여 회피하는 기능을 제공해야 한다.
- 프로그래밍 언어 및 도구 : 드론 프로그래밍에는 다양한 프로그래밍 언어 및 도구가 사용된다. C++, 파이썬(Python), 자바(Java) 등의 언어와 드론을 제조한 제조사에서 제공하는 SDK (Software Development Kit) 및 API를 활용하여 개발한다.

아두이노와 같은 하드웨어를 사용하여 드론을 프로그래밍하기 위해서는 다음과 같은 요소들에 대한 이해가 필요하며 개발절차가 요구된다.

- 하드웨어 이해 : 드론의 구성요소와 각 부품의 역할을 이해해야 한다.
- 아두이노 보드 및 환경 설정 : 드론을 제어하기 위해 사용할 아두이노 보드를 선택하고, Arduino 통합개발환경(IDE : integrated development environment)을 설치하고 설정해야 한다.
- 드론 제어 알고리즘 구현 : 드론을 안정적으로 제어하기 위한 알고리즘을 구현해야 한다. 이 알고리즘에는 미적분제어기(PID:Proportional-Integral-Differential controller) 제어, 자세 각도 제어 등이 포함된다.
- 센서 데이터처리 : 드론에 장착된 센서에서 얻은 데이터를 읽고 처리하여 드론의 상태에 대해 이해해야 한다.

- **무선통신 구현** : 드론과 원격제어장치 간에 무선통신을 설정한 후 드론에 명령을 보내고 상태를 수신할 수 있어야 한다.
- **안전기능 구현** : 프로그램에 비상상황 대비 및 안전기능을 구현해야 한다. 만약에 발생할 수 있는 충돌과 낙하의 위험으로부터 드론을 안전하게 운용할 방법인 충돌회피, 낙하방지와 같은 기능을 구현해야 한다.
- **테스트 및 디버깅** : 프로그램을 드론에 업로드하고 안전한 환경에서 테스트하고 문제가 발생하면 디버깅을 통해 문제를 해결한다.
- **최적화 및 기능추가** : 프로그램을 최적화하고 필요에 따라 새로운 기능을 추가하여 드론의 성능을 향상시켜야 한다.
- **항공규제 및 법률준수** : 드론 운용에는 규제와 법률이 적용될 수 있으므로 해당규정을 준수해야 한다.

그림 8-11은 한국관광공사에서 제공한 부산 광안리에서 펼쳐진 드론 쇼의 내용을 보여주고 있다. 드론 쇼는 일반 개인의 조정과 달리 수많은 드론들이 미리 입력된 프로그램에 따라 일률적으로 행동하며 환상적인 연출을 표출하기도 하지만 드론의 활용 분야에 따라 다

그림 8-11 부산 광안리 드론 쇼

양하게 적용할 수 있다.

드론을 이용한 서비스를 위한 구성요소로서 그림 8-12에서 같이 서비스 요청자, 서비스 제공자, 지상제어장치, 드론, 정보제공 장치가 있다. 드론을 이용하고자 하는 서비스 요청자는 자신의 드론 이용 목적에 맞게 서비스 제공자에게 요청을 하면 서비스 제공자는 지상제어 장치를 통해 정보제공 장치가 탑재된 드론을 이용하여 서비스를 제공하게 된다.

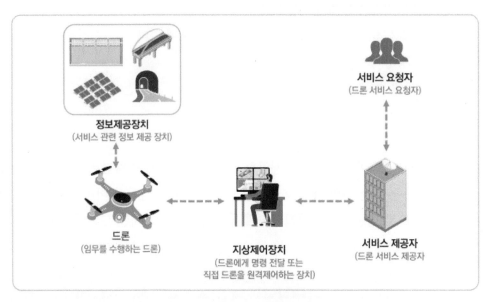

그림 8-12 드론 서비스의 구성요소
출처 : 드론_사이버보안_가이드(KISA)

8.5.2 드론 서비스 활용

최근에 드론을 이용한 서비스에는 우편, 택배 서비스, 스마트 도심안심 서비스, 도시환경 관리 서비스, 재난화재 상황감시 서비스 등은 국가적 관심을 가지고 정부의 적극적인 지원하에 서비스되고 있다. 국토교통부의 자료에 의하면 전 세계 드론 시장규모는 2016년 7조 2000억에서 2022년 43조, 2026년 90조원의 규모로 성장할 것이라 예상하고 있다. 드론은 처음에는 군사 목적으로 공군의 비행기나 미사일 등의 사격 연습의 표적으로 사용되었지만 점차 4차 산업혁명의 기술과 융합되어 다양한 산업분야에서 활용되면서 드론 기반의 서비스는 ICT 기술과 다양한 서비스, 콘텐츠가 융합되어 기업에서는 중요한 비즈니스 모델을 창출하고 있다.

국토부에서 발표한 자료에 의하면 국내 민간 상업용 드론 활용 분야에 대한 전망은 그림 8-13에서 보듯이 2018년 3.251억에 불과한 것이 2025년 4조 895억원에 다다를 전망이다. 이와 관련한 드론의 응용 시장으로서 정밀 농수산업, 공공서비스, 국토 및 인프라, 배송 및 운송 그리고 승객용 등 응용 범위는 다양하며 산업 기술의 발전에 따라 그 범위는 점차 확대될 것으로 전망된다. 다양한 드론 서비스의 모델은 다음과 같다.

그림 8-13 드론활용 분야의 전망

(1) 배송 및 물류운송

미국의 경우 아마존 설립자 제프 베조스는 2013년에 '아마존 프라임 에어' 계획을 발표하면서 2016년 말 까지 정기구독 서비스인 아마존 프라임 고객들에게 주문 후 드론을 이용하여 30분 안에 물품을 배달하겠다는 계획을 발표하면서 택배 물류 운송의 전환기를 맞이하였다.

배송 및 물류운송 서비스는 우체국에서 드론을 이용한 우편물 배송을 위한 시스템으로 정부는 2017년 '드론 기반 물품배송 시스템 구축사업'을 통해 개발한 물품배송용 드론으로 실제 우편물을 배송하는 것을 목적으로 하였다. 그림 8-14는 물품배송과 관련한 개념도로서 사용자가 도서/산간 지역에 우편을 보내기 위해 우체국에 접수를 하면 우체국에선 운영관제 시스템을 통하여 드론으로 취약지역 우체국까지 물품을 배송하게 된다. 취약 지역의 우체국에선 드론을 통하여 고객에게 물품을 배송한 후 배송드론은 다시 드론 집결지로 회귀하게 된다. 우체국에서는 2017년에 개념이 도입되었지만 2021년에 되어서야 처음으로 남쪽 지방의 육지에서 섬으로 우편물을 배송하는 시범을 보였다.

그림 8-14 드론을 이용한 물품배송 개념도

드론을 활용한 물류서비스의 장점은 다음과 같다:

• 빠른 배송속도 : 드론은 지상 이동수단보다 훨씬 빠르게 이동할 수 있어, 긴 배송시간을 단축시킬 수 있다.
• 비용절감 : 드론을 이용한 배송은 전통적인 운송수단에 비해 비용절감을 할 수 있다.
• 환경 친화성 : 전기나 태양열 등 친환경적인 에너지를 사용하는 드론은 탄소배출을 줄일 수 있어 환경에 더 친화적이다.
• 도서/산간지역 : 산간지역이나 도서지역 등 거리나 지형에 제약이 있는 지역에도 효과적으로 서비스를 제공할 수 있다.

- 자동화 : 드론을 통한 배송 및 물류서비스는 자동화기술을 활용하여 인력을 절감하고 작업 효율성을 높일 수 있다.
- 긴급한 상황대응 : 응급상황이나 재난지역에 신속하게 의료품이나 필요한 물품을 공급하는 데 활용될 수 있다.

(2) 도시안심 서비스와 환경관리 서비스

드론을 이용한 도시안심 서비스와 환경관리 서비스는 다음과 같은 특징이 있다.

- 감시 및 모니터링 : 도시의 다양한 지역을 고속으로 탐색하고, 공중에서 사진이나 영상을 촬영하여 모니터링에 활용될 수 있으며 이는 범죄예방이나 긴급상황 대응 등의 안전서비스에 사용될 수 있다.
- 교통흐름 관리 : 교통 혼잡을 모니터링하고 관리하는 데 도움이 될 수 있으며 도로상황이나 교통량 등을 실시간으로 파악하여 효율적인 교통흐름을 유지하는 데 기여할 수 있다.
- 대기상태 감시 : 대기 중의 다양한 오염물질을 감지하고 측정하며 이를 통해 도시의 대기질 상태를 실시간으로 파악하고 환경문제에 대한 조치를 취할 수 있다.
- 자연생태 모니터링 : 드론은 도시 주변의 자연환경을 모니터링 하여 생태계 변화나 환경파괴를 감지할 수 있으며 이는 지속 가능한 도시 개발을 위해 중요한 정보를 제공할 수 있다.

국토부에선 도심지역 내 드론 활용 활성화를 위하여 세부 시험·실증 아이템을 지자체 특성에 맞게 지자체에서 제안하고, 채택된 지자체에 대해 실증·활용을 추진하였으며 그 결과 2019년 경기도 화성과 제주특별자치도가 선정되었다.

제주특별자치도의 사업은 "스마트 드론 기반 제주환경·안전 모니터링 체계 실증"으로서 다음과 같은 사업내용을 포함하고 있다.

- 도심 내 국민안심 서비스 : 학생 하굣길 및 범죄 취약지역 순찰, 스마트폰 앱 호출 및 가이드 서비스, 공사현장 모니터링 등
- 해양 환경 현장모니터링 : 해안선(258㎞)을 일주하면서 해양환경 모니터링, 일부지역은 집중 관리하여 유해요인 모니터링

- 월동작물/재 선충 모니터링 : 월동작물 및 재선충 감염목 인공지능 기반 자동 탐지로 재배 면적 예측 및 재 선충 예방

제주특별자치도는 위와 같은 사업을 수행하기 위하여 2020년에 드론 통합운영, 드론 스테이션 운용, 실시간 맵핑, 딥러닝 기반 객체인식 시스템 등을 고도화하고 있으며 그림 8-15와 같이 드론을 도심지에 적용함으로서 방범형 드론 및 드론 스테이션의 고도화, 호출자 위치 탐색 기능, 드론스테이션 출동시간의 고도화 그리고 지인 알림 서비스를 구축하였다. 또한 해안도시 모니터링을 위해서 AI가 탑재된 드론을 이용하여 드론 안전 맵(Map)을 구축하고 고고도 가스를 점검하고 있다.

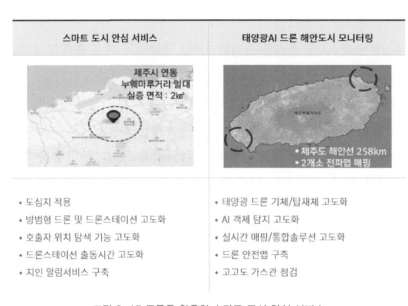

그림 8-15 드론을 활용한 스마트 도시 안심 서비스

도심 안심서비스와 함께 부산은 도시의 환경을 감시하기 위한 드론 서비스를 활용하고 있다. 그림 8-16에서 보는 바와 같이 실시간 기상환경 관측 드론 및 영상시스템을 운용함으로서 중앙 관제시스템의 항법관제 서버로부터 실시간 모니터링을 실시한다. 드론은 자율비행을 실시하며 자동이륙, 자동계측, 자동착륙하게 된다. 또한 기상, 미세먼지 관측업무를 자동적으로 실시하기 위하여 비행장치의 고도를 입력하게 되면 드론은 자동으로 이륙하여

측정한 후 자동 착륙하게 된다. 자동으로 비행하면서 기상 및 미세먼지를 관측하며 실시간 으로 지상관제 시스템으로 정보를 전송한다. 서버에 저장되는 빅 데이터는 인공지능을 이 용하여 분석 처리되며 타 분야에 활용된다.

그림 8-16 부산시 드론을 이용한 도시환경 관리서비스

(3) 재난 소방안전 서비스

드론의 최대 장점은 인간이 접근하기 어려운 지역에 쉽고 신속하게 접근하여 적절한 대처 가 가능하다는 점이다. 드론을 이용한 재난 소방안전 서비스의 장점은 다음과 같다.

- **재난감지 및 평가** : 드론은 자연재해나 사고현장에서 신속한 감지와 평가를 수행할 수 있 으며 고해상도 카메라와 다양한 센서를 장착하여 현장의 실시간 상황을 전달하고, 피해 규모를 정확하게 파악할 수 있다.
- **화재진압 및 감시** : 화재현장에서 드론은 높은 고도에서 불의 확산상태를 모니터링하거나, 열화상 카메라를 통해 화재의 발원지나 인명구조가 필요한 지역을 식별할 수 있으며 화 재 진압에 필요한 자원을 효율적으로 조절할 수 있다.

- **응급의료 지원** : 응급상황에서 의료 용품이나 의약품을 신속하게 운송하여 구호활동을 지원할 수 있으며 특히 지형이 어려운 지역이나 교통이 막혀 있는 상황에서 드론을 통한 응급의료 지원은 매우 유용하게 활용될 수 있다.
- **무인 신속대응** : 위험한 지역에 빠르게 접근함으로서 독성물질이 유출된 지역이나 폭발의 위험이 있는 장소에서 드론을 통해 상황을 모니터링하고 대응할 수 있다.
- **통신 인프라 구축** : 재난이나 긴급 상황에서 통신 인프라는 중요하다. 드론은 이동통신 기지국을 임시로 구축하여 통신을 유지하거나, 인터넷 연결을 제공할 수 있다.
- **인명구조 작업** : 드론은 고립된 지역이나 어려운 지형에서 인명구조를 수행하며. 카메라와 열화상 센서를 사용하여 실종자를 찾아내거나, 적절한 구명경로를 식별할 수 있다.

그림 8-17은 소방재난에 대응하기 위한 개념으로서 지진, 산사태 그리고 산불이나 대형 건물 등의 화재 등 소방관들이 접근하기 어려운 지역에서 드론을 이용하여 실시간으로 점검 가능하며 통신시스템을 이용하여 사람들에게 재난발생 경보를 신속히 전파할 수 있으며 동시에 화재 진압이나 구조 등을 적절히 대처할 수 있다. 드론은 화재예방·경계·진압 및 그 밖의 위급한 상황에서 구조·구급업무를 수행하며 예기치 않은 위험과 돌발 상황에 노출되어 있는 소방공무원의 업무에 꼭 필요한 장비이다. 특히 재난현장의 지형, 장애물 등에 구애 받지 않고 이동이 가능하며 다양한 시스템과의 융합을 통해 재난현장의 대응, 탐색, 구조 등 위기대응 수단으로 국내·외에서 다양한 역할을 하고 있다.

그림 8-17 소방 재난 대응을 위한 드론 서비스

우리나라에서는 2018년도 국민안전 감시 및 대응 무인항공기 융합시스템구축 및 운용 사업추진위원회를 개최하고 소방청에 약 43억원을 투입하여 소방의 재난대응 임무에 특화된 임무장비 및 소프트웨어를 보급하기로 하였지만 국내의 일부 소방서와 지역 센터에서만 활용되는 수준이다. 최근 도시지역 내의 빌딩 화재진압에 대한 실험이 지속적으로 이루어지고 있지만 전국적으로 소방분야에 드론을 도입하기 위한 기술개발과 연구가 필요한 것으로 보인다.

⑷ 정밀 농수산업 서비스

드론은 농촌에서의 스마트 팜(smart farm) 건설과 시도에 중요한 역할을 수행하며 농수산업에 다음과 같은 서비스를 활용될 수 있다.

- **작물감시 및 관리** : 농작물 경작지를 고해상도 카메라로 감시하여 작물상태를 실시간으로 확인할 수 있으며 작물의 성장상태, 질병, 해충 등을 조기에 감지하여 실시간으로 적절한 조치를 취할 수 있다.
- **농지 매핑 및 조사** : 고정밀 GPS를 이용하여 농지를 매핑하고 조사하는 데 활용되며 이를 통해 농지의 지형, 토양 특성, 작물의 효과적인 배치 등을 파악하여 효율적인 농업 관리를 가능하게 한다.
- **비료 및 농약의 효율적인 사용** : 농약 및 비료를 정확한 위치에 정확한 양으로 적절히 적용하여 환경에 미치는 영향을 최소화하고, 농작물에 필요한 양을 최적화할 수 있다.
- **수산업 감시** : 어로 양식장이나 수산물 생산지역을 감시하는 데 사용될 경우 물의 품질, 어종의 상태, 어종의 밀도 등을 실시간으로 모니터링 하여 문제를 조기에 발견하고 해결할 수 있다.
- **자동화된 작업** : 농업 및 어업에서 작물에 물을 주거나 수산물을 수집하는 등의 작업을 자동으로 수행할 수 있다.
- **재배 예측과 데이터 분석** : 드론이 수집한 다양한 센서 데이터를 분석하여 작물의 생육 예측 및 수확 시기를 예측함으로서 농업 생산계획을 최적화하고 수확량을 높일 수 있다.

미국의 농업용 드론 개발회사 프리시젼 호크 (Precision Hawk)는 드론과 IoT로 4G 망에 연결하여 농작물에 대한 정밀사진 데이터를 통해 병충해를 예방하고 생산성을 극대화 시키려는 시도를 하였으며 중국의 최대 드론회사인 DJI는 농약 살포에 최적화된 드론을 개발했다. 농업 분야에 드론을 활용하면 농작물 재배에 대한 효율성과 생산성을 향상시켜 고부가가치의 산업으로 재탄생 시킬 수 있다.

삼척시에서 추진한 드론을 이용한 농작물 관리시스템은 드론과 5G 네트워크를 통해 작물과 토양의 정밀한 영상을 실시간 데이터로 수집하고 이를 바탕으로 그림 8-18은 보는 것처럼 삼척시 농업기술센터와 강원도 농업기술원은 농작물 병해충 진단처방, 생육상황을 정밀 진단해 촬영된 영상데이터와 통합해 인공지능(AI)을 활용한 학습과 분석·처리 후 실시간 솔루션을 도출하여 제공하게 된다.

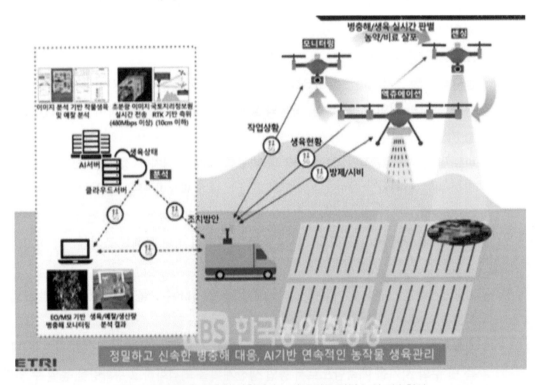

그림 8-18 드론을 이용한 삼척시의 노지 스마트 정밀 농업 기술혁신
출처 : 한국농어촌방송(http://www.newskr.kr)

⑸ 군사적 목적의 활용

군사목적으로 개발된 드론은 과학기술의 발전으로 정찰용 드론에서 머물지 않고, 공격 목적의 드론으로 발전하였다. 초창기 드론은 공군의 미사일 폭격 연습 대상으로 쓰였지만 조종사가 탑승하지도 않고도 적군을 파악, 폭격할 수 있다는 장점이 있었으므로 점차 정찰기와 공격기로 용도의 범위가 넓어졌다. 드론을 이용한 군사적 목적의 활용은 다음과 같은 특징이 있다.

- 정찰 및 감시 : 드론은 군대가 적의 위치를 정확하게 파악하고, 적의 활동을 감시하며 전술적인 정보를 수집하는 데 사용되며 이를 통해 군사작전을 계획하고 적의 움직임에 대응할 수 있다.
- 타격 무인항공기 : 무인항공기 중에서도 무기를 탑재한 드론은 적의 타격을 수행하여 군대는 적의 기지나 특정 대상을 공격하거나, 위협적인 목표물을 제거할 수 있다.
- 통신 중계 및 네트워크 연결 : 드론은 군대 사이에서 통신 중계 역할을 수행한다. 어려운 지형이나 군이 도달하기 어려운 장소에서 통신 인프라를 제공하여 군대 간의 연결성을 강화할 수 있다.
- 지능적인 작전지원 : 드론은 센서 및 카메라를 사용하여 실시간 정보를 수집하고, 인공지능과 연계하여 작전지원에 활용된다. 드론은 자체적으로 적의 움직임을 감지하고 분석하여 군대에 적절한 조치를 취하도록 프로그래밍될 수 있다.
- 해양 및 항공 감시 : 드론은 해상 및 항공 공간에서 적의 이동을 감시하고 대응할 수 있는 감시 수단으로 사용되며 이를 통해 군대는 광범위한 영역을 효과적으로 관리할 수 있다.

우리나라 육군에서도 군사 병과에는 포함되지 않았던 드론 로봇 전투단을 창설할 계획을 발표한 바 있으며 우리나라뿐만 아니라 무인 드론을 이용한 저격용 드론, 자폭용 드론 등 전 세계적으로 군대에서 활용 범위는 점차 늘어가고 있다. 그림 8-19에서 보는 것처럼 미군이 파키스탄과의 국지전에 드론을 사용하여 인명을 살상한 피해를 나타내고 있다.

드론을 군사적으로 가장 잘 활용한 미국은 2000년대 중반부터 드론을 군사용 무기로 적극 활용하였으며 향후 전쟁은 '드론 전쟁'이 될 것이라고 하였다. 드론의 단점은 휴대용 배터리를 사용하므로 장거리에 취약하나 주 비행기에 자동 소프트웨어가 설치된 수많은 드론을 싣고 적 지역의 상공에서 수많은 드론으로 공격을 감행할 수 있으며 이를 '벌떼드론'이라고 한다.

그림 8-19 드론 공격에 따른 사망자 수
출처 : 동아일보

(6) 드론 미래 활용 분야와 적용기술

표 8-4 드론의 미래 활용분야

분야	드론활용	적용기술
우편물류배달	의료 처방전/PO Box/ 식료품/ 농장 농산물/연회 파티	드론 스테이션/냉장고 및 선반 연계 자동 주문 배달 / 드론 서빙
과학 발전	태양 지구 모니터링/ 고래 조류 생태 모니터링	태양플레어 해류 기상 측정/ 산림 정글 생태계 실시간 추적
농업용	인공벌/ 파종 /	수분/씨뿌림/곡물 먹이 주기/

분야	드론활용	적용기술
	곤충 비료 질병 모니터링	병충해 수분 비료 모니터링
목장용	소 말 돼지 모니터링/ 꿀벌 메뚜기 곤충 모니터링	동물의 움직임, 체중 증가감소 추적/ 가축별 추적 및 모니터링 센서
건강관리	헬스케어/ 기온 습도 공기질 의료기구 배송 관리	사람 피부 및 움직임 감시/ 백신 및 의료용품제공
가상현실	투명드론/확대 축소 드론/색상변경 방송	인간 감각 왜곡 가상현실/홀로그램 가상현실
엔터테인먼트	무대보조/드론서커스 불꽃놀이	안정적인 촬영/ 드론 조명 및 공연
교육	드론비행원리/새로운 기능 다큐멘터리 영상	드론 강사/드론 엔지니어/조종사 다양한 영상 촬영
도서관	도서대출/비상장비 대출	도서관 추천 대출/ 도서 배달
과학 발전	태양 지구 모니터링/ 고래 조류 생태 모니터링	태양플레어 해류 기상 측정/ 산림 정글 생태계 실시간 추적
엔터테인먼트	무대보조/드론서커스 불꽃놀이	안정적인 촬영/드론 조명 및 공연
조기경보긴급서비스	지진/태풍/토네이도/홍수/산불	적외선센서/ 수방습방진/연료전지/소방드론
응급	미아추적/눈사태 구조/ 조기산불 감시/실종 동물	열센서/적외선 센서/AES 응급키드 운송
정찰	약물냄새 추적/가정폭력/아동학대/발목팔찌	약물 온도 냄새 추적/실시간 촬영 판결문 전달
군대/스파이	폭탄투여/통신교란/스파이 열 추척/위장	고고도 사진 촬영/ 통신교란/ 부상자 응급약품 장비 제공
부동산	부동산 사진/건물 분석/ 쓰레기 배출/하수제거	부동산 부지 주변 분석/부동산 관련 검사 시스템/ 사회적 기반시설 점검
뉴스	사고 사고 모니터링/타임랩스 날씨 드론/실시간 통계 드론/사진 드론	심박감지/납추 성추행 교통사고/빅데이터 수집/교통상황 사람들의 움직임/ 스포츠 드론 촬영 사진
가상현실	투명드론/확대 축소 드론/색상변경 방송	인간 감각 왜곡 가상현실/홀로그램 가상현실
미래기술	플라잉 리조트/나노 드론/ 보호드론/원격감시	구름위 리조트/미생물/태양빛 보호막/원격감시

출처 : https://futuristspeaker.com

참고자료

1. 4차 산업혁명 시대의 IT개론과 실습, 박경배, 21세기사
2. https://blog.naver.com/PostView.naver?blogId=iotsensor&logNo=222258516029, 센서로세계로미래로
3. https://www.getfpv.com/learn, FPV 드론
4. https://brunch.co.kr/@ecotown/237, 센서이해
5. https://wikipedia.org/wiki/gyroscope, 자이로스코프, 짐벌
6. http://unwinint.co.kr/BLDC모터pdf
7. http://www.newskr.kr, 한국농어촌 공사
8. http://gwangallimdrone.co.kr/, 광안리 M라이트쇼
9. http://www10.newstomato.com/one/view.aspx?seq=784169, 드론 서비스
10. https://www.kiast.or.kr/kr/sub06_01_08_04.do,드론_사이버보안_가이드(KISA)
11. https://www.kiast.or.kr/kr/sub06_01_08_04.do, 항공안전기술원
12. http://www10.newstomato.com/one/view.aspx?seq=784169, 드론배송 개념도
13. 소방 재난 대응을 위한 드론 통신 보안 및 기술 동향, IITP, 2019
14. https://futuristspeaker.com, 드론활용분야
15. https://www.donga.com/news/Inter/article/all/20130126/52593657/1, 드론공격

8.1 드론의 구성요소에 대해 설명하시오.

8.2 헬리콥터나 드론의 프로펠러의 원리에 대해 설명하시오.

8.3 드론의 조정 방법에 대해 설명하시오.

8.4 자이로스코프와 짐벌의 원리는 무엇인가?

8.5 드론을 운용하기 위한 센서의 종류와 기능에 대해 설명하시오.

8.6 BLDC 모터란 무엇인가?

8.7 드론의 전자식 속도 조절기(ESC:Electronic Speed Controllers)란 무엇인가?

8.8 드론의 서비스 구성요소에 대해 설명하시오.

8.9 드론의 프로그래밍 절차에 대해 설명하시오.

8.10 드론의 활용 분야에 대해 설명하시오.

8.11 본인이 드론을 이용한 비즈니스 모델을 만든다면 어떠한 분야에 왜 하고 싶은지를 설명하시오.

INDEX

4차 산업혁명과 디지털 눈으로 본 세상

1판 1쇄 인쇄 2024년 02월 20일
1판 1쇄 발행 2024년 02월 28일
저　　자 박경배
발 행 인 이범만
발 행 처 **21세기사** (제406-2004-00015호)
　　　　　경기도 파주시 산남로 72-16 (10882)
　　　　　Tel. 031-942-7861　　Fax. 031-942-7864
　　　　　E-mail : 21cbook@naver.com
　　　　　Home-page : www.21cbook.co.kr
　　　　　ISBN 979-11-6833-101-3

정가 30,000원